中华译学馆立馆字与

以中华为根 译与学并重
弘扬优秀文化 促进中外交流
拓展精神疆域 驱动思维创新

丁酉年冬月 许钧撰 罗卫东书

"十四五"时期国家重点出版物出版专项规划项目

中华译学馆·中华翻译研究文库

许 钧◎总主编

翻译与文学论稿

许 钧◎著

ZHEJIANG UNIVERSITY PRESS
浙江大学出版社
·杭州·

图书在版编目(CIP)数据

翻译与文学论稿 / 许钧著. —杭州：浙江大学出
版社，2023.2
（中华翻译研究文库 / 许钧总主编）
ISBN 978-7-308-23394-1

Ⅰ.①翻… Ⅱ.①许… Ⅲ.①翻译理论－研究②文学
翻译－研究 Ⅳ.①H059②I046

中国版本图书馆 CIP 数据核字(2022)第 239109 号

中华译学馆 题言真

翻译与文学论稿

许　钧　著

出 品 人	褚超孚
丛书策划	陈　洁　包灵灵
责任编辑	包灵灵
责任校对	黄静芬
封面设计	程　晨
出版发行	浙江大学出版社
	（杭州市天目山路 148 号　邮政编码 310007)
	（网址：http://www.zjupress.com)
排　　版	浙江时代出版服务有限公司
印　　刷	杭州高腾印务有限公司
开　　本	710mm×1000mm　1/16
印　　张	22
字　　数	306 千
版 印 次	2023 年 2 月第 1 版　2023 年 2 月第 1 次印刷
书　　号	ISBN 978-7-308-23394-1
定　　价	78.00 元

总　序

　　改革开放前后的一个时期,中国译界学人对翻译的思考大多基于对中国历史上出现的数次翻译高潮的考量与探讨。简言之,主要是对佛学译介、西学东渐与文学译介的主体、活动及结果的探索。

　　20 世纪 80 年代兴起的文化转向,让我们不断拓宽视野,对影响译介活动的诸要素及翻译之为有了更加深入的认识。考察一国以往翻译之活动,必与该国的文化语境、民族兴亡和社会发展等诸维度相联系。三十多年来,国内译学界对清末民初的西学东渐与"五四"前后的文学译介的研究已取得相当丰硕的成果。但进入 21 世纪以来,随着中国国力的增强,中国的影响力不断扩大,中西古今关系发生了变化,其态势从总体上看,可以说与"五四"前后的情形完全相反:中西古今关系之变化在一定意义上,可以说是根本性的变化。在民族复兴的语境中,新世纪的中西关系,出现了以"中国文化走向世界"诉求中的文化自觉与文化输出为特征的新态势;而古今之变,则在民族复兴的语境中对中华民族的五千年文化传统与精华有了新的认识,完全不同于"五四"前后与"旧世界"和文化传统的彻底决裂与革命。于是,就我们译学界而言,对翻译的思考语境发生了根本性的变化,我们对翻译思考的路径和维度也不可能不发生变化。

变化之一,涉及中西,便是由西学东渐转向中国文化"走出去",呈东学西传之趋势。变化之二,涉及古今,便是从与"旧世界"的根本决裂转向对中国传统文化、中华民族价值观的重新认识与发扬。这两个根本性的转变给译学界提出了新的大问题:翻译在此转变中应承担怎样的责任? 翻译在此转变中如何定位? 翻译研究者应持有怎样的翻译观念? 以研究"外译中"翻译历史与活动为基础的中国译学研究是否要与时俱进,把目光投向"中译外"的活动? 中国文化"走出去",中国要向世界展示的是什么样的"中国文化"? 当中国一改"五四"前后的"革命"与"决裂"态势,将中国传统文化推向世界,在世界各地创建孔子学院、推广中国文化之时,"翻译什么"与"如何翻译"这双重之问也是我们译学界必须思考与回答的。

综观中华文化发展史,翻译发挥了不可忽视的作用,一如季羡林先生所言,"中华文化之所以能永葆青春","翻译之为用大矣哉"。翻译的社会价值、文化价值、语言价值、创造价值和历史价值在中国文化的形成与发展中表现尤为突出。从文化角度来考察翻译,我们可以看到,翻译活动在人类历史上一直存在,其形式与内涵在不断丰富,且与社会、经济、文化发展相联系,这种联系不是被动的联系,而是一种互动的关系、一种建构性的力量。因此,从这个意义上来说,翻译是推动世界文化发展的一种重大力量,我们应站在跨文化交流的高度对翻译活动进行思考,以维护文化多样性为目标来考察翻译活动的丰富性、复杂性与创造性。

基于这样的认识,也基于对翻译的重新定位和思考,浙江大学于 2018 年正式设立了"浙江大学中华译学馆",旨在"传承文化之脉,发挥翻译之用,促进中外交流,拓展思想疆域,驱动思想创新"。中华译学馆的任务主要体现在三个层面:在译的层面,推出包括文学、历史、哲学、社会科学的系列译丛,"译入"与"译出"互动,积极参与国家战略性的出版工程;在学的层面,就翻译活动所涉及的重大问题展开思考与探索,出版系列翻译研究丛书,举办翻译学术会议;在中外文化交流层面,举办具有社会影响力的翻译家论坛,思想家、作家与翻译家对话等,以翻译与文学为核心开展系列活动。正是在这样的发展思路下,我们与浙江大学出版社合作,集合全国译学界的力量,推出具有学术性与开拓性的"中华翻译研究文库"。

积累与创新是学问之道,也将是本文库坚持的发展路径。本文库为开放性文库,不拘形式,以思想性与学术性为其衡量标准。我们对专著和论文(集)的遴选原则主要有四:一是研究的独创性,要有新意和价值,对整体翻译研究或翻译研究的某个领域有深入的思考,有自己的学术洞见;二是研究的系统性,围绕某一研究话题或领域,有强烈的问题意识、合理的研究方法、有说服力的研究结论以及较大的后续研究空间;三是研究的社会性,鼓励密切关注社会现实的选题与研究,如中国文学与文化"走出去"研究、语言服务行业与译者的职业发展研究、中国典籍对外译介与影响研究、翻译教育改革研究等;四是研究的(跨)学科性,鼓励深入系统地探索翻译学领域的任一分支领域,如元翻译理论研究、翻译史研究、翻译批评研究、翻译教学研究、翻译技术研究等,同时鼓励从跨学科视角探索翻译的规律与奥秘。

青年学者是学科发展的希望,我们特别欢迎青年翻译学者向本文库积极投稿,我们将及时遴选有价值的著作予以出版,集中展现青年学者的学术面貌。在青年学者和资深学者的共同支持下,我们有信心把"中华翻译研究文库"打造成翻译研究领域的精品丛书。

许 钧

2018 年春

前　言

常和朋友说，一个学者，应该多读书，勤思考，不断探索。过去的两三年里，出于疫情的原因，国际国内学术交流的形式与途径发生了很大的变化，见面交流的机会少了许多，但对一个学者而言，疫情的阻隔，不会影响读书与思考。

在《译道与文心》一书的自序中，我曾谈到自己有书缘，"我读书、写书、译书、编书、评书，还是个职业教书人"①。回望走过的这几年，检索近期写的一些文字，感觉自己守住了一个学者的本分。一个学者，应该有明确的学术方向。我的主要学术研究方向是，翻译研究和法国文学研究。这次结集出版的，主要是我近两三年读书与思考的一些记录，形式多样，有论文，有访谈，有随笔，还有序言。"翻译与文学论稿"，顾名思义，首先，是"论翻译"，涉及翻译实践、翻译人才培养、翻译科学研究；其次，是"论文学"，主要谈外国文学的影响，谈我对某些重要作品的理解，其中还有我与老朋友勒克莱齐奥先生几次交谈记录下来的内容。

近年来，我特别关注文学翻译的语言问题。在我看来，文学翻译是不同语言、不同文化、不同思想碰撞的过程。翻译家袁筱一在一次媒体访谈中曾说："翻译的价值，很大程度上来自不同语言间的新鲜撞击，刺激我们寻找语言的更多可能性。"②翻译涉及语言的转换，文学翻译是语言文字转

① 自序//许钧. 译道与文心——论译品文录. 杭州:浙江大学出版社,2018:自序7.
② 转引自:邵岭. 袁筱一:在文学里可以看到世界的不同方向. 文汇报,2016-02-10 (10).

换的艺术。文学翻译中常见的语言"抵抗",在很大程度上是因为词汇的空缺或者源语的异质性,因而种种"抵抗"便有可能导向创造之路,孕育不同的翻译策略,拓展语言的表达空间。赵元任翻译《阿丽思漫游奇境记》主要目的便是试验白话文的翻译能力,通过白话文在语言转换过程中所接受的种种考验,锻炼白话文的表达能力,让白话文在抵抗中成长,变得成熟而丰富。鲁迅更是通过翻译,有目的地吸收国外的新思想,输入新的表达,改造国人的思维。

文学翻译的过程不仅涉及语言文字的转换以及思维的碰撞,还包括待译文本的选择和译本的传播与影响。在新的历史时期,中国文学、文化主动"走出去",响应时代的呼唤,积极回应世界各国了解中华思想底蕴的需求。回答"何为译""译为何"等涉及翻译的基本问题很重要,但"译什么""如何译",也需要我们做出深刻思考。我一直强调,中国文化"走出去",翻译是必经之路。我们既要从丰富的中华文化经典中选择具有代表性的作品加以积极译介,凸显中国文化的特质,体现中国文化的价值,也要努力推广当代的中国优秀文学作品,推动中国当代文学的外译与传播,深刻展现当代中国人的精神风貌。

作为一名教师,我特别注意把自己的思考与探索成果融入教学中。我一直非常关注翻译人才的培养,目前还参与两门课的教学,一门是面向研究生的"翻译概论",另一门是为法语三年级学生开设的"法语笔译理论与实践"。我曾经谈到:"翻译教学,涉及翻译之技艺的传授,也涉及翻译之道的探索,但同时也触及对影响翻译活动的政治、文化与社会因素的考量和分析。"①翻译作为文化构建的重要途径,可以有效促进东西方的文化交流与文明互鉴,那么在翻译教学中,应努力引导学生形成平等的文化交流观,建立翻译的文化价值观,明确翻译的使命。

《翻译与文学论稿》收录了多篇涉及翻译人才培养的文章,提出了一些问题,期待学界同仁予以关注,一起探讨。本书还收录了近两年有关媒

---

① 许钧. 翻译选择与文化立场——关于翻译教学的思考. 中国外语,2021(5):15.

体对我三次访谈的内容。通过这些访谈,读者朋友也许可以进一步理解我为何数十年来初心不变,如此热爱翻译。我特别希望有更多的朋友关注翻译,不断加深对翻译的认识,为中国的翻译事业的发展付出更多的努力。

2022 年 8 月 8 日于黄埔花园

目　录

第一辑　翻译与文学思考

第四辑　序　言

第五辑　专　访

第一辑

翻译与文学思考

从翻译出发

——关于翻译与翻译研究

  首先要感谢中国海洋大学外国语学院的邀请。刚才杨连瑞院长已经把我们这次讲座的起因和背景做了介绍,即在"外国语言文学"学科大发展的背景之下,促进学科各个方向不断发展。那么从我个人来说,最近这个礼拜我去了三所学校。

  第一所是我自己的学校——浙江大学,我参加了一个校学位委员会的会议,主要讨论一些交叉的二级学科的设置。会议上我看到,学科要发展,必须有融合,有交叉。有交叉才可能拓展研究的疆界,形成新的学科。之后我又到上海外国语大学,它是一流学科"外国语言文学"的建设单位。经过几年的建设,该校在学科的拓展方面取得了重大进展。其所取得的成就,让我感到震撼。后来我又回到了南京大学。南京大学也是一流学科"外国语言文学"的建设单位。该校守正创新,其取得的成就让我看到,外语学科的建设不能止步。像南京大学这样具有优秀传统的学校是如何发展的,在传统的基础上是如何拓展并取得巨大成就的,这些都让我学到了很多。

  今天我再一次来到了中国海洋大学。中国海洋大学在 2017 年新增了"外国语言文学"一级学科博士点。这次讨论的问题有一个大的背景,叫"外语学科大发展"。我一直认为,所谓的外语学科这个"学"字涉及两个主体,一是学者,二是学生。没有"学",不可能有"学科",学科的理论性非常重要。而我们现在外语学科的建设发展,有各种各样的评估,比如合格评估,还有四年一次的学科评估。各种各样的检查,名目很多,规定的指标非常明确。现在说是要破"五唯"(唯分数、唯升学、唯文凭、唯论文、唯帽子),实际上评估表上体现的基本都是"五唯",比如说论文多少篇、项目多少个、高水平的人才多少个。这样一来,就会出现一些问题。我们很多老师的付出不能在"表"上体现,但是他们又是教学、人才培养等各方面的主力军。我觉得这对大家非常不公平,我们的学科建设不能忘了大多数,是他们做了很多基础性工作。

今天我跟大家讲的是翻译方向的学科建设。一谈到翻译,可能很多老师第一个想到的就是:在很多高校,翻译不算成果,翻译没有用,翻译很难评职称。大家都有这样的一些苦恼和反映。我觉得,在"用与无用"之间,在"算与不算"之间,作为学者,我们心中要有自己的理想。我们人文学科讲的就是:无用之用。那翻译呢,我觉得如果按照某种规定,某些填表的要求,很多学校会产生片面的理解,即翻译成果不算成果。但实际上,翻译、翻译研究不仅仅是外语学科的建设,甚至在人类命运共同体的构建中都是非常有用的,发挥着"无用之用"。今天,我就想结合自己的一些经验跟大家一起探讨一下,谈谈翻译与翻译研究的问题。

一、翻译之用的思考

我今天讲座的题目很明确,叫"从翻译出发"。为什么要从翻译出发呢? 德里达说过:"除了文本,别无他物。"我觉得就我们学科而言,特别是就翻译学科而言,如果没有翻译,学科就无法成立;如果没有翻译活动,就不可能有翻译理论,更不可能有独立的翻译学科。所以我觉得翻译问题永远是我们的出发点,翻译活动也是我们整个翻译学科的基础。虽然说翻译"无用",翻译在评职称时好像不受待见,但我还是发现,在我们外语界,从老到小,有很多人着迷于翻译,非常喜欢翻译。

我今年有机会问候几位老先生。比如许渊冲先生,三四月份的时候,我给他打电话。他今年 99 岁,明年 100 岁啦。他每天还在做翻译,三点多钟起床就开始动笔,然后慢慢地译,眼睛看不太清楚,就慢慢地做。柳鸣九先生今年86岁,得了脑梗、帕金森。前年我到他家里,他在送我的一本书上写了一段话,50多个字,他写了整整15分钟。就这么一位老先生,在生命非常困难的时刻,他还在想着要为我们国民素质的提升编一套外国文学的丛书。他自己选了书目,自己去找译本,自己去联系出版社,还担任主编。他说:"这个工作要传承下去,哪一天我不在了,希望你能够接过来。我现在就安排,请你跟陈众议所长做这套丛书的名誉主编。我自己能干动,先当主编。等我不行了,你们接替下来。"这是份重托,把外国文学著作的翻译出版当作提高国民素质、建设国民性的一项重大任务来做。在我身边还有杨武能先生,他也80多岁了。我们一谈起话,就是讲翻译的问题。我就一直在想,这么一批老先生,他们基本上是一辈子都在做翻译,他们热爱翻译,他们把翻译看作自己的生命。对于他们来说,翻译就不仅仅是我们一般意义上所理解的翻译。

在他们身上,我有很多的体会。我想到了40多年前,我自己刚刚做翻译的时候。我记得是1976年的时候,我就已经开始做翻译了。那时,我在法国留学。我在联合国教科文组织做过一次同声传译;中国卫星火箭代表团到法国访问,我也给做过翻译。回想起来,从口译到笔译,几乎各种形式的翻译,我都参加过。我对翻译,真的是一种热爱。从笔译这个角度来说,我认为我们每一个高校的外语老师,一定都会和翻译打交道,几乎没有一个高校的外语教师没有做过翻译工作。翻译工作应该说是我们每一个高校的外语老师都必能相遇的工作。而且,不仅仅相遇,有的老师还要承担翻译的教学工作。所以我觉得翻译的实践、翻译的教学,在我们整个的"外国语言文学"学科里是一个常态的工作。这个工作,就我个人而言,是要把翻译、翻译实践、翻译人才培养、翻译科学的研究与服务国家的战略结合起来。

我们常常讨论的"外国语言文学"学科的建设与发展,实际上是围绕着三大任务展开的:第一任务是我们的人才培养;第二任务是我们学科的研究、科学的研究;第三任务是社会服务,包括一般意义上的社会和国家战略需求的服务。我们做翻译时,要从翻译出发,间接找到这三个任务目标,我觉得这非常重要。比如说,很多老师都翻译书,非常重要的一条就是,如果我们要坚持翻译,把翻译作为外语学科建设中的一个重要任务,就要先明确,我们对于翻译应该有比较深刻的理解。我们做翻译的人,如果对翻译没有深刻的理解,就可能没有非常大的动力。如果你对翻译的特征、翻译的本质、翻译的价值有比较深入的了解,这个时候你就知道翻译之用已经远远超越了我们现在所说的那种评职称之"用",它的价值可以反映在社会、文化、语言、思想各个层面。这个时候你就会为自己从事的翻译工作,真正地从内心产生一种自豪感。这种自豪感,会让你更加地热爱翻译。

我一直都在想,许渊冲先生、杨武能先生、柳鸣九先生这些老先生,还有离开我们的赵瑞蕻先生,包括他的夫人,如今已经一百零几岁的翻译《呼啸山庄》的杨苡先生,为什么他们一辈子能够执着于翻译?就是因为他们对于翻译有深刻的认识,他们知道翻译的价值所在。他们把自己的追求和翻译价值的实现、自身价值的实现,紧紧地结合在一起。有了这种对翻译的深刻认识,再加上对于翻译深深的热爱,再去做翻译的时候,动力就会非常足。但是一个人有爱,有非常强大的动机,我觉得是不够的。如果要真正发挥翻译的价值,一个非常重要的问题就是,我们要选择有价值的书来翻译。我年轻的时候,机会很少。那时候 20 多岁,我记得很清楚,我 1978 年留学法国回来,当时就蠢蠢欲动,特别想把法国的、自己觉得非常好的一些书翻译成中文,能够分享给大家。但是那个时候,笔头上我还没有任何经验。所以,真正要想出版社来约稿、老师来约稿,是不可能的,因为老师自己也没有什么书可译。在这种状况之下,该怎么办?

南京大学的钱林森教授,当时还是副教授,在他的支持下,我们两个人就特别关注法国文学当中每年获奖的书,从 1978 年的 10 月份开始,我们慢慢发现了一些好书,然后给自己认为好的书写梗概,出版社要求是一万字左右,把这个故事的梗概、这本书的一些基本内容写好以后推荐给出版社,出版社对这个梗概感兴趣了,就会要求你试译三万到五万字。试译,第一看你的翻译水平,第二看这个书到底怎么样。我记得当时我做了很多这样的工作,看一本书,好不容易写了一万多字的梗概,发出去之后,人家说这个价值不大。那慢慢地就出现一个问题:什么叫价值呢? 这本书的价值体现在哪里呢? 这里就涉及一个非常重要的问题:作为一个翻译者,特别是笔译者,你怎么判断这本书有没有价值,值得不值得翻译? 这种价值,实际上就决定了以后这部书的接受和传播。正是在这样的一个背景之下,我记得在 1980 年,我发现了一本非常好的书,叫作《沙漠》(中译名《沙漠的女儿》)。这本书的作者勒克莱齐奥,我在留学的时候知道,是一个先锋派的作家。当时读他的《诉讼笔录》,我基本上读不懂。但是看了他的新书《沙漠》之后,我觉得他的文风、他的叙事风格发生了变化。尤其是这本书对资本主义世界的批判、对社会的物质性的批判,我觉得很符合我们当时的意识形态。一方面,文字我喜欢;另一方面,在我看来,该书具有积极的政治意义。于是我就写了一万多字的梗概,跟钱老师商量以后发给了一家出版社,很快就收到了出版社的回信。后来我们又试译了两三万字,最后这本书翻译出版了。在这本书的选择、翻译和出版过程中,我看到了对翻译对象价值判断的重要性。这种判断,在我后来的成长过程中,也是很多老一辈的翻译家所提醒我的。我记得很清楚,杨武能先生几次提醒说,一个人的生命有限,一辈子要多翻译几本你认为有价值的书。其实我想,我们做翻译的人,有时候我们一个人翻译了 10 本、8 本,甚至有的人翻译了 30 多本书。但是我们要知道,如果从翻译出发的话,10 本、20 本的数量不是关键,关键是到底有没有价值。今天有很多年轻人在这里,我就想提醒大家,在做翻译实践的过程当中,我们要选择一些真正好的书。选择了好书进行翻译,慢慢地进入翻译世界的时候,你的天地会慢慢地打开。有一本好的书,可能就会引来很多好的读者,也会引来很多关心你的批评者。所以一本好的书就打开了一个非常好的世界,会让你和很多作家、批评家、读者建立一种关系。这个时候你的价值会一步一步地体现。

所以就我个人而言,我翻译了勒克莱齐奥的《沙漠》,还有其他的一些书,比如说我参加了《追忆似水年华》的翻译,后来又承担了《不能承受的生命之轻》的翻译。这些书的翻译都不是普通的翻译。从这些书的翻译出发,我觉得我打开了世界,与我们的文化界、文学界产生了广泛的联系。

我还翻译了图尼埃的《桤木王》。这本书出版以后,很多的作家,像毕飞宇、池莉、黄蓓佳,他们就关注了这本书,给予书的翻译和法国文学高度评价。我参与《追忆似水年华》的翻译时也结识了很多朋友,与老一辈的翻译家建立了友谊,从他们身上学到了很多东西。同时通过《追忆似水年华》,我又能够有机会认识很多作家。通过我的译书,我进入了中国文学,进入了其他领域。正是在这个意义上,我觉得作为一个翻译者,如果你翻译了一本好书,会有很多读者,你就会看到,你的书、你的翻译是跟广大读者紧密联系在一起的。比如说我翻译的《不能承受的生命之轻》,这本书已经发行近 300 万册了。有的时候你去看看,在各个图书网站上有很多留言和评论,多达几十万条,有的评论长达三五千字。这个时候你会发现通过你翻译的文字,你打开了一个世界。在这个世界当中,数十万人在读,在谈论,在讨论,在思考。这个时候,你还想说你的翻译没有用吗?所以有了这些认识,把好书介绍给中国,介绍给中国读者,甚至介绍给中国学术界,就成了一个翻译人的追求。正是在这样一种认识渐渐加深的过程当中,我自己的翻译活动变得越来越有自觉性,越来越有追求,可以说有文化的追求,有学术的追求,也有思想的追求。

后来我跟南京大学的周宪教授合作,给商务印书馆主编了两套书,一套叫作"现代性研究译丛",一套叫作"文化与传播译丛"。现代性的问题,是一个非常重要的问题。中国现代性的形成、发展,世界上有很多东西可以去借鉴,有很多的教训。前人所走过的路都可以成为我们学习、借鉴、反思的一些基点。所以我们选了这套书,取名"现代性研究译丛",它主要从哲学、美学等各个方面展开,有近 60 本。这套书的翻译应该说是为我们,为我自己打开了新的世界,与我们的哲学界、历史界、传播界是紧密联系在一起的。后来,我们又主编了"文化与传播译丛"。所以我们看到,一个翻译者,他通过自己对一些书的翻译,可以慢慢地进入其他学科。翻译可以作用于社会,作用于文化,作用于学术的发展。这个时候你就会觉得翻译价值确实是显而易见的,它是具体的,是生动的。但我觉得这只是翻译的一个方面。

二、翻译研究的有效路径

作为一个翻译学者,你做了这样的一些翻译工作,很重要。我们现在去想一想,还有第二个问题,就是我们做翻译,从一本书入手,从一个作家入手,我们不仅一直向外拓展,也有自己内在的提升。回想自己40多年来走过的路,可以看到身边有很多这样实实在在的例子,我发现有很多翻译者,他从一个普通的翻译者,从翻译第一本书开始,慢慢地成了他这个领域的大专家。比如说学德语的孙周兴教授是长江学者,他是翻译德国哲学的,主要翻译尼采、海德格尔等哲学家的著作,翻译、研究融为一体,最后成为著名的德国哲学研究专家。我在上海还有个老朋友卫茂平,也是德语学者。大家都知道他也做翻译。他爱翻译,现在自己就做《歌德全集》的翻译和研究,承担了国家社科基金重大项目"《歌德全集》翻译"。杨武能先生也有一个国家重大项目,叫"歌德及其作品汉译研究"。这些重大项目,涉及德国文学翻译和研究的重要资料,需要整理、研究,卫茂平教授就在做。浙江大学有一个忠诚于翻译、痴迷于翻译的郭国良,今年不到60岁,已经翻译了50多部英美文学著作。他对翻译的这种痴迷很少见,他慢慢地、一步一步地翻译,不在乎能不能评上教授、能不能拿到职称,也不在乎是不是得到承认、能不能得到奖励,他就潜心做他的翻译。他对在翻译当中获得的英美文学当代发展的情况进行思考和研究,反哺教学,教授英美当代文学。他结合得非常好,现在成为国内最为出色的英美当代文学翻译家之一。

一个翻译家,通过翻译一步步地往前深入,进行系统翻译,系统思考。这不仅仅对社会起到作用,他自己也能成为某一方面的专家。很多翻译家和外国作家的名字是紧密结合在一起的。比如我们一讲到学法语的郭宏安,马上就会想到加缪;一讲到李文俊,马上就会想到福克纳。很多专家都是从翻译开始的,成为著名翻译家的同时,也成为某一领域、某一作家或哲学家研究的专家。所以翻译可以让我们每一个翻译者形成素养、得到滋养,让自己成长,最后通过自己的努力成为某一方面很重要的专家。

具体到我们外语学科的老师,还有一个非常重要的方面就是,如果我们做有心人,在翻译过程中我们肯定就会遇到很多问题,特别是在翻译一些重要的著作的时候,遇到的问题肯定不会少。

比如20世纪80年代,我在读研究生期间,当时国内在组织翻译《追忆似水年华》,根据谁有能力或者有经验参加进行全国推选,第一批找的都是著名翻译家。有北京大学的桂裕芳、徐继曾,也有北京语言文化大学的袁树仁,还有我们大家都很熟悉的罗新璋。我当时30多岁,一个硕士,肯定没有人推荐我,我也没有资格。但是这部书翻译太难,所以有一些人退出来了,慢慢就有人推荐我。我当时还很年轻,南京的译林出版社编辑韩沪麟先生来找我,说:"《追忆似水年华》的第四卷你能不能参加翻译?"听到这个消息,我心里真的很开心,我30多岁就有机会参与翻译不可翻译的、伟大的著作《追忆似水年华》,自尊心得到了极大的满足。但拿到书以后,我真的傻眼了,基本读不太懂这部书,从头到尾都不太明白说的是什么。情况就是这部书你要翻译,但你又不是读得很明白……就像萧乾,30多岁的时候在英国,让他读《尤利西斯》。他说,那是天书看不懂。但是40多年后,他和他夫人一起翻译《尤利西斯》,最后成功。我从开心到自尊心爆棚,到最后开始感到痛苦,因为这部书,懂都很难懂,加上长句、意识流的手法、那种独特的比喻,真的非常难翻译。

于是我就遇到很多很多的困难。这些困难是绕不过去的。那这些为什么会成为困难?为什么会成为我们翻译的障碍呢?是句子太长,隐喻太生僻,还是什么原因?风格怎么去把握?遇到这些障碍,找到这些障碍,然后去分析原因,这只是问题的一半。如果要翻译,必须跨越这些障碍,到底怎么样去解决它?所以这里就提出了很多问题。比如,这部书7卷,我们15个人参加翻译。《追忆似水年华》风格特征非常明显,15个人翻译,全书的风格能体现吗?能统一吗?《追忆似水年华》是意识流的写法,普鲁斯特是意识流的鼻祖,在翻译过程中,意识流怎么体现呢?主要是从句法的程度来体现,这部书中长句特别多,插入句特别多,时态特别丰富。因为一会儿想到过去,一会儿想到将来,然后又回过头想现在,所以过去、现在、未来交织在一起。中文句式的表达和法文有很多差异,比如法文通过解释性的从句,可以像长河一般连续不断。我们中文不行,中文要重复:从前有座山,山里有座庙,庙里有两个和尚。大和尚对小和尚说,从前有座山……如果是法文或者英文,只要用 where/which 一带,句子连个标点都没有。这种长句、意识流所体现的这样的一些句式、一种节奏,怎么翻译出来呢?尤其普鲁斯特是一个善于用隐喻的大师,隐喻有的时候很偏,采取什么样的方法翻译呢?把隐喻变为明喻?还是用什么样的方法来改变它?这里头就提出了很多很多问题。

做一个翻译者,我有时候就会跟这些东西打交道。做一个翻译的有心人,我自己尝试着把翻译当中遇到的问题,特别是典型的问题记下来,然后去寻找原因,再寻找克服这些障碍的方式、途径。这一过程中,我必然要进行思考,这种思考实际上已经成为研究,成为一种实实在在的探索。我参加《追忆似水年华》的翻译,20 多万字虽然翻译了两年多,一天也就翻译几百个字,但实际上,我收获的是对翻译问题的深刻理解。有了理论的思考,理性的梳理,理性的认识,我就会有探索的成果。《追忆似水年华》出版了,虽然自己翻译的只是 1/15,但它在与读者、与作家建立关系方面体现了非常重要的价值。更为重要的是,通过这部书的翻译,我全面地思考了文学翻译当中的一些基本问题,所以才有了 1992 年那本《文学翻译批评研究》的问世。这本书实际上主要是以《追忆似水年华》的翻译为考察对象,结合自己和他者的翻译,在各个层面对翻译可能遇到的一些根本性问题,比如隐喻怎么翻译,长句的翻译怎么评价,风格怎么统一,进行的分析、思考与探索。将探讨翻译的问题与如何评价结合起来,我写了这本《文学翻译批评研究》,并于 1992 年由出版《追忆似水年华》中译本的译林出版社出版。当时在全世界范围内,在翻译批评领域还没有什么著作出来。这本书应该说是国内最早的一本文学翻译批评方面的著作,受到了学界、翻译界的普遍关注。所以翻译者如果对翻译有深刻的理解,能把握翻译的价值,把翻译跟研究结合起来,从翻译出发,他就可以抵达很多非常引人入胜的、具有创造性的疆域。这个时候,一个翻译者就会产生一种真正的收获感、满足感,从而更爱翻译。

三、翻译与翻译研究应该作用于人才培养

我刚才讲了两个重要的方面。但我们通过翻译,还可以有另一个层面的收获,这一收获就是跟人才培养相结合。特别是"外国语言文学"学科,大家都知道从本科就有翻译教学、翻译人才培养,有翻译课,有翻译本科专业,还有翻译专业硕士学位,翻译学博士学位,最近又在讨论翻译专业博士,有可能要进行试点。翻译活动不仅仅限于笔译,还有口头翻译等等。作为高校的老师,我们不能够仅限于自己的翻译活动,还要把它与人才培养紧密地结合起来,这里有两个方面的问题:

第一,我们自己在翻译中积累了丰富的经验,就能够寻找有效地提升学生翻译能力的途径,这是非常重要的。我们要培养翻译人才,让学生能够热爱翻译,参与翻译工作,为传播中外文化、促进中外文学交流做自己的贡献。

第二,我们做了很多翻译,就会遇到很多具有典型性的例子,这是编写教材的珍贵材料。翻译教师可以把在翻译当中记录下来的重要例子、积累的经验,融合到你对翻译教材编写的思考当中去,通过你的翻译经验编写出好的翻译教材。编写好的翻译教材,一方面提高学生翻译的能力,另一方面在理念上让学生更好地理解翻译,让很多人热爱翻译。这在人才培养当中非常重要。此外我们还可以建设一门好的翻译课程。

这么多年来,我基本上都在跟翻译打交道,我给本科生上的是"汉译法"课程,给硕士研究生上的是"法汉翻译理论与实践"和"翻译通论",给博士研究生开设了翻译研究专题,我做的所有工作都是跟翻译结合在一起的。所以我的很多学生都是从本科开始,被南京大学很有传统的文学翻译带到了文学翻译跟翻译研究的天地里。我的好多学生,今天也有可能在听,包括我指导过的硕士、博士,还有很多从本科开始培养的学生,慢慢成长为以翻译、翻译教学和翻译研究为主要学科方向的大学老师。很

多人已经成长为翻译领域的名家,像上海翻译家协会的两位副会长,南京翻译家协会、江苏省翻译协会的两三位副会长,都是我慢慢带出来的。南京大学法语系有个非常好的传统,从何如先生开始,在我们这一代不断地强化继承下来,培养了一批热爱翻译、忠诚于翻译的学生,进行翻译研究、文学研究,最后成长为著名的翻译家、翻译理论家。现在回想起来,我们的人才培养、翻译事业是要不断传承的,对翻译的这份热爱、对翻译问题的思考,让大家一步一步地往前走。全国法语界每年都有"傅雷翻译奖"的评选,每年最后进入终评的有 10 个,我记得有一年,全国 10 个参加终评的,有 8 个是南京大学法语系的毕业生、在读学生或老师。这就是一种传统,我们的人才培养,让他们不仅仅学习翻译,而且能够把翻译真正融入他们的工作学习当中,融合到对理想的追求当中。现在南京大学法语系最强的,包括南京大学"外国语言文学"学科最强的方向之一,就是法语的文学翻译研究。

我不仅仅从培养学生方面,从翻译出发,让翻译事业得到传承,让研究事业得到发展,同时我还通过多年的翻译教材编写经历,培养翻译人才。我跟我的两位博士一起编写了《法汉翻译教程》,这个教程用了 10 多年,在法语界是比较重要的教材之一,也被评为了教育部的精品教材。我在几位学生的帮助之下,编撰了《翻译概论》。现在国内翻译硕士专业学位(MTI)有门必修课,就叫"翻译通论"或者"翻译概论",这部书就是这门课的教材。在翻译的课程建设方面,我们也在进行努力。比如说 20 多年前,我在南京大学一直主讲"翻译通论"这门课,这门课后来入选了江苏省优秀研究生课程。我们可以看到,从翻译出发,可以抵达方方面面。

翻译还有一个不容忽视的方面,就是服务社会,促进中外文化交流,为人类命运共同体的构建发挥我们翻译人的真正作用,这一点非常重要。实际上,无论是口译还是笔译,我们的工作都是直接地与他者打交道。我们很多高校老师都有口译的经验,我们很多的学生在上大学三年级、四年级的时候,就可能去做口译、做笔译了。

我们在整个翻译学科建设、翻译人才培养当中,应该真正把翻译作为一种跨文化的交流活动,把对翻译本质的认识真正化为我们自觉的活动。也就是说,我们去做翻译不是简简单单地当一个传话工具,而是真正把我们自己的翻译当作一种跨文化的交流活动。带着这样的理念,这样的自觉性,再去做翻译,它就不仅仅是沟通,不仅仅是一种信息的传达,更是有意识地促进跨文化交流的活动。这个时候,你的行动、你的自觉性,就与翻译的目的紧密结合,就能真正发挥翻译各层面的作用。

四、翻译有助于维护文化多样,促进中外文明互学互鉴

我从 1976 年就开始做一些翻译,当时我 20 多岁,在法国留学。后来在国内外,特别是在南京大学,我参加过不少重要的口译活动。比如说,联合国前秘书长加利先生于 2002 年来南京大学访问,并参加南京大学的百年校庆。短短的 3 天时间,我给他做翻译。如果仅仅把自己当作翻译,我认为是不够的。通过做翻译,我不断地接近他,借助跟他交流这样一种便利,能够真正推动跨文化交流,达到一种心灵的交流,我觉得这非常重要。短短的几天内,我就南京大学、就我们中国的文化,特别是中国对于外来文化的接受,对世界和平文化的建设情况,给他做了介绍。我们谈翻译,谈文学,谈文化交流,谈对于美国文化当时对外扩张性意识形态的担忧,于是我跟加利先生之间有了灵魂的共鸣,我们能够敞开心扉进行交流。我知道他写了一本书,叫作《世界化的民主化进程》,法语叫 *Démoncratiser la mondialisation*,说世界化需要有民主。这本书非常好,提出了很重要的一些观点,如世界化的进程需要以民主和多元文化来保障,而不是霸权主义,不是文化霸权主义,不是意识形态的霸权主义。加利为南京大学百年校庆做了一个演讲,演讲的题目叫"语言的多元与文化多样性",我和他交流了不少看法。他的思想跟他这本书的思想以及我自己关注的问题高度一致,所以从翻译出发,我们进一步加深了交流。我向加利先生提出了一个要求,问他能不能把这本书献给南京大学一百周年校庆,把版权留给南京大学,他欣然答应,当时就用法语和阿拉伯语给我

写了一句话："谨以此书献给南京大学百年华诞。"这部书后来由我和我的学生张晓明合作翻译,由南京大学出版社于 2003 年出版了。

我觉得让一个联合国的秘书长跟南京大学百年老校结缘,这本身就是一个非常好的思想与文化的沟通和交流工作。更重要的是,在与他的交流过程中,当我把我的翻译工作和有关翻译的思考告诉他时,他给我题写了一句话:"翻译有助于发展文化多样性,而文化多样性则有助于加强世界和平文化的建设。"这是给翻译多好的定位。我们就这样成了朋友,后来他担任国际法语国家组织的秘书长,又邀请我去访问他主政的国际法语国家组织。之后,他很快就发起设置了一个文学奖项,叫"五洲文学奖"。多少年以后,作为一个翻译人,我有幸应邀担任国际法语国家组织设置的"五洲文学奖"的评委,到巴黎去参加一年一度的文学奖的评审。以一个翻译人的目光,来选择什么是好书,什么是有价值的书。文学奖的评委会由十几个人组成,其中有法兰西学院的院士,有诺贝尔文学奖获得者,有加拿大皇家科学院院士,等等,都是非常重要的文学家、思想家、哲学家,我有幸参与其中,这是翻译给我打开的路径。

我后来又有机会给大家都非常熟悉的法国著名哲学家德里达做翻译,通过翻译,我也和他建立了非常好的友情。可以看到,通过这样的一些翻译我们慢慢地进入思想交流、文化交流的层面。20 世纪 80 年代我翻译的《沙漠》一书,开始了一段延续至今的缘分,我和勒克莱齐奥先生建立了非常好的友情。我和我的学生不断地翻译他的书,后来他获得了诺贝尔文学奖。之后我们请他来中国,到南京大学担任法语语言文学博士生导师,在南京大学开设面向本科的通识教育课,每年来三个月,让文学大师跟我们的人才培养紧密地结合在一起。与此同时,我又组织他与莫言、毕飞宇、余华等重要作家之间的交流,有力地促进了中外文化、中外文学的交流互鉴。

作为翻译者,我们还有很多的机会去亲历、去促进一些重要的文化交流活动。比如我参加过上海世博会申办报告的翻译定稿工作,被聘为上海世博会组委会的语言顾问;我还应邀参与了南京青奥会申办报告的撰写和翻译定稿。我和我当时的法语系团队做了非常重要的工作,为南京获得青奥会的主办权做了贡献。我们现在再回想整个翻译工作,就会发现从翻译出发,可以抵达不同的层面。而这不同层面,恰恰就是我们所说的学科建设的一些非常重要的方面。我们作为翻译者、翻译学者,现在的任务越来越重大,翻译研究的东西也越来越多。在翻译上,我们如何服务国家战略需求,可以做很多的开拓。比如说现在高校很多老师承担了国家社科基金中华学术外译项目的翻译工作,去年上海外国语大学就有 10 余项,同济大学有 7 项,还有很多学校的外语学科都承担了中华学术外译工作。我们的翻译工作,对于外国学术的引进和中国学术的"走出去",对中国哲学社会科学话语体系的建设,担负着重要的使命。我们要推动"一带一路"倡议的实施,构建人类命运共同体,文学作品的翻译也非常重要。比如说北京大学外国语学院的"'一带一路'沿线国家经典诗歌文库",去年出版后社会反响很大;浙江大学中华译学馆今年又做了"丝路夜谭"译丛(即"一带一路"沿线国家神话传奇故事译丛)。这些都是为了真正的民心相通、灵魂共鸣所做的积极工作。

最后,在翻译研究方面,我觉得无论是翻译家的研究、中国文学外译的研究、翻译基本问题的研究,还是新技术与翻译研究的结合等方面,作为翻译人、翻译研究者,我们都有很多工作去做。我衷心地希望大家能够真正地热爱翻译,深刻地理解翻译,把握翻译的价值,把我们的翻译活动与人才培养、学术发展、科学研究、服务社会紧密地结合在一起。这个时候,无论是就"外国语言文学"学科,还是就一个文科学者的个人追求而言,你都会非常欣慰地说:"我做的这一点点工作是非常有意义的,我为当一个翻译人和一个翻译研究者而自豪。"

由于时间关系,我就先跟大家交流这么多,谢谢各位。

(本文写于 2020 年,原载于《亚太跨学科翻译研究(第十一辑)》,北京:五洲传播出版社,2022 年)

在抵抗与考验中拓展新的可能

——关于翻译与语言的问题

关于翻译,尤其是文学翻译,我们当下的研究,少有对语言层面的深度探索。我们发现,在现有的中国文学译介研究中,有的关注到中国作家的语言的外译问题。在这一方面,有两种声音曾引起学界的关注甚或讨论。

一是来自国外汉学家的声音。如顾彬,他在多个场合批评中国当代作家"语言太差";又如葛浩文,他对中国当代文学的语言也有消极的评价。

二是来自国内译学界和文学界的声音。比如王宁就认为莫言获奖,有翻译家葛浩文的功劳,在某种意义上说,葛浩文的翻译提升了莫言的语言。持这一观点的,还有文学批评家李建军。他在论莫言获奖的文章中,认为莫言文字不好,是葛浩文的翻译"美化"了莫言的语言。所以,莫言才有可能获奖。

有关翻译与语言的关系,似乎是一个永恒的话题;但对于翻译的本质与翻译的价值的探索,语言这一层面的思考似乎又很少,即使有,也似乎难以击中要害。

对于翻译的价值,翻译家袁筱一在媒体访谈中,曾讲过一段颇有深意的话:"翻译的价值,很大程度上来自不同语言间的新鲜撞击,刺激我们寻找语言的更多可能性。对于翻译来说,作品中最吸引人的恰恰就是对翻译的抵抗。只有抵抗才能带来语言的探索。"细细品味袁筱一的这段话,我相信这并非仅仅是经验之谈,而是对于翻译价值的一种深刻的思考与新的探讨。

做文学翻译的人,大抵都有过"抵抗"的遭遇。最常见的情形是,原作中一些鲜活而独具个性的表达,在目的语中会遭遇极力抵抗,抵抗的原因有多种:因为词汇的空缺,难以找寻到对等的表达;因为原作的表达太具异质性,难以在目标语中寻找到相融的可能。面对原作对目的语提出的挑战,翻译者的态度与行为便显示出各种样态,有妥协的,有任意改造的,有归化处理的。但也有接受挑战的,在目的语对原作的抵抗处,去寻找新的可能性,在异的考验中,在自我与他者的直接抵抗中,探索语言新的可能性,拓展新的表达空间。

以此角度去反观当下的翻译研究,当我们看到"连译带改"的翻译方法被标榜为使翻译被接受的"灵丹妙药",不由得会产生疑问:文学翻译,应该在何种程度上去保持原作的表达个性,在语言的层面将原作的风格加以生动地传达? 我认为,这应当是一个值得深度思考的问题。

翻译的价值有多种,从语言的层面去加以思考并探讨,我们目前至少可以从以下诸家的论述中得到启发:一是鲁迅,他认为翻译的最大功绩在于通过翻译,吸引国外的新思想,输入新的表达,以改造国人的思维,丰富汉语的表达。二可参照赵元任,他翻译了不少作品,《阿丽思漫游奇境记》就出自其手。在他看来,他翻译这部书,主要是想试验白话文的翻译能力,通过白话文在语言转换过程中所接受的考验,锻炼白话文的表达能力,让白话文在抵抗中成长,变得成熟而丰富。三可参照当代作家王小波在《我的师承》中所表达的观点。王小波是一个富有创造力的当代作家,他认为作为作家,其语言的学习与创作,在很大程度上得益于翻译家王道乾、查良铮的翻译,是两位翻译家的翻译作品中的语言表达给了他以滋养。持同样观点的还有叶兆言,他对傅雷的翻译有一份独有的尊敬,因为在他看来,傅雷翻译的巴尔扎克作品让他看见了汉语表达的奥妙。

语言之于翻译,并不如人们想象的那么简单。翻译涉及的是从一种语言到另一种语言的转渡问题。从一种文字出发,经过转渡,以另一种文字为归宿。如果说文学是文字的艺术,那么文学翻译,便是与文字打交道,是语言转换的艺术。在作家的眼里,语言是否有文学性,语言表达是否有个性,是衡量文学翻译成功与否的最主要标准之一。然而,作家们看到的是翻译的语言,翻译语言的文学性固然是评价的一条标准,但译者的翻译与原作语言的关系,却是一般读者,包括不通外文的作家或批评家所难以评估与判断的,而文学翻译的研究,恰恰要关注的,或者说不能忽视的,就是这一层面的问题。

　　讨论翻译的语言问题或语言价值,尤其思考当下我们所关注的中国文学外译问题,需要从文本出发,在微观的层面去发现抵抗的原因,触及抵抗与考验的张力,去观察抵抗的种种表现,在异的考验中,在语言探索的层面,去拓展翻译有可能为母语带来的新的可能性。

（原载于《语言战略研究》2019 年第 5 期）

关于文学翻译的语言问题

在 2019 年 5 月《外国语》编辑部举办的纪念五四运动 100 周年的翻译研究高层论坛上,我聚焦五四运动前后的翻译与语言问题,就翻译与语言和思想的关系、语言的革新力量以及语言创新与翻译方法的关系谈了自己的一些看法。① 本文拟在相关观点的基础上,着重谈谈文学翻译的语言问题。

一、翻译与语言的创造

就翻译的基本形式而言,翻译是语言的转换。回顾翻译的历史,无论中外,翻译是促进语言生长的重要路径。现代德语、法语的生长与革新如此,白话文的成长与丰富也如此。早在 1549 年,七星诗社在《保卫和发扬法兰西语》这篇宣言中,"提出了民族语言的统一问题,而前提就是保卫法兰西语的地位,改变其词汇贫乏、粗俗的状况,同时,主张向希腊和拉丁语借词,创造新词,以丰富法语"②。在确立法语为民族语言的过程中,翻译起到了不可忽视的作用。在"五四"前后,白话文也同样借助翻译得以丰富,得以革新。这方面有很多问题可以进一步思考。

从语言问题出发去考量翻译的价值,学界已经有不少思考。有几个

① 许钧. 翻译是先锋,语言是利器——五四运动前后的翻译与语言问题. 外国语,2019(5):2-3,6.

② 许钧. 当代法国翻译理论. 武汉:湖北教育出版社,2004:228-229.

方面值得我们特别关注。

一是通过翻译，打开母语的封闭状态，为创造新词、新语、新观念提供可能性。我们都知道鲁迅，他做翻译，有一个根本的出发点，那就是通过翻译，吸引国外的新思想，输入新的表达，改造国人的思维，丰富汉语的表达。瞿秋白在给鲁迅的来信中明确提出："翻译——除了能够介绍原本的内容给中国读者之外——还有一个很重要的作用：就是帮助我们创造出新的中国的现代言语。"[1]鲁迅对瞿秋白的这一观点是十分认同的。在实践层面，他的翻译尽量避免去用现成的汉语表达，而是特别强调"外语性"。外来的句式与表达，不能以通顺为名，随意被汉语的现成句式与说法所取代，如鲁迅坚持用"山背后太阳落下去了"，而不改作"日落山阴"。实际上，鲁迅的这一立场，也同样是许多作家的立场，他们往往不满足于母语现成的表达，而是尝试着创造新的字眼，新的说法。这种新的创造，往往带着"异样"的感觉，仿佛不是从母语中来的，像是外来之语，是"外语腔"。这一现象就是德勒兹所说的"外语性"。在《批评与临床》一书中，德勒兹就以"巴特比，或句式"为题，讨论句式"I would prefer not to"的"异样"创造所可能带来的发现性的作用[2]，有助于我们进一步认识作家对语言的突破性创新所具有的深刻意义。

二是通过翻译，锤炼母语，在异语的考验中，激发母语的活力。检视现代法语、现代德语的发展史，可以清晰地看到翻译在其中所起到的作用。中国的现代汉语的发展，也同样如此。著名语言学家赵元任早年做了一些翻译，如《阿丽思漫游奇境记》。在他看来，他翻译这部书，主要的动机，就是想试验白话文的翻译能力。面对原作的抵抗，他不放弃，不投降，而是通过白话文在语言转换中所接受的考验，锤炼白话文的表达能力，让白话文在抵抗中成长，变得成熟而丰富。

三是通过翻译，为接受国作家的创造带来新的语言养分，拓展他们的

---

① 瞿秋白. 鲁迅和瞿秋白关于翻译的通信//罗新璋. 翻译论集. 北京：商务印书馆，1984：266.
② 德勒兹. 批评与临床. 刘云虹，曹丹红，译. 南京：南京大学出版社，2012：139-191.

语言创造力。当代作家王小波在《我的师承》中充分地表达了这一观点。王小波是一个富有创造力的作家,他认为他作为作家,其语言的学习与创造,得益于翻译家王道乾、查良铮的翻译语言,是两位翻译家的翻译作品中的语言表达给了他滋养。持同样观点的还有叶兆言,他对傅雷的翻译有一份独有的尊敬,因为在他看来,傅雷翻译的巴尔扎克让他看到了汉语表达的奥妙。孙郁对此有过专门的思考,他发现:"王小波生前看重傅雷、穆旦的文字,因为其间有中外语境的交叉,古而今,今亦古,是新式的语言。自然,也产生了新式的经验。我们看王小波的作品,其风格更像是从域外来的,却又根植于中土大地,有很强的现代意味。细细分析,能够发现词语的新颖之处,恰恰是经验的奇异之所。王小波欣赏罗素的表达,意的方面来自域外,形的组合则看出民国翻译家的遗风。在 20 世纪 90 年代,他异军突起,感人的是那语态的鲜活和如炬的目光。"[1]

　　关于翻译与语言、翻译与创作的关系,翻译家袁筱一在接受上海一家媒体的采访时,曾明确地表达了她对于翻译价值的认识:"翻译的价值,很大程度上来自不同语言之间的新鲜撞击,刺激我们寻找语言的更多可能性。对于翻译来说,作品中最吸引人的恰恰就是对翻译的抵抗。只有抵抗才能带来语言的探索。"[2]做文学翻译的人,大都有过"抵抗"的遭遇。李文俊翻译福克纳,李芒翻译日本俳句,我本人翻译普鲁斯特,无不发现原文具有强大的抗译性。原作中一些鲜活而独具个性的表达,对翻译家而言,构成了严峻的考验。我曾指出,原作的抗译性,在语言的层面非常明显,如因为词汇的空缺,难以找到对等的表达,或因为原作的表达太具异质性,难以在目标语中寻找到相融的可能。面对上述种种原因,"面对原作对目的语提出的种种挑战,翻译者的态度与行为便显示出各种样态,有妥协的,有通融的,有投降的。但也有接受挑战的,在原作之于目的语的抵抗处,去寻找新的可能性,在'异'的考验中,在自我与他者的直接抵抗

① 孙郁. 在语言与经验之间. 文艺争鸣,2017(5):3.
② 邵岭. 袁筱一:专注地做一个翻译者. (2016-02-09)[2020-08-09]. https://news. ecnu.edu.cn/0e/5d/c1850a69213/page.htm.

中,探索语言新的可能性,拓展新的表达空间"①。

二、文学语言与"文学性"

文学,是语言的艺术。因而,文学翻译中的语言问题理应成为我们的主要关注点。然而,不可否认的是,关于翻译,尤其是文学翻译,我们当下的研究对语言层面的关注越来越少。在文学与翻译的层面,涉及语言问题的,我们发现有两种声音值得关注或讨论。

这两种声音,都是批评的声音。一种来自域外,是国外翻译家的声音。如翻译过许多中国文学经典的德国翻译家顾彬,他在多种场合批评中国当代作家,认为他们的"语言很不好"。又如被称为当代中国文学"接生婆"的美国翻译家葛浩文,他对中国当代作家的语言与叙事方式也有批评意见。暂不论葛浩文的观点,关于顾彬对中国作家语言的批评,如果他所批评的,是程式化的语言,被意识形态所左右的语言,是套话,空话,甚至假话,我完全赞同。但他说余华的语言不好,说他重复,说要用简单的语言表达复杂的思想,我认为这是他的局限,是他对中国语言的精妙和作家的个性缺乏深刻的领悟。作家的文学语言应该鲜活,需要个性化的创造,译者不应该仅仅以自己的审美取向去衡量。另一种来自国内,是中国作家的声音,针对的是翻译的语言。不少作家对当代的文学翻译有不少批评,其中核心的问题,就是翻译的语言太差,认为不少文学翻译缺乏语言的文学特质。

对这两种声音,我持部分认同的立场。从这两种针对语言的声音中,我想到了另一层面的有关问题:为何国外的翻译家对中国作家的语言持批评态度? 他们对中国作家的语言创造真的有深刻的理解吗? 他们在翻译中为什么总是倾向于去改造中国作家的语言表达呢? 难道真如王宁所

---

① 许钧. 在抵抗与考验中拓展新的可能——关于翻译与语言的问题. 语言战略研究,2019(5):5.

认为的那样,莫言获得诺贝尔文学奖,葛浩文功不可没,最重要的一点就是葛浩文的翻译提升了莫言的语言?或如文学批评家李建军所认为的那样,莫言语言不好,是葛浩文的翻译"美化"了他的语言,他才有可能获奖?所有这些问题,凸显了一个长期以来困扰翻译者的问题:译者是否有权利改变、美化原文本的语言?

如果从文学界对中国当下的文学翻译或翻译语言的评价这一角度去看,我们发现对于当代的翻译而言,情况确实不乐观。语言,无论对于创作还是翻译,往往是一个重要的评价标准。但是我们当下的翻译研究,对于语言问题,不仅仅是关注较少,更重要的是评价混乱,有不少问题没有引起重视,深刻的思考也较为缺乏。

翻译的语言问题,并不像一般评论者所想象的那么简单。语言问题,对于翻译而言,涉及的是一种语言到另一种语言的转渡。如钱锺书先生所言,"从一种文字出发,积寸累尺地度越那许多距离,安稳到达另一种文字里,这是很艰辛的历程"①。如果说文学是文字的艺术,那么文学翻译,便是与文字打交道,在一定意义上,是文字转换的艺术。文学翻译成功不成功,在作家的眼里,最显鉴别度的,便是文本语言的文学性;语言表达是否出彩,是最主要的评价标准。然而,作家们所看到的语言,是经过翻译的语言,翻译语言的文学性固然是评价的一条标准,但译者的翻译与原文本语言的关系,却是一般读者,包括不通外文的作家或批评家所难以评价和判断的。这方面也有例外,比如不懂德语的作家毕飞宇就对《朗读者》一个中译本中的一个句子做了批评:

> 在小说的第四章,女主人公汉娜正在厨房里头换袜子。换袜子的姿势我们都知道,通常是一条腿站着。有一位译者也许是功夫小说看多了,他是这样翻译的——
> 她金鸡独立似的用一条腿平衡自己
> 面对"一条腿站立"这个动作,白描就可以了,为什么要"金鸡独

---

① 钱锺书. 林纾的翻译//罗新璋. 翻译论集. 北京:商务印书馆,1984:697.

立"呢? 老实说,一看到"金鸡独立"这四个字我就闹心。无论原作有没有把女主人公比喻成"一只鸡","金鸡独立"都不可取。它伤害了小说内部的韵致,它甚至伤害了那位女主人公的形象。——我说这话需要懂外语么? 不需要的。①

毕飞宇指出的,是很典型的文学翻译的语言问题,这里主要涉及语用层面。无论是文学创作,还是文学翻译,语言是基本要素。文学指向的是自身的存在。文学创作中的语言,与日常交流中的语言有本质的差别,孔帕尼翁在其《理论的幽灵——文学与常识》一书中说得很明确:"普通语言是为交流服务的工具,与之相反,文学的目的在于自身。"②他还说:"日常语言追求听后得意妄言(它及物,不可察觉),而文学语言经营的是隐晦曲折(它不及物,可察觉)。"③与此表达相类似的,最著名的就是俄国形式主义,它严格区分日常语言与文学语言。俄国形式主义突出的是"语言所特有的文学功用,亦即文学文本的独特属性"④,这便是"文学性"。雅各布森认为"文学的科学研究对象不是文学,而是文学性,是那让作品成为文学作品的东西",也就是"让语言信息变成艺术品的东西"⑤。而在文学翻译中,恰恰就是这种文学性,这种让语言信息变成艺术品的东西往往难以把握,在语言的转换中,经常被翻译者所忽视,或者因为具有很强的抗译性,而被"改造",被大而"化"之。更有甚者,以通顺、流畅为名,被随意改变。

---

① 毕飞宇. 小说课. 北京:人民文学出版社,2017:71.
② 安托万·孔帕尼翁. 理论的幽灵——文学与常识. 吴泓缈,汪捷宇,译. 南京:南京大学出版社,2011:32.
③ 安托万·孔帕尼翁. 理论的幽灵——文学与常识. 吴泓缈,汪捷宇,译. 南京:南京大学出版社,2011:32.
④ 安托万·孔帕尼翁. 理论的幽灵——文学与常识. 吴泓缈,汪捷宇,译. 南京:南京大学出版社,2011:33.
⑤ 转引自:安托万·孔帕尼翁. 理论的幽灵——文学与常识. 吴泓缈,汪捷宇,译. 南京:南京大学出版社,2011:33.

三、"翻译腔"与"外语性"

论及文学翻译,我们会想到傅雷,想到朱生豪。作为 20 世纪最有代表性的文学翻译家之一,他们对翻译界产生了重要的影响。傅雷对于文学翻译,有自己独立的思考。他特别关注原作的文字、结构、特性。在翻译中,他很清醒地认识到不同语言在各个层次上的差异:"两国文字词类的不同,句法构造的不同,文法与习惯的不同,修辞格律的不同,俗语的不同,即反映民族思想方式的不同,感觉深浅的不同,观点角度的不同,风俗传统信仰的不同,社会背景的不同,表现方法的不同。"①傅雷在这里连用了十一个"不同",仔细分析,我们可以看到,傅雷首先强调的是语言与文字的不同,具体表现在词类、句法、文法、修辞、俗语等五个方面,而正是基于这五个不同,又相应地出现了后面的六个不同。在他看来:"译本与原作,文字既不侔,规则又大异。各种文字各有特色,各有无可模仿的优点,各有无法补救的缺陷,同时又各有不能侵犯的戒律。像英、法,英、德那样接近的语言,尚且有许多难以互译的地方;中西文字的扞格远过于此,要求传神达意,铢两悉称,自非死抓字典,按照原文句法拼凑堆砌所能济事。"②翻译所要面对的就是不同,就是差异,翻译因"异"而起,也为"异"而生。译者要尊重原文的戒律,要表现原文本的特质,更要传达吸收原文本中的优点,但同时也切不能破坏了本国文字的结构与特性。在文学翻译中,译者面临着两难的选择。为此,傅雷提出了一个"假定";"理想的译文仿佛是原作者的中文写作。"③这一假定的目的在于平衡原作文字与译作文字的关系,既可保存原文的特点、意义与精神,又可保证译文的流畅与风采。为此,有必要处理好"翻译腔"与"外语性"之间的关系。

关于"翻译腔",不少作家和翻译家已经有很多思考与讨论。余光中

---

① 傅雷.《高老头》重译本序//罗新璋. 翻译论集. 北京:商务印书馆,1984:558.
② 傅雷.《高老头》重译本序//罗新璋. 翻译论集. 北京:商务印书馆,1984:558.
③ 傅雷.《高老头》重译本序//罗新璋. 翻译论集. 北京:商务印书馆,1984:558.

在《翻译与创作》一文中,用的是"译文体"一词,两者所指基本一致。在巴金的眼里,"翻译腔"是"把一篇漂亮的文章译成疙里疙瘩的念不懂的东西,有人甚至把外国文法原封不动地搬到译文里来,有人喜欢用'如此……以致……'一类从字典里搬来的字眼"①。在李健吾看来,"翻译腔"的表现之一,是"译文佶屈聱牙,未曾在再现上把握语言,仅仅从自己对原文的了解上,以一种字典似的精神译了下来"②。更为糟糕的情况,就是傅雷所说的,"按照原文句法拼凑堆砌"。余光中指出:"这种译文体最大的毛病,是公式化,也就是说,这类译者相信,甲文字中的某字或某词,在乙文字中恒有天造地设恰巧等在那里的一个'全等语'。"③"翻译腔"的表现,远不止这些,需要我们辨识与避免。对于翻译腔,学界常有批评,如"过于欧化的句式""晦涩的表达"等等。一种译文,一旦被认定为"翻译腔",其译文的品质便打了折扣,一般都不受欢迎。按照傅雷对理想译文的假定,带着"翻译腔"的译文,一定不像是"中文"写作了。而"外语性",则与"翻译腔"不同。在《外语、异质与新生命的萌发——关于翻译对异质性的处理》一文中,我对何为"外语性"做了一点解释。著名哲学家德勒兹在《批评与临床》一书的题献中引用了普鲁斯特的一句话:"美好的书是用某种类似外语的语言写成的。"④读到这一句话,我脑中不禁涌出了一个疑问:"类似外语的语言",不就是我们翻译界所言的"翻译腔"吗?既然理想的译文仿佛是原作者用母语写的,那么好的创作为什么需要用一种类似外语的语言呢?带着这样的疑问,我细细阅读了德勒兹的有关论述:"正如普鲁斯特所言,作家在写作中创造了一种新的语言,从某种意义上类似一门外语的语言。它令新的语法或句法力量诞生。"⑤而这种在语言中勾勒出一种新的陌生的语言的力量,就是德勒兹所言的"生成"的力量,是"语

① 巴金. 一点感想//罗新璋. 翻译论集. 北京:商务印书馆,1984:550.
② 李健吾. 翻译笔谈//罗新璋. 翻译论集. 北京:商务印书馆,1984:555.
③ 余光中. 翻译和创作//罗新璋. 翻译论集. 北京:商务印书馆,1984:748.
④ 德勒兹. 批评与临床. 刘云虹,曹丹红,译. 南京:南京大学出版社,2012:题献页.
⑤ 德勒兹. 批评与临床. 刘云虹,曹丹红,译. 南京:南京大学出版社,2012:1.

言的生成—他者(devenir-autre)"①的力量。基于此,我认识到,就《追忆似水年华》而言,我们发现作者的独特性首先表现在其对语言陌生性的追求中,这种语言的陌生性构成了所谓的"外语性",也就是我们所说的"异质性"。由此,我想到了鲁迅的翻译观,他强调要直译,甚至呼吁支持"硬译",其最根本的原因有二:一是翻译担负起"帮助我们创造出新的中国的现代言语"的重大任务;二是针对当时"乱译"的风气,"宁信而不顺"。鲁迅的这一翻译原则,在某种意义上,就是为了从原作的"外语性"中获得新的表达法,为语言创造拓展新的路径。从创造的角度看,我们注意到这种"外语性"具有两个很显著的现象:一是如德勒兹所言,"捍卫语言的唯一方式就是攻击它……每个作家必须创造属于自己的语言"②,为了创造,作家往往偏离语言规范,不断地超越语言的极限,一方面为具有约定俗成性的语言拓展新的空间,另一方面为具有个性的创作开拓新的可能。二是具有语言创造意识的作家往往追求语言的陌生性以及表达的创新,寻找新奇的比喻、从未有过的表达法、独特的叙述方式等,正是在对一种陌生的语言的追求与构建中,普鲁斯特拓展了语言的空间,赋予了法语表达的生成性,为法语表达开辟了新的可能性,在不断突破语言极限的努力中,实现了作家的创造价值。

　　然而,在翻译实践或翻译评论中,译文的流畅,译文的"达",往往是一种评判标准。偏离语言规范的表达,往往会被当作不通顺,被认为是翻译腔而被遮蔽。对这种做法,批评界似乎习以为常。对此,我们需要更为警觉,不要把作家的创造当作译文流畅的牺牲品,把具有独特生命的原义处理为毫无个性、了无生气的文字。本雅明曾尖锐地指出:"翻译远远不是要成为两种无生命语言的无生气的综合体,而是和所有文学相关的东西,密切注视着原著语言的成熟过程和其自身语言降生的剧痛。"③对于"流

① 德勒兹. 批评与临床. 刘云虹,曹丹红,译. 南京:南京大学出版社,2012:10.
② 德勒兹. 批评与临床. 刘云虹,曹丹红,译. 南京:南京大学出版社,2012:11.
③ 本雅明. 本雅明:作品与画像. 上海:文汇出版社,1999:122.

畅"译文隐藏的危害,昆德拉有很深刻的体会,他在阅读了几部小说的法译本后,感觉到原作在词语、句式、叙事等多层面的创造,被译文的"流畅"轻易抹去了。他意味深长地说:"我听到人们用同样一句话来赞扬一个译本:'这非常流畅。'或者还有:'就好像是一位法国作家写的。'可是海明威读起来像一位法国作家,那就糟了! 他的风格在一位法国作家那里是不可想象的! 我的意大利出版商罗伯特·卡拉索说:确定一个译本的好坏,不是看它是否流畅。而是看译者是否有勇气保存并捍卫所有那些奇特而独创的语句。"①

按照上文我们对"翻译腔"与"外语性"的认识,我们可以认为,优秀的文学翻译家应该识别并保存原文本的"外语性",也就是保存原文本的"特质",但却要力戒"翻译腔"。但无论是在文学翻译的实践中,还是在对文学翻译的批评或评价中,我们发现对这两者的把握往往会出现偏差。

最为显著的表现,就是把"外语性"混同为"翻译腔"。无论是文学翻译实践还是翻译文学的接受,对于翻译腔的抗拒,如今成为一种普遍趋势。傅雷对于理想译文的追求,在某种意义上已经成为文学翻译界的共识:翻译,仿佛是原作者用中文写作。罗新璋对傅雷的观点不仅认同,而且还更进一步,明确地提出了文学翻译的三原则,其中最为根本的就是第一条:"外译中,是将外语译成中文——纯粹之中文,而非外译'外',译成外国中文。"②在罗新璋看来,文学翻译不仅仅是一般的中文写作,而且强调须用"纯粹的中文"。在文学翻译界,谈起理想的译文,我们都会想到傅雷。但是何为"纯粹的中文"? 傅雷对此是有清醒的认识的:"白话文跟外国语文,在丰富、变化上面差得太远。"③他明确指出:"我们现在所用的,即一种非南非北,亦南亦北的杂种语言。凡是南北语言中的特点统统要拿掉,所剩的仅仅是些轮廓,只能达意,不能传情。故生动、灵秀、隽永等等,一概谈不上。方言中最 colloquial 的成分是方言的生命与灵魂,用在译文

---

① 昆德拉. 小说的艺术. 董强,译. 上海:上海译文出版社,2003:165-166.
② 罗新璋. 译书识语//司汤达. 红与黑. 罗新璋,译. 北京:燕山出版社,2003:1.
③ 傅雷. 致林以亮论翻译书//罗新璋. 翻译论集. 北京:商务印书馆,1984:546.

中,正好把原文的地方性完全抹杀,把外国人变了中国人岂不笑话!"①傅雷的这些话,据考证应该是写于1951年。我们需要知道,那时的白话文,确实存在一些问题,需要不断建设,而借助外国文学优秀作品的翻译,是丰富白话文的途径之一。从白话文的历史与现状看,"纯粹的中文"至今也几乎是不存在的。何况翻译具有独特个性的外国文学名著,想要用"纯粹的中文",不仅不可能,而且也有些理论上的不应该,因为这样去做,很有可能像傅雷所提醒的那样,"把原文的地方性完全抹杀,把外国人变了中国人"。再进一步说,对于外国文学作品中所具有的"外语性",我们应该设法调遣创造力,尽可能将之表现出来,而不应该将其抹杀。但问题是,我们有时候很难分辨"外语性"和"翻译腔"。鲁迅的翻译就是一个很好的例证。为什么鲁迅要采取硬译的方法?他翻译的《死魂灵》为什么在许多人看来,"翻译腔"太重?对这两个问题的回答,需要了解鲁迅的翻译理念与立场。但同时也给我们分辨"翻译腔"与"外语性"提出了要求。

当下的文学翻译界,无论是评价中国文学外译,还是外国文学汉译,由于现代汉语的不断成长,不断丰富,翻译对于现代汉语的贡献似乎越来越少提及了,翻译之于语言创造的价值似乎也很少有人去追求了。再加上在接受的环节,读者至上的主张越来越有市场,所以翻译强调变通,追求译文流畅的风气越来越浓厚,对翻译的评判渐渐地摆向"归化""流畅"那一极了。在外国文学汉译中,凡与母语的习惯表达、习惯句式、习惯比喻有不合的地方,往往被视为"翻译腔"。而在中国文学的外译中,原文中一些独特的表达,一些带有个人印记的风格追求,也常有译者以读者接受,以译文的可读性的名义,加以"变通""删改",导致原作的独特性被抹杀。对此,有学者尖锐地指出:"在西方中心主义的观照之下,被译介的中国文学往往会被改写以适应西方本土的语言和话语方式,而自身固有的

---

① 傅雷. 致林以亮论翻译书//罗新璋. 翻译论集. 北京:商务印书馆,1984:547.

中国文化基因不得不被消解、同化。"①这一现象值得我们继续关注并思考。在中国文学外译的研究中,我们注意到很少有外国译者或者评论者就中国作家的文学特质对其国家的文学或语言发展所起的作用加以思考,也很少有学者对中国优秀作家的语言特色与价值做深入的研究和深刻的分析。在我们看来,一味地强调可接受性,轻易地采用所谓的归化"变通"手段,有可能导致翻译者放弃对原文特质加以深刻的理解与创造性传达,其直接结果,就是遮蔽、扼杀了原文的异质性,违背了翻译为异而生的本质使命。

文学翻译要力戒佶屈聱牙、不中不西、文法不通的"翻译腔",而要担负起传达差异、开拓语言空间、再现原作文学性、丰富文化的使命。在语言的层面,高植明确提出:"今天中国的翻译工作者,在工作过程中,单把一本外国书或一篇外国的文章译为中文,不过是尽了一方面的责任,他还有一个任务,就是充实和丰富中国语文的任务。"②要完成这一任务,翻译者应该在语文建设方面多些思考,在翻译中,像鲁迅那样,注意"吸收新表现法"。而"吸收新表现法就是吸收新的词汇,新的语法形式,新的语汇,等等"。③ 当下的文学翻译研究,对这一任务似乎关注不多。从实际情况看,通过翻译吸收新词汇、新语汇,这样的努力比较明显。而在语法形式层面,尤其是句法层面,关注较少,而且尺度很难把握,原文的句式处理不当,弄不好会出现"翻译腔",比如鲁迅翻译的《死魂灵》,就遭到不少诟病。然而,我们注意到,很多优秀的外国作家,恰恰在句法的层面,充分地表现了其风格、其个性、其"外语性"。普鲁斯特的长句创造,为意识流小说的写作拓展了多维度的可能性;海明威的小说句子短,简洁,构成了其独具个性的"哲理"底色;加缪小说中的句子具有"高妙的贫瘠性",句子与句子

① 吴赟. 作者、译者与读者的视界融合//刘云虹. 葛浩文翻译研究. 南京:南京大学出版社,2019:411.
② 高植. 翻译在语文方面的任务//罗新璋. 翻译论集. 北京:商务印书馆,1984:532.
③ 李石民. 关于翻译吸收新表现法等问题//罗新璋. 翻译论集. 北京:商务印书馆,1984:631.

的关系,展现的是他眼中的世界万物之间的关系;杜拉斯的短句,与其对人生、对爱情的表达形成了深刻的互动关系。学者金雯特别关注过小说句式之于文学作品的重要性,她通过分析奥斯丁最后一部小说《劝导》中一个具有代表性的句式,指出奥斯丁的"巧妙之处在于将并列结构和从句结构融合起来,制造了许多念头蜂拥而至(并列),而思绪绵延不断,蜿蜒延伸(从句)的双重效果。这不仅是对英语小说句式的创新,也是对人物心理描写方式的创新"。"通过句式分析,小说的语言突然有了质感,有了道理,也有了更深的美感。而我们对小说在形式和主题上的特色有更深的理解"。① 句式的创新,丰富了作品的文学生命,拓展了文学创造的可能性,也为后来者提供了启迪。马尔克斯《百年孤独》的开篇一句,对中国当代文学的影响可以说是深刻而巨大的。一位翻译家,如果忽视了作家具有特质性的句式创造,那么在翻译中就不可能去再现,作家所追求的"外语性"自然会被抹杀。

从文学翻译的研究看,对词语、修辞、比喻、形象的关注比较多,而对句法、句式的转换研究不多。与此相反,哲学家如德勒兹,文学家如鲁迅,对句法或句式却予以特别的重视。由此我想到了傅雷说过的话,"在最大限度内我们是要保持原文句法的",因为"风格的传达,除了句法以外,就没有别的方法可以传达"。② 一部文学作品,失却了风格,无异于断了生命。如果译者忽视了对句法、句式的关注,那么对其价值的判断、风格的传达就成了一句空话。李健吾曾就巴尔扎克的句式做了分析,并与英文的译本做了比较,指出:"巴尔扎克的庞大段落,在他是气魄,是气势,是酣畅,然而对一位生疏的读者,可能形成苦难。英文译者偶尔把它打散,改成若干较小的段落,并不值得采用。这样的做法伤害巴尔扎克的真实。又如巴尔扎克的一贯作风,爱用前两章描绘环境,可能一下子吓倒没有耐心的读者。又如他的较长的句子,套来套去,可能就把粗心的读众套迷糊

---

① 金雯. 被解释的美:英语的方法和趣味. 上海:华东师范大学出版社,2018:73.
② 傅雷. 致林以亮论翻译书//罗新璋. 翻译论集. 北京:商务印书馆,1984:548.

了。可是,在巴尔扎克,一切显出他的才情汪洋,千言万语,宛如怒涛奔腾,一放而出。"①李健吾对巴尔扎克的文学特质做了很好的揭示,巴尔扎克对环境的细致描绘体现了现实主义的特征,他的庞大的段落形成了他的文学叙述非同一般的气势,他的较长的句式更是显示出了他的"才情汪洋"。面对这样的巴尔扎克,是以读者为名,以接受国的接受习惯为理由,加以变通,如李健吾所说的英文译者那样,"把它打散"呢,还是应该把巴尔扎克的文学个性充分地传达出来? 这是两种完全不同的翻译理念和翻译方法。我们注意到,李健吾在这段话中三次提到读者,前面都有一个限定语,分别是"生疏的""没有耐心的"和"粗心的"。对于这样的读者,译者不能随意变通,为了他们的接受而牺牲巴尔扎克独特的文学创造。李健吾明确提出,译者应该"详细介绍这位大小说家的独特风格和匠心所在,译文可读之外,译者还应为中国读者铺平道路,随时注意提拉一把"②。由此我联想到了中国当代的一些著名作家,像莫言,他的喷涌而出的句子与叙事密不可分;像王蒙,他的长句和排比句,形成了独特的风格;像余华,他对语言的操纵能力,对句式的冷静安排,直接导向生命的极限;像毕飞宇,他在书写《玉米》系列时以"简单""本色"的语言,与大地的脉动呼应。对于这样的中国作家的文学追求和语言创造,译者切不能以读者、市场为名,随意删改;翻译研究者也切不能以接受为名,为讨好没有耐心、粗心的读者,轻易变通,为抹杀原作的翻译行为寻找理论依据。

在结语中,我还想再提一下马尔克斯《百年孤独》开篇的第一句:"许多年之后,面对行刑队,奥雷良诺·布恩地亚上校将会回想起,他父亲带他去见识冰块的那个遥远的下午。"③对这个句式,学界,包括普通的读者,有过很多分析与评价;中国当代不少文学名家也坦陈自己受到过深刻的

① 李健吾. 翻译笔谈//罗新璋. 翻译论集. 北京:商务印书馆,1984:557.
② 李健吾. 翻译笔谈//罗新璋. 翻译论集. 北京:商务印书馆,1984:556-557.
③ 加西亚·马尔克斯. 百年孤独. 黄锦炎,沈国正,陈泉,译. 上海:上海译文出版社,1989.

影响;陈忠实、莫言等著名作家也借鉴、吸收过这一句式,为自己的创作拓展了新的可能。这个句式,不仅仅是语言层面的"时态"的创造性运用,更是叙事方式的创新。一个句子的翻译,能在中国文学界和普通读者中产生持续的影响,对翻译界而言,既是一种鼓励与肯定,更是一种提醒:文学翻译的语言问题,关乎作家的思维、作家审视世界的方式和作家的风格,需要我们加以重视,予以研究。

(原载于《外国语》2021 年第 1 期)

翻译选择与文化立场

——关于翻译教学的思考

在《我的翻译与翻译研究之路》一文中,笔者曾谈到,"作为高校教师,自身的翻译与研究固然重要,但人才培养更为重要,是第一位的。多年来,我一直努力将自己的翻译实践与探索成果用于翻译教学与人才培养"①。翻译教学,涉及翻译之技艺的传授,也涉及翻译之道的探索,但同时也触及对影响翻译活动的政治、文化与社会因素的考量和分析。鉴于这一认识,本文拟结合笔者的教学经历,从认识翻译本质、建立翻译价值观入手,就翻译教学中的翻译选择与文化立场问题加以思考,提出自己的若干想法。

一、翻译本质与翻译价值观

翻译教学,首先要引导学生面对的第一个问题,就是如何认识翻译,理解翻译。有学者指出:"认识翻译、界定翻译,不仅是翻译研究和学科发展的需要,在某种程度上甚至可以说是翻译如何在新时期安身立命进而发挥其重要价值的根本性诉求。"②无论做翻译,研究翻译,还是从事翻译教学,翻译是什么,确实是一个绕不过去的问题。如果说立德树人是教育

① 许钧. 我的翻译与翻译研究之路. 外语界,2018(5):38.
② 刘云虹,许钧. 如何把握翻译的丰富性、复杂性与创造性?——关于翻译本质的对谈. 中国外语,2016(1):97.

的根本任务,那么翻译人才的培养,则先要着力于引导学生认识翻译,了解翻译的本质特征,在此基础之上,为翻译定位,了解翻译的价值所在,形成自己的翻译观和翻译价值观。笔者长期从事翻译教学,先后为本科生、学术学位和专业学位硕士研究生以及博士研究生开设"汉法翻译""法汉翻译理论与实践""翻译概论(翻译通论)""翻译专题研究"等多门课程,在不断积累教学经验的同时,编写了四部有关翻译与翻译理论的教材,供不同层次的学生使用,如:本科生教材《法汉翻译教程》为教育部高等学校外语专业教育指导委员会法语分委员会推荐使用教材,被评为教育部精品教材;硕士研究生教材《法国当代翻译理论》为教育部研究生工作办公室推荐使用教材;学术学位硕士研究生和博士研究生通用教材《翻译学概论》获教育部第六届高等学校科学研究优秀成果奖二等奖;还有全国翻译硕士专业学位(MTI)系列教材之一《翻译概论》。无论是翻译的课堂教学,还是翻译教材的编写,笔者都把"翻译是什么"作为首要的问题提出,结合翻译历史上对翻译本质特征的不断探索和研究,引导学生对翻译的历史、翻译的形态和翻译的特征等重要问题加以思考。

　　一个人要从事翻译活动,首先应该对翻译形成深刻的认识。关于翻译,我们在翻译教学中有目的地引导学生从两个方面加深对翻译的认识。一是认识"何为译":翻译活动形态多样,形式丰富。根据所处理的符号关系,翻译可分为语内翻译、语际翻译和符际翻译;根据是否通过第三种符号系统,翻译可以分为直接翻译和间接翻译;根据开展方式与所使用工具,翻译可分为笔译、口译、机译(含人工辅助机器翻译和机器辅助人工翻译);也可以按照所处理的文本体裁分为文学翻译和非文学翻译,前者包括诗歌翻译、散文翻译、小说翻译、戏剧翻译及影视翻译等,后者包括哲学社会科学翻译、经贸翻译、法律翻译、时政翻译、科技翻译和旅游翻译等;根据目的文本与原文本内容的关系,翻译可分为全译和变译,后者又可细分为摘译、编译、译述、缩译、综述、述评、译评、改译、阐译、译写和参译等。其次是认识"译何为":翻译是人类历史上最悠久的社会、文化活动之一。历史悠久的翻译活动为世界各民族的文化交流与交融发挥着桥梁作用,有助于维护文化多样性,丰富世界文化,推动世界文明的互学互鉴,为人类精神财富的积累与人类命运共同体的构建做出独特的贡献。基于对翻译历史、翻译活动形态和翻译使命的考察,笔者在翻译教学中进一步引导学生对翻译活动的丰富性与复杂性进行思考,从社会、文化、历史、符号转换以及翻译的生成与创造等多个层面对翻译的本质加以考察,形成自己对翻译的深刻认识。一旦对翻译是什么有了自己的认识和答案,学生就有可能在此基础上形成自己的翻译观,进而结合翻译的本质特征就翻译的价值展开思考,形成翻译的价值观。笔者在教学中,特别注意引导学生结合中国翻译史上具有重要意义的翻译活动和具有代表性的翻译家案例,对翻译价值进行多维的思考。如结合翻译和五四运动的关系,深刻地领会翻译所具有的社会价值、文化价值和思想创新价值。再如通过对著名翻译家傅雷文学翻译活动的分析,认识文学翻译对于丰富现代汉语、促进中国文学创作所体现的价值。再如结合鲁迅的翻译实践与翻译思考,从鲁迅所主张的翻译方法中去理解翻译在改造思维、丰富汉语表达中所起到的特殊作用。立德树人,需要以价值观为引导。建立了动态发展的翻译历史观和翻译价值观,学生就有可能产生对翻译的热爱,领悟到应该承担的责任与使命。

二、翻译的选择问题

有了对翻译的深刻认识,翻译活动就不会是一种盲目的活动。解决了"何为译"和"译何为"的认识问题,翻译教学还要面对"如何译"的问题。我们知道,传统的翻译教学,要解决的主要是翻译的技艺传授问题。笔者长期从事本科与硕士阶段的汉法翻译与法汉翻译教学,对于如何提升教师对学生的培养能力,既有理论层面的思考,又有实践层面的探索。从国内出版的翻译教材看,内容安排方面,占最大比例的就是翻译的转换技巧,如词语的转换、句子的转换、比喻的转换等等。翻译活动具有符号转换性,符号及文本的转换机制、规律和技巧,是翻译教学的重点。但是,翻译活动丰富而复杂,往往会受到社会、政治、文化等一系列重要因素的影响。在解决"如何译"的同时,还要引导学生思考"译什么"。笔者曾在不同的场合谈到,我们培养翻译人才,教授翻译的转换技巧自然很重要,但这还不够。就翻译人才培养而言,立德树人,应该贯穿于翻译教学的各个环节。

翻译的过程,不仅仅涉及翻译的转换,还包括拟译文本的选择和翻译文本的传播。从某种意义上说,没有拟译文本的正确选择,没有翻译文本的有效传播,就难以实现翻译的价值。而翻译的选择直接涉及翻译的动机、翻译的目的、翻译的价值考量等重要问题。笔者搜集到不少国内多个语种的翻译教材,发现这些教材基本不涉及拟译文本的选择问题。在很大程度上,选择什么文本来翻译这一问题,在翻译教学中往往是被忽视的。考察翻译的历史可以发现,评价一个翻译家的功绩,在历史大变革时期,较之怎么翻译,"翻译什么"是首要的问题。我国近代著名思想家、政治活动家梁启超早在 19 世纪末,就在《变法通义》中专辟一章,详论翻译,把译书提高到"强国第一义"的地位。而就译书本身,他明确指出:"故今日而言译书,当首立三义:一曰,择当译之本;二曰,定公译之例;三曰,养能译之才。"①梁启超所言"择当译之本",便是"译什么书"的问题。翻译理论家劳伦斯·韦努蒂更是从理论的层面对翻译的选择问题进行探讨,他明确指出:"翻译是一个不可避免的归化过程,其间,异域文本被打上使本土特定群体易于理解的语言和文化价值的印记。这一打上印记的过程,贯彻了翻译的生产、流通及接受的每一个环节。它首先体现在对拟翻译的异域文本的选择上,通常就是排斥与本土特定利益相符的其他文本。接着它最有力地体现在以本土方言和话语方式改写异域文本这一翻译策略的制定中,在此,选择某些本土价值总是意味着对其他价值的排斥。再接下来,翻译的文本以多种多样的形式被出版、评论、阅读和教授,在不同的制度背景和社会环境下,产生着不同的文化和政治影响,这些使用形式

---

① 转引自:郭延礼. 中国近代翻译文学概论. 武汉:湖北教育出版社,1998:227.

使问题进一步地复杂化。"①在韦努蒂的论述中可以看到,异域文本的选择关系重大,会影响整个翻译的生产、流通和接受的过程,同时还影响到翻译策略的制定和翻译作用的发挥。在新的历史时期,中国文化要"走出去",中国典籍与中国文学的外译是必经之路。首先需要思考的,就是应该选择向外国译介什么样的作品。在这一方面,我们曾就"大中华文库"的文本选择与文化价值观问题有过深入的思考,指出:"'中国选择'和'中国阐释'是构建系统的中国文化价值观的基础。中国文化经典丰富,"文库"通过组织中国的学者和专家选择具有代表性的作品进行翻译,构建一个系统的中国文化宝库,这里面既包括儒家思想、道家思想、佛教思想典籍,也包括重要的文学、科技、军事、历史典籍,它们都是中国文化的源头和结晶。就'中国选择'而言,通过文本的选择,体现的是中华文化的价值观,中国人依照自己的价值观念,选择本民族文化的经典著作进行推介,有助于系统全面地反映中国文化的精髓,对于其他国家与民族译介中国文化,可以起到引导与示范的作用。"②无论是外译中,还是中译外,拟译文本的选择,在某种意义上,构成了翻译的出发点,对翻译意欲达到的目标也起着决定性的作用。鉴于此,我们在教学中,一直有目的地引导学生关注翻译的选择问题,明确翻译选择的价值依据,提升学生的翻译选择能力。

笔者主讲的"法汉翻译理论与实践",是一门翻译工作坊形式的课程,教与学之间,理论与实践之间,形成一种真正的互动关系。在该课程的第一堂课上,我会请学生交流翻译是什么、翻译有什么价值等认识,在此基础上,引导学生提高翻译的自觉性,增强译者的主体性,请他们在翻译价值观的指导下,选择在他们看来值得翻译的文本加以介绍。在实际教学中,我们发现,学生有了对翻译价值的把握,便有可能利用不同的渠道,积

① 劳伦斯·韦努蒂. 翻译与文化身份的塑造. 查正贤,译. 刘健芝,校//许宝强,袁伟. 语言与翻译的政治. 北京:中央编译出版社,2001:359.
② 许多,许钧. 中华文化典籍的对外译介与传播——关于"大中华文库"的评价与思考. 外语教学理论与实践,2015(3):14.

极拓展资料途径,获取有关文本,通过阅读、分析和评价,推荐他们觉得具有翻译与传播价值的文本。在多年的教学实践中,笔者和学生们一起,结合社会、文化、审美层面的价值判断,选择了不少很有价值的拟译文本。为把这样的教学成果向社会推广,让学生的努力得到社会的认可,笔者向《文汇读书周报》的资深编辑徐坚忠先生积极建议,在《文汇读书周报》开设《阅读西方》栏目,介绍有关学生和同道所选择的好书。这一栏目先后办了近十年,笔者的不少研究生都在上面发表过很有价值的图书评介,有的还当了该栏目的主持人。后来,笔者又与《中国图书评论》主编杨平先生合作,在该刊开设了《异域书情》栏目,发表了不少好的书评,如《公共帷幕后的真实与坦荡——读〈爱丽舍宫的陌生人〉》一文。《爱丽舍宫的陌生人》一书的作者为皮埃尔·佩昂,该书问世不久,当时读硕士研究生的张璐就获取了该书的有关信息和内容,在翻译课上就该书的主要内容与价值向同学做了精要评介。上述书评发表之后,该书受到了出版界的关注,多家出版社表达了引进版权、翻译出版的意向,后来该书由南京大学法语系的师生合作翻译,由作家出版社出版。回顾翻译教学之路,笔者深切地感受到,通过笔者引导性和实践性并重的教学,不少学生爱上了翻译,其中有多位成长为具有相当社会影响力的翻译家。而他们成长的重要原因,就是他们热爱翻译,具有强烈的翻译动机,善于发现与挖掘具有译介价值的文本,同时具备很强的翻译能力。

三、译者的文化立场

改革开放 40 余年来,我国的翻译教育取得了长足的发展,建立了从本科、硕士、博士到博士后的完整培养体系。在翻译教学中,我们不断更新翻译观念。翻译界和翻译学界认识到,翻译不是一种简单的语言转换,而是一种跨文化的交流活动。在新的时代,翻译问题为社会所关注,翻译可以有力且有效地促进中外文化交流、中外文明互鉴和人类命运共同体的构建。翻译的这一文化交流观应该在翻译教学中有具体而充分的体现。翻译既然是一种跨文化的交流活动,那么译者的文化立场就显得尤为重要了。在翻译教学中,笔者特别注意在如下三个方面引导学生。

一是引导学生形成平等的文化交流观。如果把翻译置于文化交流的高度去进行考察,就必须承认,翻译上的语言问题往往与文化问题紧密结合在一起。翻译通过语言的转换促进文化的开放,继而又促进我们思维的开放。而同时,翻译的策略和方法又与译者的翻译文化立场密切相关。所谓"归化"与"异化"的翻译策略或方法,在很大程度上与译者所选择的文化立场有关。译者作为跨越两种文化的使者,同时面临着出发语文化与目的语文化。而面对这两种文化,出于不同的动机和目的,译者至少可采取三种文化立场:第一种是站在出发语文化的立场上;第二种是站在目的语文化的立场上;第三种是站在沟通出发语文化与目的语文化的立场上。第一种文化立场往往导致所谓"异化"的翻译方法;第二种文化立场则可能使译者采取"归化"的翻译方法;而第三种文化立场则极力避免采取极端化的"异化"或"归化"的方法,试图以"交流与沟通"为翻译的根本宗旨,寻找一套有利于不同文化沟通的翻译原则与方法。在翻译教学中,教师可以结合中外翻译历史中的实例,阐述旨在平等交流的文化立场的重要性。实际上,无论是拟议文本的选择,还是翻译方法的使用,都涉及译者的文化立场。这一方面的内容是我们的翻译教学不应该忽视的一课。

二是引导学生建立翻译的文化价值观。季羡林先生认为:"不同的国家或民族之间,如果有往来,有交流的需要,就会需要翻译。否则,思想就无法沟通,文化就难以交流,人类社会就难以前进。"①一部中国翻译史,就是一部中外文化、思想的交流史。在教学中,特别是在研究生层次的"翻译通论"课上,笔者常常采取师生共同研讨的形式,就翻译在中外文化交流中所体现的价值进行讨论,并举实例加以说明。一个民族的文化是不

---

① 季羡林,许钧."翻译之为用大矣哉"//许钧,等.文学翻译的理论与实践——翻译对话录(增订本).南京:译林出版社,2001:3.

断创造、不断积累的结果。而翻译,在某种意义上,则是在不断促进文化的积累与创新。一个民族的文化想发展,不能没有传统,而不同时代对传统的阐释与理解,会赋予传统新的意义与内涵。如不同时代对"四书""五经"的不断"翻译",不断阐释,这种语内翻译就本质而言,是对文化传统的一种丰富,是民族文化得以在时间上不断延续的一种保证。任何一个民族想发展,就必须走出封闭的自我,不管自己的文化有多么辉煌,多么伟大,都不可避免地要与其他文化进行交流,于是语际翻译便成为一种不可或缺的活动。而在语际翻译中,自我向他者敞开,发现差异,传达差异,在各种差异的不断碰撞甚至冲突中,渐渐相互理解,相互交融。在这个意义上,翻译又是民族文化在空间上的一种拓展,一种再生,同时,也在丰富世界文化,让世界文化更为多样,更为灿烂。

三是引导学生明确翻译的使命。从翻译的功能看,其根本作用之一便是克服语言障碍,向他者开放,实现操不同语言的人们之间精神的沟通,而这种精神沟通主要是通过文化层面的交流获得的。在这个意义上,翻译是人类精神文化中最为重要的活动之一,也是促进民族与国家文化发展的最基本、最活跃的因素之一。从翻译的全过程看,翻译活动时刻受到文化语境的影响;从翻译的实际操作层面看,由于语言与文化的特殊关系,在具体的语言转换中,文化因素的传达是其根本任务之一。在新的历史时期,结合对翻译使命的探讨,笔者有意识地引导学生不断加深对翻译的理解,鼓励学生在翻译活动中要自觉地走向"他者",向他者敞开自身,尊重他者,把翻译之用提高到促进跨文化交流、维护文化多样性、建设世界和平文化、构建人类命运共同体的高度来认识。在实践的层面,笔者积极引导并鼓励同事与学生参与翻译实践,参与到地区或国家重要的文化交流活动中去,如通过重要文献的高水平翻译与审校助力良渚文化入选世界文化遗产。几十年来,我之所以乐此不疲,如此积极、持续地引导或鼓励身边的人重视翻译、投身翻译,是因为我坚信,在中外文化的交流与发展中,在中外文明的互学互鉴中,一如季羡林先生所言,"翻译之为用大矣哉"!

结　语

树翻译之才,立德为先。翻译教学,"重"在向学生传授翻译技巧,但不能"轻"对学生翻译观和翻译价值观的指导。在提升学生翻译能力的同时,要有意识地培养学生的翻译选择能力,引导学生在翻译实践和翻译的理论思考中,形成自己的文化立场,建立翻译价值观,明确翻译的使命。

（原载于《中国外语》2021年第5期）

译介学的理论基点与学术贡献

　　论及译介学,国内比较文学界和翻译学界都有一致的认识:谢天振是译介学的创立者。我手头有 3 部谢天振写的直接以"译介学"命名的著作:一部是《译介学》,初版于 1999 年 2 月,由上海外语教育出版社出版;另一部是《译介学导论》的第二版,由北京大学出版社于 2018 年 1 月出版,书的扉页有谢天振写于同年 4 月 7 日的题签;还有一部是《译介学概论》,此书由商务印书馆于 2020 年 4 月出版,但当商务印书馆的吴晓梅女士把书送到我手上时,谢天振先生已经离开我们了。谢天振的译介学著作,还有多种版本,如北京大学出版社于 2007 年推出的《译介学导论》,为严绍璗教授主编的"21 世纪比较文学系列教材"之一,列入"普通高等教育'十一五'国家级规划教材";又如译林出版社于 2013 年 10 月出版的《译介学》(增订本)。除了这些版本,我手上还有一部书与谢天振的译介学密切相关,那就是《比较文学与翻译研究》,该书于 1994 年 7 月由台北业强出版社出版,由贾植芳先生作序。应该说,谢天振有关译介学的主要思想在这部书中已经有了基本的把握和深刻的阐述,如《翻译文学——争取承认的文学》《论文学翻译的创造性叛逆》等文,可以说明确了译介学最基本的研究对象,构成了译介学核心的理论基础。我之所以不厌其详地列举译介学有关著作的出版情况,且追踪有关译介学发表的最早著述,是因为我想说明两点:一是谢天振对译介学的构建已经长达 30 余年,这是一条不断思考、不断丰富、不断拓展的理论探索之路;二是谢天振的译介学一开始便带有显著的比较文学的特质,他关注的重点是翻译文学与文化。

关于译介学的研究与创立过程,谢天振在 2020 年 4 月出版的《译介学概论》的自序中做了很明确的交代:"回顾我的译介学研究之路,我发现也许可以把它分为两个阶段:第一阶段是从 1989 年发表第一篇译介学论文《为"弃儿"找归宿——翻译在文学史中的地位》到 1999 年我的第一部学术专著《译介学》的出版,这是我的译介学理论思想的酝酿、探索、形成阶段,时间正好是 10 年;第二阶段是从《译介学》的出版到眼下这本《译介学概论》的完成,时间长达 20 余年。它见证了译介学理论思想的确立、完善和拓展的全过程。"①在这段话中,我特别注意到谢天振对于译介学的表述,他两次强调"译介学理论思想"。在我看来,译介学是一种理论,更是一种思想。贾植芳先生在为《比较文学与翻译研究》一书写的序中明确表达了他对谢天振有关翻译文学的思考与分析的肯定与赞赏:"作为一名中国现代文学的研究者,我尤其赞赏对翻译文学在中国翻译史上的地位的分析。"②但谢天振的学术贡献远不止此。

谢天振的译介学研究,源于他对文学翻译与中国现代文学关系的深刻思考。细读谢天振有关译介学的著述,我们可以看到有几篇论文非常重要,分别界定何为翻译文学,论述翻译文学在现代文学史上的地位,阐释文学翻译的"创造性叛逆",辨析不同文化的误解与误释。无论是早期出版的《比较文学与翻译研究》,还是后来出版的《译介学》《译介学导论》以及《译介学概论》,有关"翻译文学的地位与性质""文学翻译中的创造性叛逆"的内容都是核心的章节。在 2020 年 4 月出版的《译介学概论》一书中,谢天振更是把第二章的章名定为"译介学的理论基础:创造性叛逆"。他明确地指出:"'创造性叛逆'是我的译介学研究的理论基础和出发点,因为正是翻译中的'创造性叛逆'现象的存在,决定了翻译文学不可能等同于外国文学,也决定了翻译文学应该在译入语语境中寻找它的归宿。"③从理论的建构来看,术语的创造属于基础性的工作。在译介学的研究中,

① 谢天振. 译介学概论. 北京:商务印书馆,2020:16.
② 贾植芳. 序//谢天振. 比较文学与翻译研究. 台北:业强出版社,1994:5.
③ 谢天振. 译介学概论. 北京:商务印书馆,2020:5.

翻译文学、创造性叛逆、误译等这些提法,都不是谢天振的独特创造。在术语的创造上,尤其是术语的系统构建上,谢天振似乎并没有首创的贡献。但是,谢天振具有自觉的理论意识,他敏锐地从法国文学社会学家罗伯特·埃斯卡皮(Robert Escarpit)所提出的"创造性叛逆"这一概念中看到了它对于我们认识文学翻译与翻译文学具有的理论价值。

谢天振认为,埃斯卡皮的"创造性叛逆"之说为揭示"翻译尤其是文学翻译的本质"提供了新的理论路径,但他敏锐地看到,埃斯卡皮"只是把翻译的'创造性叛逆'解释为语言的变化",而他则更进一步,指出作品的"参照体系不应该局限于语言层面,而还应该包括译入语国的文化语境"。①基于这一认识,他"对创造性叛逆的主体——译者的创造性叛逆现象进行了发挥和细分,把译者的创造性叛逆在文学翻译中的表现归纳为四种情况,即个性化翻译、误译与误释、节译与编译以及转译与改编"②。与此同时,他"还进一步指出,文学翻译中的创造性叛逆主体不仅仅是译者,除译者外,读者和接受环境同样也是文学翻译的创造性叛逆主体"③。关于"接受环境"是否也属于文学翻译创造性叛逆的主体,我们可以有不同的意见,但是接受环境对于翻译文学的生成的作用,则是无论如何都不可以忽视的。从谢天振的有关论述看,他远远不是把埃斯卡皮的"创造性叛逆"之说当作一个理论术语来加以接受的。在《译介学概论》的自序中,他明确地把"创造性叛逆"当作一个"命题"、一个"理念"加以思考与探索。从这个意义上说,他不是把"创造性叛逆"当作一个核心术语,用以建构他的译介学;而是将之当作理念与命题,用于揭示文学翻译的本质性特征,解释文学翻译种种难以解释的复杂现象,为翻译文学定位。

按照埃斯卡皮原来的想法,"说翻译是背叛,那是因为它把作品置于一个完全没有预料到的参照体系里(指语言);说翻译是创造,那是因为它赋予作品一个崭新的面貌,使之能与更广泛的读者进行一次崭新的文学

① 谢天振. 译介学概论. 北京:商务印书馆,2020:5.
② 谢天振. 译介学概论. 北京:商务印书馆,2020:4-5.
③ 谢天振. 译介学概论. 北京:商务印书馆,2020:5.

交流;还因为它不仅延长了作品的生命,而且又赋予了它第二次生命"①。翻译界都知道,关于翻译,有一个意大利谚语,称"翻译者即叛逆者"。从本质上说,叛逆与翻译的目的是相悖的,而且在道德层面,译者也担当不起这种"叛逆者"的罪名。然而,"若我们以客观的目光去看待翻译活动,以清醒的头脑去分析译者在翻译活动中所可能遇到的各种困难,则又不得不承认翻译有着与生俱来的局限,而这种局限又不可避免地会造成所谓的'叛逆'"②。由于作品被置于一个不同的参照体系(指语言),翻译中的叛逆实在不可避免。但同时,翻译具有创造性,因为翻译赋予了作品崭新的面貌,导向了崭新的文学交流,赋予了作品第二次生命。这一说法与本雅明的"再生"或"来生"说有着共通之处。谢天振显然没有满足于埃斯卡皮的说法:他一方面把文化与接受语境纳入对文学翻译的考察之中,另一方面把文学翻译中的创造性叛逆现象做了系统的归类与分析。

　　贾植芳指出,谢天振所探讨的"创造性叛逆"不仅仅涉及翻译本身,"实际触及的还有对外来文化的移植和接受问题,甚至还包括了对传统文化的继承和接受问题"③。确实如谢天振所言,"创造性叛逆"是译介学的理论基础和出发点。在此基础上,谢天振进一步拓展了文学翻译与文化交流的思考空间和理论途径,明确指出:"除了翻译中的信息增添、失落、变形和文化意象的传递外,文学翻译中的创造性叛逆也是译介学的一个主要研究对象,而且具有特别的研究价值。这是因为,文学翻译中的创造性叛逆特别鲜明、集中地反映了不同文化在交流过程中所受到的阻滞、碰撞、误解、扭曲等问题。"④对于谢天振而言,"创造性叛逆"这个命题的"价值和意义远不止此",还引发了他"对翻译的本质、翻译的使命、翻译中的'忠实观'、译者的隐身与现身乃至'中国文学文化如何切实有效地"走

---

① 埃斯卡皮. 文学社会学. 王美华,于沛,译. 合肥:安徽文艺出版社,1987:137-138.
② 许钧. 翻译论. 南京:译林出版社,2014:230.
③ 贾植芳. 序//谢天振. 译介学. 上海:上海外语教育出版社,1999:2.
④ 谢天振. 译介学. 上海:上海外语教育出版社,1999:13.

出去"'等一系列问题的思考和探讨"①。正是从"创造性叛逆"这一理论基点出发,谢天振对文学翻译、翻译文学、翻译的使命、中国文化外译等重要问题进行了开拓性的探索,提出了一系列新见,具有重要的学术贡献。

一是赋予文学翻译以创造性,为翻译文学定位。谢天振对于文学翻译的思考,具有自己独特的路径。《译介学》的第五章,谢天振直接命名为"翻译文学——争取承认的文学"。他尖锐地指出了一个值得特别关注的历史事实——"文学翻译家的劳动和翻译文学作品"受到了"不公正的待遇":"前者被鄙薄为'翻译匠'——他们不能在国别(民族)文学史上占有一席之地,连他们的稿酬都明显要比作家、诗人的稿酬低;后者则同样没有自己独立的地位,既不是中国文学,又不是外国文学(尽管在某些人的眼中它是外国文学,但实际上外国的文学史家们,举例说如英美法俄等国的文学史家,是绝不可能让中国的翻译文学家及其译作在他们的国别文学史上占有一席之地的),这样,翻译文学在中国文学史上没有它的地位,在外国文学史上也没有它的地位,翻译文学就成了名副其实的'弃儿'。"②谢天振认为,这一状况的产生,最根本的原因是"长期以来,有些人对文学翻译存有一种误解乃至偏见,以为文学翻译只是一种纯粹技术性的语言符号转换……他们看不到,或者根本就不承认文学翻译过程中复杂的再创造事实,从而也看不到文学翻译作品相对独立的艺术价值"③。针对这样的误解与偏见,谢天振从文学翻译的"创造性"入手,全面揭示文学翻译创造性的本质与特征,进而从译介学的角度,予以了细密的论证,指出:"文学翻译还是文学创作的一种形式,也是文学作品的一种存在形式。文学翻译和翻译文学正是从这个意义上取得了它的相对独立的艺术价值。"④基于这一认识,谢天振对翻译文学的定义、范畴、特征与归属问题做了系统的学术探讨,以中外文学翻译史上丰富而生动的例证展现并证明

① 谢天振. 译介学概论. 北京:商务印书馆,2020：5.
② 谢天振. 译介学. 上海:上海外语教育出版社,1999：208-209.
③ 谢天振. 译介学. 上海:上海外语教育出版社,1999：208.
④ 谢天振. 译介学. 上海:上海外语教育出版社,1999：209.

了翻译文学的独特价值与贡献。近年来,谢天振一直呼吁重写翻译史。毋庸置疑,谢天振有关文学翻译与翻译文学的创见,无论是对于中国文学翻译史的编撰,还是对于中国现代文学史的撰写,都具有重要的导向性价值。

二是"超越文本,超越翻译",把文学翻译置于广阔的社会与文化空间加以考察。检视谢天振的译介学研究历程,我们可以发现,谢天振对于文学翻译的思考与探索从一开始便显示出一种超越性的特征。他的超越是多方面的,既涉及翻译理念,也关乎研究路径。在《译介学》的绪论中,他开宗明义,指出,"译介学不同于一般意义上的翻译研究","严格而言,译介学的研究不是一种语言研究,而是一种文学研究或者文化研究,它关心的不是语言层面上出发语与目的语之间如何转换的问题,它关心的是原文在这种外语和本族语转换过程中信息的失落、变形、增添、扩伸等问题,它关心的是翻译(主要是文学翻译)作为人类一种跨文化交流的实践活动所具有的独特价值和意义"。① 在中国的翻译学界,谢天振的译介学可以说是独树一帜的。与一般的翻译学者相比,他关注的问题不同,思考的路径有别,对文学翻译的复杂现象有独特的认识,就新时期的中国文学外译问题提出了一系列新观点,在社会和学界得到了广泛的关注,引起了强烈的反响。我和谢天振相识已经有 30 余年,有过深入的学术交流。在翻译研究上,我的有些观点与他并不完全一致。他的译介学不同于一般意义上的翻译研究,他明确提出要"超越文本,超越翻译",注重翻译的文化研究,挖掘翻译的跨文化交流的独特价值;而我则强调要"从翻译出发",着力于翻译的内部研究。谢天振与王宁主编的"中国当代翻译研究文库"的第一辑收入了谢天振和我的著作,我们不同的研究理念与路径鲜明地体现在书名中:谢天振的著作名为《超越文本 超越翻译》,我的著作则为《从翻译出发——翻译与翻译研究》。撇开彼此不同的观点和探索路径,就根本而言,我们可以看到:谢天振的超越文本与翻译,要超越的是文学

---

① 谢天振. 译介学. 上海:上海外语教育出版社,1999:1.

翻译的原文中心主义,是原文与译文文本的静态对比,是文学翻译的"纯粹的语言转换技术"。这样的超越,导向的是文学翻译复杂而动态的生成过程,展现的是翻译家让原作在新的文化语境中获得新生命的创造之道。正是在这个意义上,谢天振在新的历史时期,强烈呼吁学界的同仁"尽快调整自己对翻译的那种狭隘的、失之偏颇的认识","站到一个广阔的跨文化的平台上,无论是在自己的翻译实践中还是在自己的翻译研究中,拓宽自己的视野,'通过自己的专业劳动使跨文化理解更上一层楼',从而切实有效地'推动跨文化交流,进而促进文化繁荣和提升所有人的文化素养'"。①

三是与时俱进,关注中国文学外译,推进文化外译理论的探索。谢天振是著名的比较文学学者,获得过比较文学终身成就奖,他也是杰出的翻译学学者,是国内翻译学界公认的领军人物之一。在他身上,我们很难看到比较文学对翻译学的排斥,也看不到翻译学对比较文学的排斥,而是有着两者的兼容,其深刻原因可以在《译介学概论》第一章"译介学:比较文学与翻译研究发展的历史必然"中找到清晰的答案。谢天振有宽阔的学术视野,有开阔的学术胸怀,更有时刻在场的介入立场和与时俱进的学术探索精神。在新的历史时期,谢天振一方面密切关注翻译的种种变化,明确提出要为翻译重新定位;另一方面从中外文化交流的高度,对中国文化"走出去"背景下的中国文学外译提出了自己独到的见解,对中国文化对外译介、传播的重要问题进行了深入思考,推进文化外译理论的探索。在谢天振离开我们之后才出版的《译介学概论》一书中,最后一章的章名就是"译介学与文化外译理论的探索"。该章以"译介学的视角,首先对中西翻译发展史上的文化外译问题追根溯源,分析文化外译问题的历史表现,包括中国的佛经翻译和西方传教士的翻译,然后深入探寻其中蕴含的可以让今天从事文化外译的我们得到启迪的思想和做法"②。关于中国文化

---

① 谢天振. 译介学概论. 北京:商务印书馆,2020:16-17.
② 谢天振. 译介学概论. 北京:商务印书馆,2020:290.

外译,谢天振提出了许多重要的观点,如"摈弃'以我为中心'的思想,并学会尊重和适应译入语的文化语境"①;"要破除'原文至上'的观点"②,"不要把忠实作为文化外译的唯一考量,而是还必须把译介的方式、方法、手段,把译入语国家的接受效果等因素纳入我们的视野"③;"努力挖掘、发现外译文化与对象国文化之间的共同点,构建两种不同文化之间的亲缘关系,缩短对象国受众与外译文化之间的距离"④;等等。这些观点的提出,拓展了译介学研究的领域,丰富了译介学的理论,更是对新时期中国文化外译的实践有着重要的指导作用。

谢天振认为,译介学的拓展与深化,有他自己30余年的努力探索,但也离不开学界的同行为译介学的探索与建设所做的"贡献"⑤。他更寄希望于正在脱颖而出的一批青年学者,盼望他们成为译介学学科理论建设的接班人。我坚信,纪念谢天振的最好方式,莫过于继承、发扬、光大谢天振的学术探索精神,让译介学得到不断发展。

（原载于《中国比较文学》2021年第2期）

---

① 谢天振. 译介学概论. 北京:商务印书馆,2020:300.
② 谢天振. 译介学概论. 北京:商务印书馆,2020:304.
③ 谢天振. 译介学概论. 北京:商务印书馆,2020:316.
④ 谢天振. 译介学概论. 北京:商务印书馆,2020:302.
⑤ 谢天振. 译介学概论. 北京:商务印书馆,2020:17.

翻译批评的历史反思、现实问题与发展路径

——兼评《批评之批评:翻译批评理论建构与反思》

一、引　言

进入新的历史时期,随着经济全球化、文化多样化进程的不断推进,翻译在社会发展与跨文化交流中扮演着愈加重要的角色,翻译研究的理论视野和对象领域也不断拓宽,取得积极进展。然而,翻译领域仍面临众多问题与挑战,亟待翻译批评发挥其监督、规范与引导作用。近半个世纪以来,翻译批评在理论建构和实践介入层面取得了令人欣喜的成果,在学界和社会产生了重要影响,为翻译学科建设注入新的活力。但同时也应看到,翻译批评的基础理论建设在总体上仍处在起步阶段,其于翻译实践中的介入也有待进一步拓展和深化,翻译批评在一定程度上仍是译学研究的薄弱环节。

为切实推进翻译批评理论建设,提升翻译批评的科学性,翻译学界有必要对现有研究予以回顾和检视,在肯定相关成果价值的同时就存在的问题与困惑展开反思。刘云虹教授主编的《批评之批评:翻译批评理论建构与反思》(后文简称《批评之批评》)正是对翻译批评研究的一次阶段性回望:该书辑录了我国译学界 40 余篇具有代表性的评介文章,这些文章或对国内外翻译批评研究的重要理论著述进行系统评介,或对部分代表译论家的翻译批评思想进行综合阐发,既有针对研究本身的价值评判,也

有围绕问题与不足的剖析反思。正如编者在导言中指出的,该书编纂的目的是"在批评的建构性力量中,对翻译批评未来的发展做出积极探索"①。本文立足《批评之批评》一书呈现的研究视域,在反思历史经验、总结现实问题的基础上对未来的发展路径予以展望,以期对翻译批评的理论建构和实践介入有更为明晰、深入的认识。

二、从隐形到显形:翻译批评研究的历史与现状

自有翻译活动以来,围绕翻译过程和结果展开的评论便未有间断,但此类评论真正发展成为一种批评却应追溯至当代。20 世纪下半叶以来,随着翻译实践的日趋丰富及翻译研究的逐步深化,西方学界开始认识到翻译批评在翻译活动中的重要性,并在将其理论化、系统化的同时建立起具有科学性与可操作性的翻译批评模式。在其中,最具代表性的有凯瑟琳娜·赖斯(Katharina Reiss)基于文本类型及制约因素分析的功能主义批评,安托万·贝尔曼(Antoine Berman)基于现代诠释学的建设性批评,亨利·梅肖尼克(Henri Meschonnic)基于翻译诗学的介入式批评,特拉维夫学派基于规范分析的社会批评,朱莉安·豪斯(Juliane House)基于系统功能语言学、语篇分析和语用学的翻译质量评估模式,等等。这些研究视野广阔,论证有力,注重多学科理论的借鉴与发展,极大地推进了翻译批评理论建设。相较之下,国内翻译批评研究起步较晚,但随着改革开放后翻译理论研究领域取得的突破性进展,翻译批评的理论视野和活动空间不断拓宽,翻译批评研究取得了较为丰硕的成果。自 1992 年许钧的《文学翻译批评研究》出版以来,国内已陆续有马红军《翻译批评散论》(2000)、杨晓荣《翻译批评导论》(2005/2017)、王宏印《文学翻译批评论稿》(2006)、吕俊和侯向群《翻译批评引论》(2009)、周领顺《译者行为批评:理论框架》(2014)、刘云虹《翻译批评研究》(2015)等 10 余部翻译批评

---

① 刘云虹. 批评之批评:翻译批评理论建构与反思. 南京:南京大学出版社,2020:9.

论著问世,这些论著从各自不同的理论视域出发,就翻译批评的本质、方法、标准、功能、价值等核心问题展开了深入探讨,推进了我国翻译批评的系统化建设。跟随《批评之批评》上编各篇论文的批评目光,可以发现,我国翻译批评研究就总体而言具有以下特征:"(1)着力构建翻译批评的理论体系,推动翻译批评从经验走向科学;(2)积极拓展翻译批评研究视野,注重跨学科研究路径的探索及西学与国学的融会贯通;(3)立足翻译本质与价值,结合理论与实际,力求构建翻译批评的多元模式;(4)关注翻译批评研究对翻译学科建设的建设性作用。"①

作为连接翻译理论与翻译实践的纽带,翻译批评具有显著的介入性,"翻译批评的首要任务就是要介入翻译实践,就翻译实践展开的动机、方法、质量等进行评价、检视、批评"②,总结其中的有益经验,并对存在的不良倾向和潜藏的危机予以揭露和反思,从而引导翻译实践走向有序和理性,助推翻译理论研究的细化与深化。仅以国内的翻译批评实践为例,在20世纪末,《红与黑》汉译大讨论丰富了学界关于文学翻译根本问题的认识,尤其推动了围绕译者主体性展开的研究,"为中国翻译学界的译者研究提供了最直接也最丰富的第一手资料"③。进入新世纪,经典文学的译介持续引发关注,围绕《堂吉诃德》杨绛译本的争论、关于村上春树作品汉译的讨论和针对冯唐《飞鸟集》译文的探讨都是极富代表性的批评个案。与此同时,批评界也注意到当前时代翻译活动呈现出的新趋势和新特征,《史蒂夫·乔布斯传》简体中文译本引发的关于翻译质量与翻译形式的论争充分体现出翻译批评对处于不断发展中的翻译现实的紧密跟进。近年来,随着我国软实力的不断增强和跨文化交流的日益密切,中国文学外译成为文化"走出去"战略的重要途径与主要内容,"包括译介方法与模式、

① 刘云虹. 批评之批评:翻译批评理论建构与反思. 南京:南京大学出版社,2020:10.
② 许钧. 论翻译批评的介入性与导向性——兼评《翻译批评研究》. 外语教学与研究,2016(3):433.
③ 王东风."《红与黑》事件"的历史定位:读赵稀方《〈红与黑〉事件回顾——中国当代翻译文学史话之二》有感. 外语教学理论与实践,2011(2):22.

主体与内容、接受与传播等,都或多或少成为学界在探究中国文学如何更好地'走出去'时关注的焦点"①。翻译批评界对这些焦点问题做出了积极回应,就翻译在中国文化"走出去"的新的历史语境下面临的挑战和肩负的责任展开了较为广泛的探讨和批评。除上述具有一定规模、在学界和社会产生较大反响的批评个案,还存在一些相对分散的批评:部分学者致力于将既有的翻译批评模式应用于文本分析(以文学文本为主),对相关翻译现象或译文做出评判,同时也经由实践介入来检验批评理论的科学性与合理性。

总的来说,尽管当前翻译批评研究中尚存在许多问题与不足,但值得肯定的是,相关研究的理论意识正在不断增强,理论话语不断丰富,批评活动也有意识地介入翻译实践,在翻译理论与实践之间搭建起互通的桥梁。《批评之批评》中辑录的评论文章在一定程度上正是翻译批评从"隐形"走向"显形"的表现:翻译批评研究自身已成为"批评"的对象,其研究成果与不足引发学界关注,关于翻译批评基本问题的思考也在不断总结与反思中得以更新。

三、检视与反思:问题视域下的翻译批评理论与实践

翻译批评研究在近年来取得的突出成绩毋庸置疑,但这是否意味着翻译批评已彻底摆脱边缘化地位和失语处境? 在 1995 年出版的论著《翻译批评论:约翰·多恩》中,法国翻译理论家贝尔曼指出翻译批评最根本的问题在于缺乏特定的形式,"无法帮助我们建立一种'类型'"②;与此同时,翻译批评还表现出对翻译现实的疏离,"批评通常对'翻译问题'缺乏

---

① 刘云虹. 关于新时期中国文学外译评价的几个问题. 中国外语,2019(5):103.
② Berman, A. *Pour une critique des traductions: John Donne*. Paris: Gallimard, 1995:14.

兴趣"①。在 20 余年后的今天,这一关系翻译批评自身意义与价值的问题并未得到完全解决,翻译批评研究仍面临严峻挑战。

首先,翻译批评基础理论建设滞后,科学化、系统化程度有待加强。对于任何一门新兴学科,基础理论建设都是其实现自治的根柢。相较于文学批评理论在 20 世纪以来取得的长足进展,翻译批评的基础理论建设表现出明显的滞后,无论从理论话语的丰富性还是系统性上看,翻译批评都尚未真正发展成为一种自洽的批评类型。与此同时,相较于翻译学科内部的翻译理论和翻译史研究,翻译批评在研究的广度与深度上都存有显著差距,翻译批评"基本游离于翻译研究辖下的各个领域之间"②,未能与其他领域形成多向度、多维度的互动与互建,这无疑使翻译批评成为译学研究中相对薄弱的环节。同样的滞后性还体现在翻译批评的方法论建构层面。翻译的复杂性与丰富性决定了翻译研究应具备显著的跨学科性,跨学科翻译研究是推动学科前进的强劲动力。③ 翻译批评的方法论也理应呈现出多元、动态的特征。当前翻译批评研究的方法论意识较为淡薄,批评方法被局限在相对狭窄的视域内,难以对变化发展中的翻译活动做出灵活应对,也无利于拓展翻译本身的丰富可能性。作为一项以建设性为本质属性的活动,翻译批评"唯有首先完成对自身的建构才能有效实现翻译理论与实践的结合与互动,才能对翻译事业的发展发挥切实的建设性作用"④,基础理论的巩固与深化无疑构成当前翻译批评研究的重中之重。

其次,翻译批评对翻译实践缺乏积极、有效的介入,研究的对象域和问题域有待拓展。为区别于自发、主观的随感式评论,翻译批评对科学性

---

① Berman,A. *Pour une critique des traductions: John Donne*. Paris: Gallimard, 1995: 41.

② 傅敬民,王一鸣. 我国应用翻译批评话语:继承与发扬. 上海翻译,2017(6): 5.

③ 方梦之. 建设中国译学话语:认知与方法. 上海翻译,2019(4): 7.

④ 胡陈尧. 新时期翻译批评的理论建设——《翻译批评研究》评析. 外语教学理论与实践,2017(1): 93.

和理论化有本质层面的诉求;但与此同时,翻译批评又始终是批评主体的一种实践性活动,理论性与实践性的紧密结合是翻译批评最基本、也最为重要的特征之一,对翻译实践的介入自然成为翻译批评研究不可或缺的重要步骤。当前学界已普遍认识到翻译批评的介入性本质,但批评理论与翻译实践之间尚未形成深入、有效的结合,其缺陷主要体现在研究的对象域和问题域两个层面。翻译批评究其本质是一种对象化活动,其自身价值在于促使批评对象的意义得以最大限度地彰显,对象域的选择与确立因而成为翻译批评研究中至关重要的一环。从对象的内容上看,现有的翻译批评更倾向于关注以语言转换为基本形式的译写活动本身,对翻译出版、翻译接受、翻译教育、翻译职业发展等广义上的翻译活动缺乏足够的关注;从对象的形式上看,多数翻译批评以文学翻译作为批评对象,对口译、人工智能翻译等多元化的翻译类型关注甚少。以《批评之批评》辑录的 40 余篇评论文章为例,文学翻译批评研究的理论著述占据了评介对象的绝大多数,而这也从侧面体现出翻译批评界给予非文学类翻译的较低关注度。相对狭窄的对象域使翻译批评难以全面、深入地介入翻译现实,同时也在一定程度上限制了翻译批评学科化建设的进一步推进。除了对象域层面的局限,翻译批评的问题域同样有待拓宽。进入新时期,随着信息技术的高速发展,翻译的内容、形式、手段、目的等各方面均发生了深刻变化,随之涌现出大量新待解决的问题与矛盾;与此同时,翻译领域内某些长期存在的疑难与困惑也在新的历史语境下被赋予了新的意义,亟待研究者对传统的解决方案予以检视和更新。但显然,相较于翻译实践中切实存在的问题,当前翻译批评所关涉的问题域在广度和深度上尚有很大差距,部分研究仅限于思辨层面的探讨或停留于对译文的正误评判,对翻译实践中重大、前沿的问题缺乏必要的关注。以中国文学外译这一当前国内翻译领域的重大事件为例,作为文化"走出去"战略的重要组成部分,文学外译在方式、路径、程度和成效等多个层面都面临诸多问题与挑战,每一层面上的具体问题又受到诸如译者能动性、文化、历史、意识形态等内外部因素的影响和制约,呈现出显著的复杂性与多样性。然而，面对大量亟待关注和解决的问题，当前翻译批评的个案研究中却不乏重复化、程式化的现象，其中的重要原因是研究者缺乏问题意识，未能以问题为导向开展自身研究，而这也在一定程度上阻碍了翻译批评对国家战略要求做出积极回应。

四、从"自立"到"利他"：关于翻译批评研究路径的展望

通过对翻译批评研究的历史与现状进行整体把握和深入反思，可以看到，国内外翻译批评研究取得了喜人成果，但囿于基础理论的薄弱和积极、系统的批评实践的缺乏，翻译批评目前仍未充分掌握话语权，未能形成一股强大而高效的建构力量，这使其难以切实承担深化翻译理论建设，推动翻译事业健康发展的历史重任。回望翻译批评研究的发展历程，不仅是为了厘清正误和评判得失，更应从既有经验出发，对未来翻译批评的研究路径予以展望，而这也正是《批评之批评》一书的编撰目的所在。基于此，笔者认为未来的翻译批评研究可从以下三个方面拓展路径，促使翻译批评实现"自立"，并发展成为一种"利他"的建构性力量。

1. 深化翻译批评基础理论建设，增强科学性与客观性。翻译批评是基于翻译经验的一种反思，"翻译批评的反思性决定了它需要理论的在场，而翻译批评的力度在很大程度上取决于批评者对理论的把握和运用"①。新时期的翻译批评研究应进一步加强基础理论建设，从翻译理论研究的最新成果中获得借鉴，进而对翻译和批评的本质、方法、标准、价值等基本问题有更为深刻的认知，明确自身特性以及于文化交流活动中的定位，同时也为自身方法论建构提供必要的理论依据。此外，"翻译批评在借助翻译理论的同时，又会以自己针对实际问题所进行的研究以及更为广阔的理论背景，丰富翻译理论内容，促进翻译理论的发展"②。因此，

---

① 蓝红军. 翻译批评何为：重塑批评的话语力量. 外语教学，2020(3)：86.
② 杨晓荣. 翻译批评导论. 上海：华东师范大学出版社，2017：16.

翻译批评研究不能停留于自身理论体系建设,还应以批判的目光反观翻译理论,以实践中获取的经验对翻译理论予以修正和完善,进而在学科内部形成一个良性、向上的"循环",推进翻译学科的整体发展。在具体研究过程中,翻译批评的理论建构应顺应"新文科"视野下翻译学科的建设与发展,注重跨学科路径探索,与相关人文学科乃至自然科学形成交叉渗透,互补互利。目前学界在翻译批评的跨学科研究上已经取得一定成果,部分学者从语言学、诗学、诠释学、功能主义、后殖民主义理论中获取了概念和方法建构的资源;在坚持跨域研究的基本方向上,未来的翻译批评研究还应加强对信息技术的理解与应用,在批评活动固有的人为和主观基础上增添科学成分,形成多元化、兼具适用性与针对性的方法论体系。翻译批评学者也应在多学科交叉互通的研究中严守翻译学科的价值本位,使多元化的理论资源内化为翻译学自身的理论储备,并将批评的方法论"建立在有关语言、文本和翻译的明晰理论之上"①,促使翻译批评在真正意义上实现"自立"。

　　2. 增强时代意识与责任意识,拓展研究的对象域与问题域。作为一项具有深刻历史性的实践活动,不同时代的翻译扎根于具体的历史语境,体现时代特征并彰显时代诉求。进入 21 世纪,"数字技术与互联网的飞速发展正在持续而深刻地影响翻译"②,对传统形式的翻译及翻译研究形成猛烈冲击的同时也为整个翻译领域注入了新的活力,带来新的机遇与挑战。以我国古典名著的海外译介为例,新时期我国经典文学在异域的生成已不再囿于传统的纸质文本媒介,"各种以'变形'为表征的符际翻译不断涌现,成为文学译介,尤其是中国古典文学的传播与接收中不容忽视的重要现象"③,如当下《三国演义》在海外的传播就凭借电视剧、动漫、歌

①　Berman,A. *Pour une critique des traductions:John Donne*. Paris:Gallimard,1995:45.

②　过婧,刘云虹."异"与翻译的建构性. 上海翻译,2020(4):7.

③　刘云虹,胡陈尧. 论中国古典文学名著外译的生成性接受. 外语教学理论与实践,2019(2):3.

舞伎和电子游戏等多元化媒介。面对时代的转变,翻译批评不应停留于象牙塔之中,而需要积极介入实践,对翻译领域内的重大现实问题和具有代表性的新动向给予充分关注。与此同时,理念的更迭应伴随方法的更新,目前翻译学界已将语料库、键盘记录和眼动仪等技术手段应用于翻译研究,这无疑值得翻译批评界加以借鉴。但有一点亟待明确,即增强翻译批评研究的时代意识并不意味着对传统理念和方法的弃置,更不应为了顺应时代潮流而盲目跟进。正如部分学者所指出的,当下某些"新型"的研究只是为了迎合大数据和新媒体热潮所做出的机械化重复,其研究对象的选择、分析和结论有效性均值得商榷,并未在真正意义上回应现实需求。基于此,翻译批评研究应以问题为导向,在拓展翻译批评问题域与对象域的同时正确处理传统与现代的关系;同时,研究者还应提高自身责任意识,一方面以深化翻译批评理论建构,推进翻译学科建设为己任,另一方面则"通过积极、有效的批评抵制翻译活动中的不良倾向,为翻译事业营造良好的社会环境和精神氛围"①,促成一种具备自主性,且有利于翻译事业发展的"大写的批评"。

3. 提升翻译批评实践介入的有效性,发展"利他性"批评。翻译批评的利他性集中体现在对翻译价值的引领和对翻译活动的规范作用上,这要求批评者"以'在场'的姿态,充分关注翻译现实,坚持翻译的科学定位与价值导向"②。当前学界已普遍认识到实证性研究之于翻译批评建设的重要性,不少学者就相关译文、翻译现象或翻译事件进行了细致且深入的个案探讨,但这些研究往往局限在狭小的受众范围内,未能引发翻译场域内的多方共鸣,其产生的实际效益十分有限。为提升翻译批评实践介入的有效性,研究者应首先明确翻译批评的建设性本质,在实证研究中提升批评的建构力量。在这一点上,贝尔曼对约翰·多恩 Going to Bed 一诗法译文的批评个案值得学界借鉴:贝尔曼认为福吉耶(Jean Fuzier)和德

---

① 刘云虹. 翻译批评研究. 南京:南京大学出版社,2015:前言 6.
② 刘云虹. 批评之批评:翻译批评理论建构与反思. 南京:南京大学出版社,2020:3.

尼(Yves Denis)两位法国译者就多恩诗歌法译制定的翻译计划存在严重
失误,并运用自己基于现代诠释学的批评方法进行了详尽的实证分析。
但应注意到,贝尔曼批评话语中的否定部分仅围绕翻译计划展开,对两名
译者的翻译水平及其为文学移植做出的贡献则持明确肯定与褒扬。在贝
尔曼看来,相较于对译作不置一词或一味"挑错",翻译批评表现出的是对
译者翻译工作的尊重。基于这一点,可以认为贝尔曼的批评在总体上是
积极、富有建设性的,此类批评有助于达成交流,促进对话,为更为完善的
复译工作拓展可为空间。除了确立翻译批评在总体层面的建设性,批评
者还应以文本为基点,拓展批评实践的纵深度:一方面,翻译批评不能仅
停留于事件或现象表面,而应回归文本,通过脚踏实地的文本分析厘清问
题本质;另一方面,批评者也应当从文本出发,突破静态语言的单一向度,
深入翻译生成与接受的动态过程中,正如赖斯指出的,"没有对每个翻译
过程的要求、前提和目标的系统性认识,批评的标准和类别便无法确
立"①。其中需特别强调批评主体与译者主体、读者主体及出版主体间的
多维互动:批评者应对内含于翻译活动的多重伦理关系有明确认知,切实
发挥督导与沟通作用,构筑良好的翻译环境。以《史蒂夫·乔布斯传》汉
译这一新时期颇具争议的翻译事件为例,"600多页的英文原稿,4个人仅
用了20多天的时间就翻译完毕且定稿"②,该部以网络"众包"形式完成的
译本在问世后随即引发社会各界关于翻译质量、形式和伦理问题的讨论,
其中既有译者的翻译经历分享,有普通读者在社交媒体上进行的随感式
评论和"译技比拼",也有知名学者就翻译形式、目的、价值等本质问题展
开的分析与批评,中信出版社更是联合译言网开辟了线上讨论专区,收集
广大读者对译文的批评与建议。2014年,中信出版社出版了《史蒂夫·乔
布斯传》修订版,并表示在原版基础上采纳了读者对翻译的众多建议,使
译文更加完善、精良。抛开事件本身的喧哗外表及其包含的新兴翻译形

① Reiss, K. *Translation Criticism, the Potentials & Limitations*. Shanghai: Shanghai Foreign Language Education Press, 2004: 7.
② 匡生元.《乔布斯传》为啥翻译太烂. 中华读书报,2011-11-09(8).

式的争议性,关于《史蒂夫·乔布斯传》汉译的讨论在提升翻译质量、促进
翻译事业健康发展方面具有重要意义,是一次"利他性"批评的积极介入。
在这一批评个案中,批评者与翻译场域内的多重主体间形成了积极互通,
其观点不再各居一端,而是在不断碰撞与交汇中发展为一种交互性的建
构力量。这正是未来的翻译批评研究应予以重视的一点。

五、结　语

翻译批评研究是翻译学科建设的内在诉求,也是推动翻译事业健康
有序发展,促使翻译价值实现的外部动力。在当前时代语境下,翻译批评
的重要性亟待得到学界更多关注,翻译批评自身的建设更需要在理论和
实践相结合的基础上大力推进。《批评之批评》一书对国内外翻译批评的
阶段性研究成果进行了梳理与总结,展示了翻译批评研究逐步走向科学
化、系统化的历史进程,反映出学界对翻译批评研究现状的认识与反思,
并力求在此基础上探寻翻译批评的未来发展路径。进入新的历史发展阶
段,翻译批评应立足当下,面向未来,在夯实自身理论基础的同时拓展研
究的对象域与问题域,以积极、建构的姿态介入翻译实践,继而推动翻译
理论的深化与创新。

（本文系与胡陈尧合作撰写,原载于《上海翻译》2021 年第 2 期）

关于中国翻译理论史研究的几点建议

"中国翻译理论发展史研究"获得 2020 年国家社科基金重大项目立项,这是译学界广为关注的一件事,可喜可贺。它表明,梳理和研究我国翻译理论发展史的重要意义,获得了哲学社会科学界的认可。这是在译学同仁共同努力下,翻译学学科地位获得提升的一个体现。对于任何学科来说,理论研究都是一个永恒的课题。虽然这是由黄忠廉教授团队承担的一个项目,但中国翻译理论史研究的重任却并非只由这一个团队来承担,它需要译学界共同来努力。

1951 年,董秋斯提出建立翻译学的主张时,曾提议要完成"中国翻译史"和"中国翻译学"两部"大书",因为任何一门名副其实的学科,都应有自身发展的历史和完整的知识体系。自此,学者们一直在努力书写中国翻译史。从马祖毅(1984)的《中国翻译简史:"五四"以前部分》,陈福康(1992)的《中国译学理论史稿》,李亚舒、黎难秋(2000)的《中国科学翻译史》,黎难秋(2002)的《中国口译史》,再到王秉钦(2004)的《20 世纪中国翻译思想史》,谢天振、查明建(2004)的《中国现代翻译文学史(1898—1949)》,查明建(2007)的《中国 20 世纪外国文学翻译史(1898—2000)》,杨义(2009)的《二十世纪中国翻译文学史》系列,以及邹振环(2017)的《20世纪中国翻译史学史》,等等,中国翻译的历史面貌渐渐勾画得清晰起来,展现出其重要的价值。

在书写中国翻译史的工作中,学者们重点展示了中国翻译实践的历史和中国翻译研究的历史,而对于中国翻译理论发展的历史,我们却还需要付出更多的努力来建构认知。目前,我们有了西方翻译理论史研究的代表性成果,如理论史和实践史交织的《西方翻译简史》(谭载喜,1991),进行理论流派划分的《西方翻译理论通史》(刘军平,2009),然而我们还没有一部《中国翻译理论通史》。这就是这个课题对于中国翻译学的意义,它承载了译学界对书写中国翻译理论史的厚望,也承载了人文社科领域对中国翻译学的理论期待。

开展通史性的翻译理论发展研究,这在国际上也是一个重要的尝试。翻译史是国际译学界十分重视的一个研究领域,取得了较为丰富、深入的研究成果,但就目前的情况来看,翻译理论史著作也屈指可数,道格拉斯·罗宾逊(Douglas Robinson)的 *Western Translation Theory: From Herodotus to Nietzsche*① 可以说是其中最具代表性的一部,该作选编了从希罗多德到尼采的翻译理论精华选段,并将之译为英语,按时序进行了整理和评述。显然,该作具有资料汇编性质,并非学科史意义上的理论史研究。因而,撰写中国翻译理论发展史具有世界范围的开拓性,其难度自不待言。

一方面,这是翻译学参与建构"中国气派"理论体系的时代使命;另一方面,这是一个极具创新要求、难度很大的研究选题。这个课题立项,不是一种个人的荣誉,它更多的是一份学科责任。课题组在项目申报过程中付出了艰辛的努力,然而竞标成功之后,艰巨性才真正开始,课题组一定不能辜负众望。我们知道,此前已有数个翻译研究课题获得重大课题立项;我们相信,还会有越来越多的翻译研究选题获得这样的肯定。但由于这一课题具有特殊的学科史意义,译学界将会对课题的实施给予超乎寻常的关注,并从不同的角度对课题成果予以审视和批评。

就所展示的团队情况来看,在报告中列为重点工作的"中国传统译论基本范畴知识考古"和"中国译论古今转化"方面,研究力量需要加强。在

---

① Robinson, D. (ed.). *Western Translation Theory: From Herodotus to Nietzsche*. Manchester: St. Jerome Publishing, 1997.

研究设计上,也还有很大的提升空间,作为以"史"为名的课题,其史学方法论还没有得到令人满意的呈现。如何将尽可能多的优秀学者(尤其是中青年学者)团结和组织起来,这是课题组务必要解决的问题。

对于这个课题,对于中国翻译理论史研究,我有如下几点希望和建议:

1. 着力揭示中国翻译学者对翻译本质认识的发展

书写中国翻译理论史,首先要定位好中国翻译理论的历史起点。毫无疑问,中国翻译理论发展史研究不能抛开传统译论部分,课题组也明确将其作为重点工作之一。指出中国翻译理论包括传统译论和现代译论,将"翻译理论"缩略为"译论"来表达,这符合我们的语言习惯;指出"凡论及'译'者,或是'论点',或是'理论',均可纳入",这提供了操作上的规定。但自行进行操作规定,并不是逻辑严密的概念界定,虽符合情理和习惯,却未构成充分的学理论证。要解决这一矛盾,还需回到为何要开展理论史研究这一问题上来。

开展中国翻译理论发展史研究,终极目标是要揭示中国翻译学者对翻译本质认识的发展。鉴于一切理论都是对事物本质和规律的认识,翻译理论,无论以何种形态呈现,都是我们对翻译本质和规律的认识,都是我们对所获得的翻译认识的表达,语言或具体,或抽象;形式或传统,或现代。和其他事物一样,人们对翻译本质的把握,经历了一个长期发展的过程。中国翻译有过数次高潮,主流翻译对象、翻译主体、翻译方法和组织方式都呈现出不同的特点,人们获得的翻译认识也不相同。随着时间的推移,中国翻译学者对翻译本质的认识越来越丰富,越来越全面,越来越深入。那么,我们究竟获得了哪些认识,我们对翻译本质的认识是如何发展的,它对人类认识自身有何帮助? 这些都是这个课题需要回答的。

2. 着力揭示中国翻译理论与社会思想的互动关系

"理论"和"史"是这一课题的两个关键词,"史"的研究强调史实、史识和史观,"理论"研究则强调思考、思辨和思想。作为思想的呈现方式之一,理论凝结着人们对事物问题与矛盾的思考,中国翻译理论发展史就是中国学者对翻译基本问题与基本矛盾的认识发展史。翻译的基本问题既包括翻译的语言符号转换问题,也包括翻译的目的和功能发挥问题;翻译的基本矛盾则包括翻译内部诸要素之间的矛盾,还包括翻译与外部相关事物之间的矛盾。

进行翻译理论史研究,应把不同历史时期的翻译理论和社会思潮的变化结合起来考察,需要注重翻译理论思想发生、发展的特征和逻辑必然性,即其存在与社会需求的契合程度,其反映时代精神内涵的情况,以动态的视角,来展现我们的翻译家、翻译理论家、翻译思想家思考翻译的维度、深度、广度,及其内外关联度,以之揭示社会思想未来发展的趋势和边界。既通过翻译所处的思想文化背景来理解翻译理论发展的连续性和演绎性,也揭示作为思想活动的翻译如何推动社会思想的发展和变化。

3. 着力揭示中国翻译理论发展的翻译实践基础

人类的翻译知识并非纯粹理性知识,而是经验性知识。无论何时,无论我们如何提升翻译理论的抽象程度,都无法否定,也不应否定翻译理论的实践来源。与翻译相关的一切实践都是翻译理论的来源,作为翻译理论基础的实践是人类通过翻译认识自我与他者、改造所处环境、变革社会关系、探索精神世界的活动。

翻译实践具有社会性和历史性,前者表现为它以社会实践的形式进行,与具体社会的语言、文学、文化、历史、哲学等密切相关,后者表现为它受制于人的认知水平和历史条件,贯穿于人类跨语言跨文化交流的始终。翻译理论也具有社会性和历史性。它是具体时代、地域、群体、阶级、民族、国家的思维方式和价值取向的反映,与具体历史时期人们的文学观、审美观、伦理观、哲学观、文化观等是复杂联动的。尽管翻译理论有可能是超前的、超现实的,但任何具有超越性的思想的发生都有着某种现实的依托和关联。揭示中国翻译理论发展的实践基础,展现出其历史性和社会性方面的具体特征,这也是中国翻译理论发展史研究的根本任务之一。

4. 着力揭示中国翻译理论对于世界译学的独特价值

人类有着认识世界、认识自我的本能,我们从事翻译研究,就是为了认识翻译,并借由翻译认识人类自身。回顾历史也是人类认识自我的重要方式。就具体理论而言,我们了解了其发生和发展的历史,才算了解了该理论。就某一学科来说,我们也必须通过其发展历史来加以认识。因而对于翻译理论研究者来说,若不了解翻译理论史,则无从把握翻译理论的未来发展,若不对照世界译学的理论发展,也无从了解自己的力量发展状况。

史学家钱穆曾说过,没有特殊性,就不成为历史,研究历史首先要注意的便是其特殊性。中国翻译理论所建基的实践基础,与其他国家和民族的有变有异,研究中国翻译理论史,理应注意其特殊性,即注意中国翻译理论的"中国特色"。彰显翻译理论的民族性,并非从狭隘的民族主义出发,来自得其乐,而是从历史的角度,来考察中国翻译学者做出过何种独特的理论贡献。既揭示出中西翻译理论发展的同理性基础,又揭示出中国翻译理论所具有的相对于世界译学而言的异质性价值,这应该成为本课题的一个目标。

5. 着力揭示中国翻译理论发展的主线与横轴

从开题报告所示的预期成果中,我们看到了《理论翻译学构建》《中国译学大词典(修订版)》《中国译论汇纂》《译学研究方法论》《西方译论引介、比较与借鉴研究》《中国译论通史》等的撰写和修编计划。为中国翻译理论著史,应该是中国译学界对这一课题研究的最大期望。翻译学在我国和西方都属于新生学科,通史性的翻译史书写还是为时不久的事情。通过此前的研究,我们仅仅证明了中国翻译有"史",还没有充分地证明中国翻译理论有"史",至少没有全面展示出我们翻译理论的历史全貌。新时代需要我们建立具有中国主体性的翻译理论体系,这一体系不可能凭空而起,一蹴而就,我们需要对自身理论发展的历史做一清理,准确地回答中国翻译理论"有什么""如何发展"以及"为什么"等根本性的问题。我想,着力揭示中国翻译理论发展的脉络特征、阶段特色,纵向上注意前后的继承发展关系,横向上注意同时代其他理论(翻译理论或非翻译理论)的相互影响关系,是这个课题不能忽略的责任。

(原载于《上海翻译》2021 年第 4 期)

关于深化中国文学外译研究的几点意见

　　谈及中国文学外译问题,我不由自主地想到了谢天振教授。2020年4月22日,谢天振教授走了。可我相信,他一直就在我们中间,不仅仅因为谢天振教授创立了译介学,一直在为我们思考中国文学译介问题提供重要理论参照,还因为谢天振教授就中国文学外译提出了不少值得关注和探讨的观点,至今还在发挥着某种导向性作用。

　　在新的历史时期,中国翻译事业发生了重大变化,充分展现出了翻译活动的丰富性、复杂性与创造性。① 谢天振教授明确指出:"两千多年以来译入行为为主的翻译活动发生了一个重要变化,即翻译领域不再是译入行为的一统天下,民族文化的外译也成为当前许多国家翻译活动中的一个越来越重要的领域。"②针对翻译活动中出现的新变化,《外语与外语教学》2017年第3期开设了"中国文学外译研究"专栏,笔者曾撰写主持人语,就中国文学外译揭出了一系列有待思考和探讨的问题:"中国文学外译的状况如何? 中国文学在域外的翻译和传播中遭遇到何种障碍? 其接受途径和传播效果如何? 中国文学外译是否给翻译研究提出了新的问题? 翻译方法与翻译效果之间是否存在着必然的联系?"③

---

① 刘云虹,许钧. 如何把握翻译的丰富性、复杂性与创造性——关于翻译本质的对谈. 中国外语,2016(1):95-100.
② 谢天振. 翻译巨变与翻译的重新定位与定义——从2015年国际翻译日主题谈起. 东方翻译,2015(6):5.
③ 许钧. 当下翻译研究中值得思考的几个问题. 当代外语研究,2017(3):1.

随着中国文学外译活动的不断发展,对于这些问题,翻译学界有过不少思考,不少讨论,甚至有过争鸣。可以说,中国翻译学界就中国文学,尤其是中国当代文学在域外的译介与传播展开的持续性研究,在中国文学界产生了积极的反响,如姜智芹的《中国当代文学海外传播与中国形象塑造》、曹丹红和许钧的《关于中国文学对外译介的若干思考》被《新华文摘》2014 年第 15 期和 2016 年第 9 期全文转载,过婧和刘云虹的《中国文学对外译介中的异质性问题》在中国作家协会创研部的报告《2015 年中国文学发展状况》中作为 2015 年度文学理论的代表性成果之一被引,该报告认为相关文章"不再仅仅满足于对海外出版和学界的一般情况梳理,或是译本的简单对比,而是从中国学者的立场出发,对文学译介的历史和现状展开一定的反思和批判"①。笔者注意到,近十年来,不少中国文学外译研究项目获得国家社科基金立项,有的甚至被列入重点项目和重大项目。同时,多项中国文学外译研究成果获得教育部和省级哲学社会科学优秀成果奖。

中国文学外译,已有一段历史。在新的历史时期,中国文学外译受到社会的普遍关注和学界的高度重视,曾一度众说纷纭,褒贬不一,有肯定,也有质疑,其主要原因有三:一是在中国文化"走出去"的战略实施进程中,中国文学外译被赋予了新的社会和文化意义,在很大程度上,具有中国文化的构建力量;二是中国文学外译活动更为复杂多样,除了外国自发的中国文学译介活动之外,近 20 年来中国主动的"译出行为"得到不断加强,形成了新的态势,被学者称为"中译外"路径,其中涉及许多值得思考的重要理论与实践问题;三是中国文学外译中有组织的"译出行为"的必要性和有效性受到了质疑,其关涉的翻译动机、翻译方法与翻译效果等方面尤其引起了学界持续的关注、思考和研究。

回顾新时期围绕着中国文学外译,尤其是中国文学有组织的"译出行为"展开的讨论、争论和探索之历程,笔者发现有两个方面的认识较之初

---

① 中国作家协会创研部. 2015 年中国文学发展状况. 人民日报,2016-05-03(16).

期有了明显的变化:其一,对中国文学主动外译的必要性有了进一步的认识;其二,对中国文学外译的研究趋向理性。① 由于中国文学外译在很大程度上与中国文化"走出去"战略紧密相连,因此,从根本上看,文学外译的必要性之问,暗含着中国文化是否有必要主动走出去这一问题。关于这一问题,学界一开始是疑问重重,尤其是涉及文学译介,否定的声音意外地多出自翻译界与文学界。翻译学界似乎有一个定见,那就是文学译介应该源自译入国的自身。在有的学者看来,主动的"译出行为"违背了接受者的自身需求,有悖于接受的规律,不可能取得好的效果。持这一论调的学者,还有一个重要的根据,那就是文学翻译,往往是从外语译入母语,很少是从母语译向外语。据此,对中国文学主动"译出"的否定性意见非常明确。笔者对其主要观点有过归纳:"质疑者的观点主要有两点:一是文化交流应产生自交流双方的自身需求,在平等的基础上进行,现在中国在不考虑其他国家社会状况与文化需求的情况下,集大量人力物力财力将自己的文化硬推向世界,这种行为似有强行输出意识形态之嫌;二是文化交流与接受都有自己的规律,我们不考虑接受规律,一厢情愿地将我们认为'好的'文学文化推出去,恐怕最后难以达到预期效果。"②

对这两种观点,学界予以了关注,认识有所提升。首先,中国并非在强推自己的文化,而是在积极回应世界了解中国、理解中国的需求。同时在文化与精神领域,每个国家或民族都应该加强文化交流,把每个民族具有独特性的文化推向世界,共同丰富世界文化。其次,文学的主动译出,并非中国在新时期的一厢情愿。从历史上看,从母语译向外语的文学译介活动丰富而卓有成效。远的不论,仅就 20 世纪二三十年代和七八十年代中国赴法留学生群体的中国文学法译活动而言,我们不难看到,他们的译介涉及中国古典文学、现代文学和当代文学,译作受到了法国文学界和读者的肯定,促成了罗曼·罗兰与敬隐渔、瓦雷里与梁宗岱等一桩桩历史

---

① 许多,许钧. 中国典籍对外传播中的"译出行为"及批评探索——兼评《杨宪益翻译研究》. 中国翻译,2019(5):130-137.

② 许钧. 当下翻译研究中值得思考的几个问题. 当代外语研究,2017(3):1-5.

的姻缘,为中国文学与文化在法语世界的译介与传播做出了不可磨灭的贡献,有力地促进了中法文学与文化交流。若从历史发展的角度加以考察与反思,1949 年至 1966 年以及改革开放以来中国文学的主动"译出"活动并非如有的学者所说的无效,而是富有成效,亟待展开进一步研究。

我们应该看到,在新的历史时期,中国文学外译的步伐沉稳,持续推进,短短 20 余年来,取得了重要进展,呈现出新的态势:一是中国的主动译出活动与域外出于自身需求的译介互为促进;二是翻译主体呈多元化,国内外译家合作,形成互动;三是译介渠道多样,且国外主流出版社多有参与;四是文学译介逐渐走向深入,对文学特质的关注有所增强;五是文学译介促进了文化交流,也为中国学术外译提供了可贵的经验,文学、文化与思想的交流渐渐形成合力。基于这些可喜的变化,笔者就如何深化中国文学外译研究提出几点参考性意见。

1. 加强基于文学译介与生成全过程的系统研究。在新时期,针对中国文学主动外译,学界曾经提出一个重要的命题,那就是中国文学不仅应该"走出去",更要"走进去"。从"走出去",到"走进去",要经历文本选择、文本转换、文本阐释、文本接受等复杂而又动态发展的过程。在这个过程中,涉及多种影响因素,也会出现诸多矛盾。在一段时间内,译界曾经把关注的重点投向翻译的方法,质疑了翻译的"忠实性",甚至予以否定。一度有人认为在当下阶段,最好的翻译方法是"连译带改"。我们不能否定,在文学翻译的历史中,尤其是早期,为了文本的生存,出于政治、社会的某种需要,有时确实会采用一些删改的方法,但从历史发展的角度看,文本的再生与存续,有其自身的规律。文学翻译,无论是外国文学汉译,还是中国文学外译,有着一些具有本质性的特征,对此需要加以思考与探索。

有学者在考察文学翻译历史的基础上,对文学翻译的"生成性"进行了深入的研究,认为无论对原文的理解、阐释,还是意义的再生、译作的接受,翻译都是一个具有生成性特征的动态发展过程,也是一个由生成性贯穿始终的复杂系统,以自身在时间上的延续、在空间上的拓展为根本诉求。刘云虹明确指出:"应从文本生命诞生、延续与传承的整个历程出发,从翻译活动所处的以自我与他者关系为中心、包含文本内外多重要素的互动系统出发去理解翻译、把握翻译的本质特征。"①文学翻译生成论的提出，尤其是对文学翻译生成机制与接受规律的研究，为我们考察与评价新时期中国文学外译提供了重要的理论参照。要深化中国文学外译研究，"文本新生命的诞生、文本意义的理解与生成、译本生命的传承与翻译的成长三个方面"②值得重点关注。

2. 加强翻译家研究，深化翻译主体性探索。回望中国的翻译历史，可以看到一代又一代的优秀翻译家，为"延续民族文化血脉"，推进中外"文明交流交融互学互鉴"，做出了不可磨灭的贡献。在中华文明发展、中外文化交流的历程中，翻译家始终在场。笔者曾在多个场合说过，无论外国文学在中国的翻译，还是中国文学在国外的译介，不少翻译家的名字往往与作家的名字紧紧连在一起。比如傅雷与罗曼·罗兰、朱生豪与莎士比亚，又如葛浩文与莫言、何碧玉与余华等等。

> 如果我们把目光放远一些，想一想中国历史上的翻译活动，谈到佛经翻译，我们会想到鸠摩罗什与玄奘，谈到西学东渐，会想到严复，谈到西方文学在中国最初的译介，会想到林纾，而一谈到五四运动前后的翻译，我们就会想到鲁迅。这一个个名字，不仅与某位作家、某种思潮或流派紧密地联系在一起，而且想到他们，会感觉到中国的文明发展史、中外的文化交流史仿佛有了生命，是鲜活的，是涌动的。这些翻译家就像是一个个重要的精神坐标，引发我们对中华文明的延续与发展、对中外文化的交流与互鉴做出更深刻的思考。③

近几年来，笔者一直在呼吁加强翻译家研究，并且身体力行，主编"中华译学馆·中华翻译家代表性译文库"（浙江大学出版社）、"中华译学

---

① 刘云虹. 试论文学翻译的生成性. 外语教学与研究,2017(4)：608.
② 刘云虹. 试论文学翻译的生成性. 外语教学与研究,2017(4)：608.
③ 刘云虹,许钧. 走进翻译家的精神世界——关于加强翻译家研究的对谈. 外国语,2020(1)：77.

馆·中华翻译家研究文库"(商务印书馆),直接推动翻译家研究,还在《中国翻译》主编杨平的支持下,在该刊设立了《译家研究》栏目。该栏目的宗旨非常明确:就翻译家的翻译活动、翻译思考、翻译功绩、翻译影响进行深入的研究。随着中国文学外译的不断推进,致力于中国文学与文化译介与传播的翻译家值得我们特别关注。对翻译家研究而言,文本转换研究自然重要,但还需探寻贯穿于翻译全过程的主体作用,对其主体性因素的发挥进行分析与评价。翻译家研究还需关注他所处的时代和文化语境,从精神层面、艺术层面、影响层面对文本的新生命加以把握。新材料的发掘和新方法的探索,也是翻译家研究应该关注的重点。

3. 加强语言与审美维度的研究。已有的中国文学外译研究,在翻译选择、翻译障碍、翻译方法和策略等方面取得了较多探索成果。如有关中国文学在域外译介与传播的障碍,学界对意识形态、文化语境、接受心态因素的考察较为深入。对影响翻译的外部因素的分析和读者接受的研究,有助于我们进一步认识文学译介是一个复杂的系统,对译者处理翻译中遇到的各种困难可以提供理论参照,为翻译中的种种变通行为提供理论支撑。对相关研究的持续跟踪与观察中,笔者发现有两个方面存在一定欠缺,需要进一步加强研究。一是对语言问题的研究。从翻译历史看,文学翻译的语言问题十分重要,鲁迅就非常重视语言问题,他把翻译中的语言问题提高到丰富汉语、吸收新思想、改造国人思维的高度。[①] 中国文学外译中,译者对原作的语言特质的识别与处理值得特别关注。不少译者对汉语表达的精妙、细腻与具象性认识不足,往往以读者接受为名,对之加以任意的变通处理,在很大程度上抹杀了原作语言的创造性。对这类现象,应该如何认识? 此外,如果说外国文学的译介对于现代汉语的发展起到了深刻的作用,那么中国文学的译介,在语言与思维的层面对于目的语是否起到了某些作用? 是如何起作用的? 中国古典文学外译与中国当代文学外译,在语言层面提出的问题,是有差异的,针对不同的障碍,尤

---

① 许钧. 关于文学翻译的语言问题. 外国语,2021(1):92.

其是对一些抗译性特别强的语言问题的处理原则与方法,值得深入探索。二是对审美问题的研究。文学作品的审美,往往与语言层面密切相关。大到中国文学作品的整体叙事与修辞,小到作品中的一个词语、一个句式,是从审美的维度去加以体会与再现,还是从认知的角度去加以解释与处理,其译介的结果会大相径庭。有学者曾以刘震云作品在英语世界的译介接受为例,尖锐地指出,"英语世界从文学传播、文学接受以及商业推广的现实利益出发,有意识地发掘并放大了其文学创作中那些所谓的政治叙事、灾难叙事、女性叙事、社会犯罪以及其文学叙事中具有世界性的'寓言反讽'和'伦理写作'等叙事手法"①。这类做法或相关的译介策略,其是非,其得失,值得我们细加考量,需要进行严谨的分析和严肃的学术研究。

笔者认为,以上三个方面,是今后一个阶段翻译学界应该予以特别关注的,涉及翻译生成机制、翻译主体性、翻译在语言与审美层面的再创造等重要的理论问题,也关涉翻译的过程的分析,影响因素的考虑与翻译策略的制定。从根本上看,笔者认为,针对上述问题,还有一个统领全局的问题,那就是中国文学外译的价值。中国文学是否有必要主动"走出去"?为什么要推动中国文学在域外的译介与传播?应该优先选择怎样的文学作品向域外译介?译介是否应该恪守忠实性原则?如何从世界文学构建的高度去看待中国文学外译?如何认识中国文学特质?中国文学外译有可能在哪些方面产生积极影响?要回答这一个个问题,需要学界为中国文学外译定位,建立翻译的动态发展历史观和翻译价值观。

(原载于《外语与外语教学》2021 年第 6 期)

---

① 胡安江,彭红艳. 从"寂静无声"到"众声喧哗". 外语与外语教学,2017(3):1.

浙江文化"走出去"源流
及新时期对外传播路径剖析

　　区域文化是国家文化的有机组成部分,不同的区域文化既有共同渊源,又各有特色。当下探索中国文化"走出去"向纵深发展,因此更应当关注、探索区域文化"走出去"的典范。在色彩斑斓的中国地域文化中,浙江文化融吴越和江南文化于一体,具有鲜明的特色和典型的代表性。因其优越的地理位置,浙江自古享有"鱼米之乡""丝绸之府"和"文化之邦"等美誉。近年来,在"八八战略"引领下,浙江业已成为国内创新机制最活、开放程度最高、经济发展最快的省份之一。作为"一带一路"的重要起点,浙江正加快与全球各国的互联互通,并已成为中国与中东欧合作的排头兵。2006 年,时任浙江省委书记习近平同志在《与时俱进的浙江精神》一文中,概括总结了"求真务实、诚信和谐、开放图强"的浙江精神。2016 年G20 峰会在杭州成功举办,自此形成了以杭州为中心、逐渐带动周边城市向国际化发展的重要格局,"走出去"已成为浙江文化建设的重要方向。本文拟通过分析浙江文化的开放传统及其自信底蕴,探讨浙江文化"走出去"的实现路径,以期为浙江文化"走出去"提供建议,进而为区域文化乃至中国文化"走出去"提供一些参考。

一、浙江文化"走出去"的优良传统

　　浙江文化是在浙地先民与自然条件相调整、与社会发展变革相调适的漫长历史进程中发展形成的,具有开拓创新、求真务实的鲜明特征。7000年前,浙江沿海平原仍是一片汪洋,并不适宜生存。而浙地先民凭借顽强的意志在此扎根,开垦出田地。河姆渡文化遗址表明,当时的水稻种植、建筑技术和制陶技艺等均已十分发达,这里由此成为中华民族远古文化的诞生地之一,也是浙江文化的源头所在。

随着自然境候的演变,生存环境的恶化迫使一部分浙江先民漂洋过海寻觅新的落脚之处,由此形成"内越""外越"之别。根据《越绝书》记载,及至秦始皇时期,"徙天下有罪谪吏民,置海南故大越处,以备东海外越"①。秦虽并灭六国,唯东海外越不服,因秦朝采取严厉的防卫措施,漂流在东海的外越出海另求生路,主要向日本列岛和南洋列岛等地迁移。从此,他们御海弄潮、披荆斩棘,成为传播越文化的先锋。②

在中外文化、宗教、科技和文学交流史上,浙江发挥了重要的引领作用。回首长达千年的佛经翻译史,浙江涌现了释慧皎、释道宣和释赞宁等翻译名家。③ 16—17世纪,欧洲人抵达中国沿海,浙江随即成为最早受到西方文化冲击的区域之一,其中尤以宁波、温州等地最为明显。在全国各省份中,浙江人率先开始从事中西文化交流,开眼看世界。推动这一历史进程的主要力量是来华传教士,他们揭开了近代历史上浙江与域外文化交流的序幕。一方面,部分浙江文人在来华传教士的影响下开眼看世界,其中的代表人物包括李之藻和杨廷筠。整个明代历史上,李之藻是少数几个能够真正理解西方科技的中国知识分子之一,也是最早开眼看世界的杭州人之一。而杨廷筠则致力于调和融会儒家思想和天主教的义理与信仰,他相信天主教符合中国的圣学道统,将西方传教士称作"西儒"。另一方面,中国文化经过传教士译介到欧洲,尔后经过欧洲学者编织、渲染,为欧洲启蒙思想家带去丰富的精神养料,在很大程度上推动了当时欧洲思想的发展。在17世纪这场以浙江为中心的学术运动中,欧洲传教士与

① 袁康,吴平. 越绝书全译. 贵阳:贵州人民出版社,1996:195.
② 董楚平. 吴越文化新探. 杭州:浙江人民出版社,1988:282-293.
③ 温中兰,等. 浙江翻译家研究. 上海:上海交通大学出版社,2010:2.

杭州儒士合作,对西方数学、伦理学、哲学、农学、物理学著作和中国儒学经典进行互译和传播,推动了中西方传统文化的融合与发展。

延伸至近代,浙籍译家为中国翻译文学发展做出了突出贡献。我国翻译文学史上的第一部长篇翻译小说《昕夕闲谈》①译者即为浙江杭州钱塘人士蒋其章②。此举在近代中西文化交流及翻译史上无疑具有开拓意义,"蠡勺居士"蒋其章因此被盛赞为"把翻译种子撒到荒原上的第一个人",开了"介绍西洋文学的先河"。③ 译界曾普遍认为林纾译《巴黎茶花女遗事》系中国翻译文学史之发端,实际上,这一文学翻译实践,比《昕夕闲谈》(1873—1875)晚了 20 多年。纵览此后百余年浙江翻译文学史,可谓成就辉煌、名家辈出,不仅涌现了陈望道、朱生豪、王佐良、草婴等一大批优秀的翻译家,亦诞生了许多集文学翻译和文学创作于一身的优秀作家,如王国维、鲁迅、茅盾、徐志摩、朱自清、郁达夫、徐志摩、夏衍等。浙籍译家的文学翻译具有文化开创性,又推动了中国近代的思想解放、文化建设和现代化进程。

纵观浙江文化发展历史,"开拓性"的特征贯穿始终,浙江人民极大地发挥了自身的主观能动性,创造了绵延不绝的浙江文化。由此可见,浙江文化之所以具有开放性的传统,既源于其自身兼容并包的情怀与担当,又源于一代又一代浙江人艰苦奋斗、开拓创新所形成的自信底蕴。

二、浙江文化"走出去"的自信底蕴

浙江文化之所以在中华文化漫长的发展过程中始终占有一席之地,一方面有赖于绚丽多彩的艺术文化不断展现其生机活力,另一方面,自宋代以来的"浙学"繁盛为浙江文化持续不断发展提供养分。两者共同孕育

① 邹国义. 第一部翻译小说《昕夕闲谈》译事考论. 中华文史论丛,2008(4):285-347.
② 韩南. 谈第一部汉译小说. 文学评论,2001(3):132-142.
③ 王俊年. 中国近代文学论文集(1919—1949)小说卷. 北京:中国社会科学出版社,1988:105-106.

了"干在实处、走在前列、勇立潮头"的新时代浙江精神,充分展现浙江地域文化的个性与特色。

就艺术文化而言,浙江的戏曲文化和艺术是一个重要部分,也是浙江文化的金名片之一。著名浙籍戏剧评论家戴不凡先生曾在《我的家乡地方戏》中指出,一部清初以前的中国戏剧史,半部归功于浙江。由此浙江亦被誉为"中国戏曲的摇篮"。中国最早成型的戏剧样式——南戏,即诞生于斯。在源远流长的戏曲发展史中,浙江戏曲人才辈出,涌现如高则诚、徐渭、王骥德、李渔、王国维等一大批卓越的浙籍剧作家与戏曲理论家。除此之外,浙江声腔剧种类纷繁。在明传奇"四大声腔"之中,海盐腔、余姚腔均出自浙江。浙江清新优美的越剧,在众多戏曲样式中独具一格,在全国性的大型剧种中榜上有名。新时期以来,随着越剧"小百花"的崛起,以及经典剧目《西厢记》《五女拜寿》等的涌现,浙江戏剧舞台展现出一派生机,异彩纷呈。

民间艺术具有鲜明的民族特点和地方文化特征,千百年来深受人民群众喜爱。浙江历史绵长,文蕴深厚,其民间艺术更是独具特色。浙江各地的传统音乐、龙狮舞以及流行于沿海地区、山区的渔歌、田歌板等生命力持久不息,至今还活跃在各自的舞台上,龙狮舞、百叶龙等民间艺术演出还多次走出国门,大展风采。除此之外,浙江民间传统造型艺术既有著名的"三雕一塑"(即东阳、乐清两地的木雕,青田的石塑与温州的瓯塑),也有极富浙江特色的民间陶瓷、金属工艺、刺绣染织、灯彩剪纸以及农民画等,在国际国内文化交流中都有积极而广泛的影响。正是这些来自民间的艺术凝聚着浙江人最朴实却也最精巧的智慧,记录着浙江人最本真的审美情趣。

如果说艺术文化是浙江文化的外在表现,那么学术文化则可以称作浙江文化的内在根源。综览中国的地域文化研究,"浙学"自成一体。自20世纪30年代何炳松提议对宋代以来的浙江学术确立"一定的地点与名称"①至今,学界以"浙学涵义""浙学概念""浙学精神"等为题的研究层出不穷。具体而言,"浙学"是指浙江地区所孕育传承的学术思想,此概念最早由朱熹提出,特指浙地的婺学、永嘉及永康之学。明代中后期,阳明心学被归入浙学。清代学者全祖望在《宋元学案叙录》中多次使用"浙学"一词来概括浙江的学术源流、特色和风格。从"浙学之盛""浙学之中兴""拳拳浙学之意"等表达可以看出他对"浙学"的肯定。章学诚在《浙东学术》中,从地理的角度做了浙东和浙西学术之分,并点明"浙东学术"的特征,认为其对经世史学与心性义理并重。民国时期,梁启超、何炳松等以前人研究为基础,续推清代"浙东史学"的概念,凸显浙学的史学和经世特色。"浙学"在经历千百年的学术磨合过程中,可以从中概括出某种共性或精神内涵。这种精神可以是王充的"求实疾虚"、叶适的"崇义谋利"、王阳明的"知行合一"等等②。从浙江人文精神的演变路径可以看出,浙江精神不仅在历史上发挥了巨大作用、催生了重要成果,而且得到不断传承,成为推动当代浙江经济社会发展的精神动力。当代浙江精神是浙学传统人文精神的发扬光大,它所反映和体现的是当代浙江人的创业动力与精神风貌,是新时代的浙江人文精神。而正是这种开放的浙江精神,促使"浙学"与时俱进,从传统文化与外来文化中借鉴吸收,从而保持自身的活力。在"一带一路"的新形势下,浙江学术更有必要进一步发扬"广采博取、包容并蓄"③,服务浙江文化全面"走出去"。就当下的文化环境和社会常态而言,从国际视野角度发掘"浙学"的必要性进一步凸显。"浙学"背后的内涵不仅要在整个中国文化与学术视野中进行考察,更要置于世界文明版图中来思考④,赋予当代浙学更加广阔的视域,为传承和发展浙江文化、推动其融入世界文化潮流贡献力量。

---

① 何炳松. 浙东学派溯源. 北京:商务印书馆,1933:188.
② 陆敏珍. 从"浙学"的历史语境中看当下对浙学概念的建构. 浙江社会科学,2017(9):14.
③ 龚缨晏. 外来文化影响下的浙学. 光明日报,2018-11-17(11).
④ 何俊. 浙学的当下启示:性质、定位与特征. 浙江社会科学,2017(9):16.

一方水土养一方人,浙江文化塑造了浙江人积极自信的精神面貌,创造了恢宏的物质与精神文明。这种文化自信,主要源自浙江文化求真务实、敢为人先的深厚积淀,更是来源于"勇立潮头"的浙江精神。基于此,如何推进浙江文化"走出去",提升浙江文化软实力,仍值得进一步探索。

三、浙江文化"走出去"的路径选择

处在"一带一路"两条路线交会地带的浙江,地处开放前沿,既有地利优势,又有开放风气,养成了浙江人放眼世界、开放包容的广阔视野,具有天然的人文优势。检视传统、凝练精神,可以为当下浙江文化"走出去"的内容、传播者和渠道等方面提供指引,亦可为我国其他地域文化"走出去"提供参照。

(一)利用文化资源禀赋,打造特色文化品牌

文化"走出去",在很大程度上取决于文化内容本身的吸引力。只有具有价值和引力的文化才能得到异域文化的认同。因此,文化"走出去"的首要任务就是加强文化建设,提高文化实力,"使'走出去'的文化有吸引力、有穿透力"①。"走出去"并不意味着全盘出去,只有富有浙江文化特色、体现浙江文化内涵的优秀文化才值得"走出去"。在全球化时代,面对色彩纷呈的文化品类,品牌塑造与传播至关重要。而文化作为一种产业,势必形成独特的符号与形象,以便于传承与传播。由此,打造鲜明的浙江特色文化品牌是浙江文化"走出去"的关键。②

就国际层面而言,中国有"儒家文化",西方世界有"基督教文化";就国内各省份而言,山东有"孔子文化",甘肃有"敦煌文化",福建有"妈祖文化"等。地域文化品牌的作用在于浓缩地域文化精髓,成为该地域文化的

---

① 于文夫. 中国梦的文化内涵与文化走出去战略. 光明日报,2014-05-24(7).
② 徐翔. 中国文化在国际社交媒体传播中的"话语圈层"效应. 新闻界,2017(2):48-58.

名片,透过特定文化品牌即能对该地域的人文风情、精神内涵等有所了解。就文化产品而言,浙江不仅有丝绸、青瓷、茶叶、戏曲等历史瑰宝,亦有图书出版、广播影视、文化创意等现代内容。2018 年 5 月,浙江省发布《关于以"一带一路"建设为统领构建全面开放新格局的意见》,明确要打响"丝路之绸""丝路之茶""丝路之瓷"等历史悠久的人文交流品牌。由此可见,浙江省已经认识到文化品牌的重要地位,也在逐步明确具有代表性的文化品牌。在"一带一路"背景下,依托浙江自由贸易试验区、浙江海洋经济发展示范区、宁波舟山港、义乌国际陆港和义新欧国际班列、杭州跨境电子商务综合试验区、中国－中东欧博览会等平台,浙江传统和现代商品走向丝路沿线国家,与此同时,浙商在商业实践中形成的文化也得到传播。除上述文化产品之外,具体到浙江省内各地域,杭州有"西湖文化",宁波有"阳明文化",绍兴有"兰亭文化"等,内容丰富、各具特色。2019 年,良渚古城遗址入选世界文化遗产。至此,浙江已拥有杭州西湖文化景观、大运河、良渚古城遗址三处世界文化遗产。这些世界文化遗产成为浙江文化走向世界的窗口。浙江堪称坐拥各类历史文化资源,应以此为基础,"增强文化精品意识"①,"实施品牌战略"②,总结归纳各城市文化的共同内涵,结合浙江实际文化优势,打造独具浙江特色的文化精品,并在"一带一路"的新时代背景下不断创新、丰富浙江文化内涵,以更加自信的姿态走出国门,面向世界。

(二)发挥人力资源优势,建设对外传播队伍

在新的历史时期,面临新的形势,推动地域文化"走出去","人才支持是关键"③。总体来看,浙江省"走出去"企业和高等院校是培养对外传播人才的主体。

在浙江文化"走出去"的过程中,企业人力资源能发挥重要的主体作

---

① 董金华. 文化产业"走出去"的浙江探索. 浙江日报,2018-10-18(6).
② 骆莉莉,等. 浙江文化"走出去"路径探析. 对外传播,2014(3):53.
③ 何艳萍."一带一路"下本土文化对外传播人才培养创新研究. 今传媒,2018(8):134.

用。在"一带一路"背景下,遍布海外的浙江企业汇聚了大量对外文化传播人才。每一件商品走出浙江,每一位员工走向海外,都伴随着浙江文化的输出。例如,温州市利用分布在130多个国家的近70万温州人,开展"海外传播官培育工程",将文化产品销往世界各地。这种传播充分调动了群众资源,具有广泛性、生动性等优势。当然,应该认识到,这种对外文化传播缺乏自觉性和系统性。因此,需要从文化传播的战略高度对其开展宣传和引导,充分发挥国际化企业人员的数量、行业和地域优势。

浙江高等教育资源丰富,外向型教育历史悠久,在培养对外传播人才方面具有独特的优势。新形势下,国际传播人才应该具备出色的语言能力、过硬的专业技能、娴熟的文化沟通技巧和现代的国际传播理念。[1] 因此,高校外语专业在文化"走出去"的过程中大有可为。首先,外语学习者具有更丰富的研究资料和更宽阔的研究视野,可以同时了解国内外研究前沿。其次,通过借鉴西方学者对本土传统的认识和理解,外语学习者可以获取多元的视角,从而激发新的思想火花。依托高校资源成立的对内对外研究中心和智库,业已成为浙江文化对外交流与合作的前沿阵地。2007年成立的浙江师范大学非洲研究院已经发展成为重要的国家对非智库,2011年成立的宁波大学浙东文化与海外华人研究院,也已经成为开放的跨学科研究平台。这类平台汇聚了高校的优势人力资源,在浙江文化"走出去"的过程中发挥了重要作用。

从培养平台出发,除本土设立的高校以外,浙江的中外合作高等教育也起步较早。例如,宁波诺丁汉大学、温州肯恩大学都属于典型。中外合作办学是新时代人才培养的要求,也是高等教育走向国际的产物,同时又能提升人才培养质量,促进高等教育国际化,吸引海外留学生来华交流学习,更好地传播本土文化。需要注意的是,在当前的中外合作办学过程中,存在过于重视语言及专业课程的设计,对文化课程的关注度不足的问

---

① 张恒军,等. 加强国际传播人才培养的思考. 新闻界,2013(3):56-60.

题。要注意,"既不可用语言教学来代替文化教学,犯'文化缺乏症',也不可以本末倒置,以文化教学来代替语言教学,犯'泛文化症'"①。因此,利用中外合作办学的良好平台以助力浙江文化"走出去",是培养对外传播人才的重要渠道。

文化是精神的延续,是比物质更能震撼人心的遗产。而无论是外语专业还是中外合作办学培养的学生,当下跨文化交流的时代背景对其文化掌握及传播能力提出了更高的要求。从学校教学层面来说,不仅需要培养学生的语言技能,而且需要重视学生的文化素养,增强学生的文化认知与文化自觉,只有将语言和文化有机结合才能更全面地增强学生的跨文化能力,从而培养综合性、高层次的外语人才,顺应时代潮流,满足国家和社会需要。值得注意的是,虽然以上措施为学生"国际化视野"的培育提供了充分的土壤,但面对这种高度国际化的教育环境,如若没有坚守"立足本土"的原则,则学生极易沦为"有文化的无根人"。因此,在异质文化的相互接触、交流、涤荡中,更应引导学生进一步了解、认知、传承本土文化,才能让他们对他者文化作出正确理解和理性把握。

(三)融合优质媒介平台,拓展对外传播渠道

传播渠道和传播方式是否合适,直接影响着传播效果,而文化传播渠道的广度决定了文化对外传播的影响力。因此,拓宽浙江文化传播渠道,构建并创新浙江文化"走出去"模式显得尤为重要。

纵观浙江的对外交流史,从宗教经典的传入、科技著作的引进到文学作品的输入,图书翻译出版一直占据了重要位置。这一点并不奇怪,因为翻译是世界各个民族、各个国家之间进行文化交流和沟通思想感情的重要途径。"翻译工作作为文化传播的必经之道,是决定文化传播效果的直接因素和基础条件"②,有鉴于此,应当依托高校及社会平台,选取具有代

---

① 赵爱国,姜雅明. 应用语言文化学概论. 上海:上海外语教育出版社,2003:255.
② 黄友义. 发展翻译事业 促进世界多元文化的交流与繁荣. 中国翻译,2008(4):8.

表性的浙江文化典籍和现当代作品进行对外译介。近年来,浙江先后成立浙江翻译研究院、浙江师范大学与北京语言大学合作共建汉语国际传播联合研究中心、浙江大学中华译学馆,浙江高校还与国外多所高校联合建立孔子学院。这些专门的研究和教育传播机构,依托高校平台和资源,为浙江文化对外译介与传播开辟了广泛的领域,在实施"经典浙江"译介工程、开展浙江学术外译项目等方面取得了令人瞩目的成绩。近年来,浙江出版联合集团通过国际影展、书展、版权贸易等形式,重点推介麦家、王旭烽、黄亚洲、叶文玲等浙籍知名作家的作品,扩大了浙江图书的国际影响。当然,在译介和传播主体上,除依赖本土译者外,亦可聚集国内外浙江文化研究专家,组建中外合作编译团队,力求在"他者"文化中呈现最原汁原味的浙江文化。对于历史底蕴深厚、学术内涵系统、地域特色鲜明的浙江文化,加强本土文化建设,引导国外学界主动探索也应成为努力的方向。只有当国外出于学习和借鉴的目的而进行自我开启时,才能真正实现浙江文化"走出去"。

除图书翻译出版外,还应当充分融合数字出版、影视、网络等各种媒介,积极发挥新媒体、融媒体在文化传播中的重要作用。浙江省拥有横店影视、杭州数字出版、乌镇互联网经济、金华数字创意等一大批优质媒介品牌,这些企业通过文化产品出口,与国际同行开展战略合作,为浙江文化"走出去"提供了广阔渠道。相关网络文学、影视等产品在国外受到广泛欢迎。顺便提及一点,在文化产品"走出去"的过程中,还应当提升产品文化水准,宣传社会主义核心价值观。如浙江省社会科学界联合会与浙江电视台公共·新闻频道通力合作,定期推出文化专题节目《文化浙江大讲堂》,通过讲座形式,邀请省内外人文社会科学领域的资深专家学者对浙江文化进行深入讲解,节目还通过微信公众号进行发布,扩大传播受众。虽然该举措仍以中文传播为主,但不失为对外传播浙江文化的学习模板。在步入"互联网+"时代的今天,寻求互联网与文化的跨界合作亦值得进一步探索。如在 2017 年由省文化部门和浙江大学共同举办的"互联网+中华文明"展览中,通过数字化手段对良渚古城及水坝等大型土建工程进行了数字虚拟复原,由此引发观众对良渚整体文化面貌的好奇与探索的兴趣。又如宁波大学阳明文化海外传播团队历时三年打造的《〈传习录〉中英双语漫画读本》,以电子文本、音视频文本的形式走进六家海外孔子学院,以读者喜闻乐见的漫画为载体,讲述浙东文化名片——王阳明的心学思想。通过类似的多模态传播途径,将原本停留在古籍经典、珍稀文物中的文化娓娓道来,能够帮助世界人民更深刻地感受到浙江文化的自信与力量所在。

当然,拓展传播媒介,本质上离不开提升传播内容的质量。传播渠道与模式毕竟只是外在实施形式,浙江文化本质上的感染力与影响力才是"走出去"的立足点。

四、结 语

随着浙江与世界日益接轨,浙江文化的国际化趋势愈加明显,如何把握时代契机,实现浙江文化"走出去",已成为浙江学者不断探索的新命题。从文中的考察可以发现,浙江文化具有雄厚的历史积淀,呈现出浓郁的地方特色和时代印记,由此奠定建设文化强省的坚实基础。而地处沿海的天然优势则赋予浙江与生俱来的"开放"精神。在"一带一路"背景下,浙江文化要"走出去",必须进一步传承创新传统文化产品和文化精神,增强国际视野与意识,进一步增强参与全球竞争的自信和底气,充分发挥浙江文化的优势,大胆吸收异质文化中的竞争元素,扬弃浙江文化自身传统的不适用元素,通过"他者"激发"自我"。突出文化品牌、培养传播人才、拓展传播媒介,业已成为浙江文化对外传播的有效路径。

浙江文化应当充分利用自身文化资源与区位优势,抓住新时代背景下的诸多机遇,继续"勇立潮头",争做世界文化长河中一颗耀眼的明珠。而讲好浙江故事,传播好浙江声音,提升浙江文化在新时代的国际传播能力,为世界文明贡献"浙江智慧",正是浙江文化"走出去"的真正追求与价值。浙江文化对外传播实践表明,中国文化"走出去",地域文化是主体。各地应充分总结地域文化"走出去"的历史,打造地域文化特色品牌,培育地域文化传播人才,开拓地域文化传播渠道,在中国文化对外传播的历史洪流中,发挥应有的作用。

(原载于《湖南科技大学学报(社会科学版)》2019 年第 6 期)

少数文学:一个生成的概念

1975 年,吉尔·德勒兹(Gilles Deleuze)与菲利克斯·瓜塔里(Félix Guattari)出版《卡夫卡:为了少数文学》(*Kakfa: Pour une littérature mineure*,下称《少数文学》),两人提出的"少数文学"(littérature mineure)已成为世界文学的框架下把握文学关系的重要度量。[①] "少数文学"的说法源于 20 世纪 50 年代,法国批评家玛尔特·罗贝尔(Marthe Robert)在翻译卡夫卡日记时首次将"少数文学"从德语译入法语世界。此后,"少数文学"引发的讨论深度地参与了批评与研究卡夫卡的过程,这个术语逐渐脱离了卡夫卡的文本空间,并迅速经历了概念化与再概念化的过程。德勒兹和瓜塔里提出专著是"少数文学"概念化的重要环节,把卡夫卡的作品推到了概念谱系的远景,敏锐地捕捉到"少数文学"背后创作和文本之间的张力。

"少数文学"在许多语境中表现出独特的阐释力,尤其能突出文学在开拓语言、承载记忆时体现出的以小见大的本领。这个现象不仅反映了沉淀于概念之中的理论思考,更凸显了自出现时已经内化于概念的问题意识:如何进入一个看似孤立却内在复杂的文本?"少数文学"触及语言、创作与文学的关系,又是翻译、批评与文本协同生成的结果。然而关于这个概念,仍有许多问题亟待解答。比如,为何选择卡夫卡?德勒兹与瓜塔

---

① Prendergast,C. (ed.). *Debating World Literature*. London & New York: Verso,2004:xii.

里各有怎样的理论构建?"少数"体现了怎样的批评取向?我们可以发现,"少数文学"的演变是一次次跳出先前的语境、重新面向文本的生成过程,历时性、语境化的考察能够展现融于概念之中的不同面向。

一、从卡夫卡到卡夫卡

阿多诺(Theodor W. Adorno)曾说,卡夫卡的作品是个"钥匙被偷走的寓言体系"①。卡夫卡生前仅出版过七本"小册子"②,去世前拜托好友马克斯·布罗德(Max Brod)烧掉所有的手稿。阿多诺所说的"钥匙",是这些本应销毁的文字被剥夺的"创作动机";正因如此,没有"动机"的文本留下了卡夫卡长期创作与"毁稿之念"间的悖谬③。阿多诺坦言,卡夫卡的作品"每句话都在说'来解释我',却没有一句让人读得懂"④,这种少见的创作关系对理解提出了挑战。不论是对卡夫卡的翻译和批评,还是基于文本提出的理论,都是在与卡夫卡作品的博弈之中共同促成了"少数文学"的出现。

法国批评界对卡夫卡的关注可以追溯到二战期间,作家的创作与文本之间的张力为批评提供了理论的试验场。1943 年,加缪(Albert Camus)借助卡夫卡的作品分析了"荒谬"的要素。在《弗兰茨·卡夫卡作品中的希望与荒诞》中,他认为在《城堡》"这本奇怪的小说中,一切都没有结果,一切都重新开始"⑤。1944 年,欧洲经历的战争让刚刚着手翻译卡

---

① Adorno,T. W. *Prisms*. Samuel and Sherry Weber (trans.). Cambridge,MA:MIT Press,1997:246.

② 弗兰茨·卡夫卡.卡夫卡全集(第 1 卷). 叶廷芳,等译. 北京:中央编译出版社,2015:"编者前言"第 3 页.

③ 弗兰茨·卡夫卡.卡夫卡全集(第 1 卷). 叶廷芳,等译. 北京:中央编译出版社,2015:"总序"第 14 页.

④ Adorno,T. W. *Prisms*. Samuel and Sherry Weber (trans.). Cambridge,MA:MIT Press,1997:246.

⑤ 阿尔贝·加缪. 西西弗神话. 沈志明,译. 上海:上海译文出版社,2010:129.

夫卡的斯塔罗宾斯基(Jean Starobinski)意识到"《在流刑营》是对惩罚的重要虚构,它可以被解读成对现状的讽喻"①。相比情节周而复始的《城堡》与"逻辑性和日常性结合"的《变形记》②,斯塔洛宾斯基把文本中的悖谬理解为一种创作手法,特点是把合乎情理的人与事放在不合时宜的情与景之中,于是,外部视角中的"荒谬"转变为情境和事件的错位。他的评论《筑梦》提到"卡夫卡世界之中的反常,不是结构的反常,而是场景的反常"③。同在 1943 年,布朗肖(Maurice Blanchot)的《阅读卡夫卡》提出"超文学事实"(vérité extra-littéraire),又以作者第一视角把文本比作一次"实证的经验"④。在完整的译介和"少数文学"出现之前,卡夫卡的文本为理论开启了概念化的空间。加缪的"荒谬"、斯塔罗宾斯基的"反常"以及布朗肖的"经验"都体察到了卡夫卡文本内部的动态关系。

通过内部考察文本的研究视角一直持续到 20 世纪 60 年代,玛尔特·罗贝尔使用的"少数文学"一词引发了译法的争论,并将研究卡夫卡的视线转向文本之外的地域、民族和国家。卡夫卡去世后,布罗德在整理他的日记时,汇集 1911 年 12 月 25—27 日的文字,编纂成内在连贯的"少数文学纲领"。卡夫卡开门见山地说:"最近从勒维那里听到华沙目前的犹太文学状况,以及一些人带有个人色彩的、对目前捷克文学的概述,让我相信文学的工作还是有些好处的。"⑤他认为,无论民族与文学多与少、大和小,体量上的差异在历史和批评的层面存在一种独特的辩证关系:"小民族的记忆并不比大民族的更短,小民族挖掘现有材料的时候更加深入。"⑥卡夫卡对"少数文学"的定义非常明确,就是意第绪语文学和捷克文

---

① Starobinski, J. *La beauté du monde: La littérature et les arts*. Paris: Gallimard, 2016: 75.
② 阿尔贝·加缪. 西西弗神话. 沈志明,译. 上海:上海译文出版社,2010: 129.
③ Starobinski, J. *La beauté du monde: La littérature et les arts*. Paris: Gallimard, 2016: 949.
④ Blanchot, M. *De Kafka à Kafka*. Paris: Gallimard, 1981: 63, 112.
⑤ Kafka, F. *Œuvres complètes*(vol. III). Paris: Gallimard, 1984: 194.
⑥ Kafka, F. *Œuvres complètes*(vol. III). Paris: Gallimard, 1984: 196.

学,他对这两种文学的认识"主要来自求学期间,也因为他经常去国家剧场"①。当时的德语使用者大约占到布拉格人口的五分之一,卡夫卡的语言与德语之间不存在"少"与"多"的关系:尽管"布拉格德语"与高地德语存在用词和口音上的差别,"卡夫卡和在布拉格的德国人一样,不希望被当成说布拉格德语,特别是用布拉格德语写作的人"②。

　　1956 年,罗贝尔主笔的卡夫卡日记法语全译本面世。斯塔罗宾斯基此前翻译、编辑的日记节选没有收录关于"少数文学"的思考。在全译本中,罗贝尔将德语"kleine Literatur"译为法语"littérature mineure"。在将近 30 年的时间里,罗贝尔没有受到任何质疑,她的翻译为 20 世纪下半叶法国文学批评界对"少数文学"的思考提供了重要的文本依据。从 1976 年起,法国伽利玛出版社陆续推出《卡夫卡全集》,这部四卷本全集保留了所有译文的原貌,有限的修改仅限于编者在附录中的注释。德语文学专家克洛德·大卫(Claude David)给罗贝尔的翻译做附注时,委婉地提出了批评。他说:"(这篇日记的)草稿的德语非常模糊,译文可能会非常难懂……这篇文章经常被引用,很少被理解,卡夫卡在文中(对少数文学)的批评起码跟他的褒奖有同样的分量。我们有时想把对卡夫卡的阐释建立在'少数文学'的重要性之上:大家暗指的《日记》这一长段,并不能说明如此阐释卡夫卡是合理的。"③后来,德语文学译者贝尔纳·洛托拉里(Bernard Lorthogary)推出了《城堡》的重译本,他在前言中指出罗贝尔对"少数文学"的翻译"不够准确、具有倾向性"④。同行之争为质疑罗贝尔翻

① Nekula, M. *Franz Kafka and His Prague Contexts: Studies on Language and Literature*. Prague: Charles University, 2016: 167.
② Corngold, S. *Lambent Traces. Franz Kafka*. Princeton: Princeton University Press, 2004: 143.
③ Kafka, F. *Œuvres complètes* (vol. III). Paris: Gallimard, 1984: 1353-1355.
④ Kafka, F. *Un jeûneur et autres nouvelles*. Lorthogary, B. (ed.). Paris: Flammarion, 1993: 35.

译提供了支撑①，大卫和洛托拉里反对"少数"的译法，因为他们反对从同时表示"小"和"少"的词中仅仅提取第二层含义，又以此隐射"多"。译法是"少数文学"引发的第一个讨论，今天看来，无论译为"小"或"少"都会失之偏颇。

罗贝尔的翻译引发的争论还拓展到了批评的层面，在卡夫卡的接受过程中，罗贝尔更重要的贡献在于她以批评家的身份提出了精神分析的研究视角。20 世纪 60—80 年代，罗贝尔出版了《旧与新》《巴别之井》等一系列与卡夫卡相关的比较文学专著。1972 年的《出身的小说与小说的起源》和 1979 年的《孤独的，像卡夫卡一样》正式将精神分析作为研究卡夫卡的方法。早在 20 世纪 50 年代，斯塔罗宾斯基已经观察到卡夫卡对心理的描写十分独特，独特之处并不在于其体现出经过缩略的现实，反倒是"人物看似经历了降格，眼里却瞄准着更高层面的现实"②。斯塔罗宾斯基言下的"心理"呼应文本外部的"现实"，抑或布朗肖所说的"超文学现实"。但在罗贝尔的研究中，与小说对应的有两个可资参考的"现实"：一是好友布罗德的忆述，二是卡夫卡的日记。罗贝尔的观点为德勒兹和瓜塔里对卡夫卡的研究开启了许多路径，譬如她认为，卡夫卡创作小说是"向写作逃逸（fuite）"③。德勒兹在《批评与临床》中提到罗贝尔对将婚姻与童年作为"现实"的映照、反观这个语境中只能作为"虚构"的写作的观点。他批判地使用了"逃逸"的概念，提出俄狄浦斯情结是双向的投射结构，既可以"投射到现实之中"，又能"在想象中幻想自己具备这种

---

① Casanova，P. Nouvelles considérations sur les littératures dites mincures. *Littérature classiques*，1997（31）：233-247；Weissmann，D. De Kafka à la théorie postcoloniale：l'invention de la littérature 'mineure'. In Dick，J. K. & Schwerter，S.（eds.）*Traduire：transmettre ou trahir? Réflexions sur la traduction en sciences humaines*. Paris：Les éditions de la Maison des sciences de l'homme，2013：76.

② Starobinski，J. *La beauté du monde：La littérature et les arts*. Paris：Gallimard，2016：965.

③ Robert，M. *Seul，comme Franz Kafka*. Paris：Calmann-Lévy，2014：49.

情节"。①

罗贝尔研究方法的新颖之处在于,把卡夫卡的日记和信当作真实,从中还原卡夫卡小说人物的原型、反推卡夫卡的创作动机。罗贝尔的结论是:"卡夫卡能够适应旧式的叙述规则,它要求作者在传统背后隐除自己的痕迹。"②为了寻找被隐除的创作动机,罗贝尔把目光投向了弗洛伊德。在《出身的小说与小说的起源》中,她套用了"家庭虚构"的模式。"神经症的家庭虚构"认为,人童年时会产生"我是被领养的""父母其实来自更高的社会阶层"的想法,这些预设在神经症患者成年之后会在性的层面留下痕迹。弗洛伊德谈到这种现象时说,"很少能有人主动回忆起来,但从精神分析的角度有迹可循……我们实际上完全能够在神经症患者的个性中,甚至是高天赋的人身上发现想象有着非常独特的活动"③,最典型的案例当属"梦醒"。罗贝尔在卡夫卡日记中找到了"梦醒"的痕迹:"主体想象出了一个场景,在恰当的时候突然惊醒,中断了一次事故——通常说来是车祸,卡夫卡在日记的注释里写道,青年时经常出现这种情况……这种典型的错视显然是弗洛伊德提到的'家庭虚构'。"④

罗贝尔的翻译与解读是"少数文学"生成的第一阶段,她以现实映照文本的批评取向促成了"少数文学"面向文本的回归。她把批评界关注的创作与文本之间的悖谬,扭转为创作内部的小说与日记的对立:将过于压迫的父亲形象阐释为卡夫卡两次订婚均以失败而告终的原因,把俄狄浦斯式的原型带入卡夫卡的语境,认为创作小说是宣泄被父子关系压抑的欲望的出口⑤。俄狄浦斯式的解读对卡夫卡研究产生了深刻影响,德勒兹和瓜塔里提出,"逃逸线"(ligne de fuite)正是以《致父亲的信》作为

---

① Deleuze,G. *Critique et clinique*. Paris:Éditions de Minuit,1993:12.
② Robert,M. *Seul, comme Franz Kafka*. Paris:Calmann-Lévy,2014:216.
③ Freud,M. *Le roman familial des névrosés*. Paris:Payot,2014:36.
④ Robert,M. *Roman des origines et origines du roman*. Paris:Grasset,1988:191.
⑤ Robert,M. *Roman des origines et origines du roman*. Paris:Grasset,1988:194.

文本依据①。但在《少数文学》中,两人认为罗贝尔的解读过于依赖现实的比喻与变形,这种还原论式的解读无法照顾卡夫卡小说内的复杂关系②:首先,"写作不是讲述回忆、旅行、爱情、哀悼、梦与幻想",文本生成的"少"才是"少数"的关键;其次,罗贝尔的解读将"文学的幼稚化、精神分析化推向极致",③文本俨然成为相对所谓"现实"的第二性存在。正是在这个讨论背景下,德勒兹与瓜塔里的概念实验将"少数文学"带回文本本身。

二、"少数文学"的概念化

1975 年,德勒兹和瓜塔里出版《少数文学》,标志着"少数文学"成为独立的概念。这个过程伴随着概念内涵的深刻转变,它的所指从意地绪语文学、捷克文学变为卡夫卡自己。然而,这个概念受到了德语文学专家的强烈质疑。卡夫卡研究专家马克·安德森(Mark Anderson)认为,《少数文学》作了"一番明目张胆但颇有见地的误读"④;对于这个观点,中欧文学专家斯科特·斯佩克特(Scott Spector)提出,"存在于卡夫卡作品内部的'误读',反倒证明了德勒兹和瓜塔里改动的合理性"⑤。无论是"误读""改动",还是卡夫卡专家提出的"误用"⑥,都是以文本为中心质疑

---

① Deleuze, G. & Guattari, F. *Kafka: Pour une littérature mineure*. Paris: Éditions de Minuit, 1975: 20.

② Deleuze, G. *Critique et clinique*. Paris: Éditions de Minuit, 1993: 12.

③ Deleuze, G. *Critique et clinique*. Paris: Éditions de Minuit, 1993: 12.

④ Spector, S. *Prague Territories: National Conflict and Cultural Innovation in Franz Kafka's Fin de Siècle*. Berkeley, CA: University of California Press, 2000: 86.

⑤ Spector, S. *Prague Territories: National Conflict and Cultural Innovation in Franz Kafka's Fin de Siècle*. Berkeley, CA: University of California Press, 2000: 86.

⑥ Corngold, S. & Gross, R. V. *Kafka for the Twenty-First Century*. Rochester: Camden House, 2011: 96.

《少数文学》立论的合理性。在这个层面上,《少数文学》恰恰是在文本内进行的试验,挣脱阐释的任务是"少数文学"概念生成中最重要的环节。

德勒兹和瓜塔里在定义"少数文学"时直接引用了经布罗德整理的卡夫卡日记:"(少数文学)第一个特征是写作的语言失去了地域化的特征(déterritorialisation)……少数文学的第二个特征,在于其一切都是政治的……第三个特征是一切都带上了集体的色彩。"[1]第一个特征常被译作"去域化""解域化",但它反映的不是地域与语言之间的关系,而是创作与语言之间的张力。为了阐述这个关系,德勒兹在回复日语译者时援引了普鲁斯特的《驳圣伯夫》中的一句话,"美妙的书都用某种外语书就的"[2]。在《少数文学》的论证中,用法语创作的法国作家普鲁斯特、用德语创作的布拉格作家卡夫卡同属"少数文学"的典型,都是难以被整体、系统、结构消解的"少数"[3]。在"少数问题"概念化的年代,认识语言一直在结构主义的框架内,卡夫卡的文本为德勒兹提供了一个反思结构主义语言观的支点:如果预设语言是稳定的系统,那么应如何解释系统中出现的"少数"的变量?[4]

为了提出"少数文学"的概念,德勒兹事先进行了哲学和文学批评的探索。1973 年,他为哲学家弗朗索瓦·沙特莱(François Châtelet)主编的《哲学史》专门写了《如何辨认结构主义》。与平行或嵌套的排列不同,德勒兹提出了具有纵深的"结构"。整体之基在于象征性的符号,不同符号的属地性不同,因此有不同差异性与独特性;基于此,符号的运作是差异化的过程,差异化形成了不同的序列。德勒兹对"结构"的反思可以追溯到《普鲁斯特与符号》。书中采取与《如何辨认结构主义》相似的路径:

---

① Deleuze,G. & Guattari,F. *Kafka：Pour une littérature mineure*. Paris：Éditions de Minuit,1975：29-31.

② Deleuze,G. *Deux régimes de fous：Textes et entretiens 1975—1995*. Paris：Éditions de Minuit,2003：186.

③ Deleuze,G. & Guattari,F. *Kafka：Pour une littérature mineure*. Paris：Éditions de Minuit,1975：62-63.

④ Deleuze,G. *Mille plateaux*. Paris：Éditions de Minuit,1980：128.

从符号出发，以符号构建序列，序列拼接出了思维图像。① 但与结构的方法不同，各类符号之间并不平行，不同类别之间或包含，或交叉。一直上升、不断搭建文本的"符号"并不是文本的基本单位，因为它不能够覆盖文本的全部。德勒兹在《如何辨认结构主义》中提出了"结构"的另一层独特性，他认为结构中存在"空白"（case vide），"空白"是反观结构的奇点，认为作品是结构的想法一定隐含某种预设："结构的批评，其目标是在语言中确定先于作品存在的'潜在'，只有确定了这个先决条件，作品打算表现语言里的'潜在'时，它才是结构的。"②

《少数文学》的第一层思路，即以表述（énonciation）生成序列（série），再以序列构建文本的思路，是德勒兹通过卡夫卡文本构建的、纵深的层次关系。《普鲁斯特与符号》中已经出现"文本是否一定存在结构"的质疑，但德勒兹仍未解决一个概念上的难题：不论是平铺、相交的单元，还是透视、纵深的层次，如果无法排除后见的结构化认识，那么任何想要代替或取消结构的概念性尝试，都将无一例外地回到结构的原点。那么，是否有一个具有普遍性又不会重蹈"结构"覆辙的概念？ 相比普鲁斯特，卡夫卡直到 20 世纪 70 年代才系统地出现在德勒兹的文学批评中。译介提供了批评的文本，《少数文学》和《千高原》仍以罗贝尔的译本为参照③，但卡夫卡作为重新思考结构和精神分析视角的案例进入德勒兹的批评视野，与瓜塔里有直接的联系。《为〈反俄狄浦斯〉所作》记录了卡夫卡对两位作者的启发，《少数文学》中"低下的头"等剖析角度④，以及对"俄狄浦斯三角"

---

① Deleuze，G. *Proust et les signes*. Paris：Presses Universitaires de France，1964：23，83，103.
② Châtelet，F. *Histoire de la Philosophie. Idées，doctrines*. Paris：Hachette，1972：321.
③ Deleuze，G. & Guattari，F. *Kafka：Pour une littérature mineure*. Paris：Éditions de Minuit，1975：14；Deleuze，G. *Mille plateaux*. Paris：Éditions de Minuit，1980：34.
④ Guattari，F. *Écrits pour L'Anti-Œdipe*. Paris：Éditions Lignes，2012：53.

的疑问在《为〈反俄狄浦斯〉所作》里都有迹可循。①

《少数文学》中还有第二层逻辑：表述搭建起不同的序列，通过序列的增生（prolifération），最终上升到排布（agencement）——这个以生成串联打破的结构是瓜塔里最重要的理论贡献。瓜塔里是两人中偏爱卡夫卡的那位理论家②，他的论文集《卡夫卡的六十五梦》收录了一系列对弗洛伊德理论的再思考。"梦"是弗洛伊德和卡夫卡共同的关键词，瓜塔里认为，梦的阐释与阐释梦的文本没有共通的方法："在弗洛伊德看来，梦的场景无法解释任何实际的创造性：它只不过是记录无意识深层活动的平面……此外，种种'情结'也是被动的：理解情结依靠意识活动的再构建，这些意识活动处在情结之外，更何况，把握情结的意义只能倚赖能够——起码自称能够——从接收到的情移印记出发、解密和解开这些情结的精神分析师。"③论文集的编者斯蒂凡·纳多（Stéphane Nadaud）认为，瓜塔里的分析想要证明卡夫卡的文本无法被简单地还原为"俄狄浦斯情结"："他们（德勒兹和瓜塔里）的目的不在于把信、短篇和长篇小说抽象为某个结构内部呆板的、分离的组成部分；相反，他们坚持认为这三者之间——甚至在它们内部——存在一种'横贯的联通'，这种联通的模式就是'日记打通一切'。"④在这里，我们可以反观罗贝尔以俄狄浦斯为模式对卡夫卡的解读，以及由此引申出的小说与日记的对立；从文学的角度看，她的解读似乎没有考虑到，日记对于自我虚构的作家来说具备怎样的真实性限度。

卡夫卡提供了一个合乎概念化条件的样本，他的文学创作与"毁稿之念"分离了文学的写作主体与文本的生产。他们提出的"少数文学"，正是能够不依赖经验的写作主体而生成的文本。此前认为卡夫卡的作品内存在隐含的结构，或是以生活史和日记为参照从而论证文学创作等视角，其

---

① Guattari，F. *Écrits pour L'Anti-Œdipe*. Paris：Éditions Lignes，2012：446.

② Dosse，F. *Gilles Deleuze，Félix Guattari：Biographie croisée*. Paris：La Découverte，2007：295.

③ Guattari，F. *Soixante-cinq rêves de Kafka*. Paris：Éditions Lignes，2007：12.

④ Guattari，F. *Soixante-cinq rêves de Kafka*. Paris：Éditions Lignes，2007：6.

实是从经验的角度出发,把文本生产的动因隐含在写作主体之中。《千高原》再次谈到了卡夫卡,说"文学就是一种排布,它与意识形态没有关系,从来没有什么意识形态"①。这个有些绝对的论断点明了文本生成是他们讨论文学时主要关注的问题,同时提醒通过哲学切入文学的读者,从概念逆推文本势必进入历史的语境,卡夫卡谈到的"政治""集体"或许有意识形态之外的背景和含义。

"少数文学"有明确的理论对手,又有独特的理论构建。历史学家弗朗索瓦·多斯(François Dosse)将两人的合作看作"从范式内部打破结构主义"的过程②。从两人早期的探索来看,"少数文学"的概念化促成了"机器"概念的出现。早在 1969 年,瓜塔里做了题为《机器与结构》的学术报告③,之后出版了《机器式的无意识》。德勒兹方面,1973 年出版的《反俄狄浦斯》将"机器"抽象为"普遍存在的"④、具备生产性的概念,他同年为《普鲁斯特与符号》追加了第二部分《三个文学机器》,1975 年出版的《少数文学》再度把"文学机器"应用于卡夫卡的作品。"机器"是带着反思"结构"的面貌出现的,但在它的形成过程中,剥离经验主体与生产的理论突破是在《少数文学》中完成的。从德勒兹和瓜塔里后期的概念谱系看,"少数文学"为"块茎"(rhizome)、"去域化"、"游牧"(nomade)等概念提供了理论基础,这些概念活跃于各个理论场,虽能结合身份、民族、政治等因素,却始终无法绕开最核心的文本生成问题。

三、"少数"的机制

德勒兹研究专家蒙泰贝洛(Pierre Montebello)认为"生成"包含三个

① Deleuze, G. *Mille plateaux*. Paris: Éditions de Minuit, 1980: 10.
② Dosse, F. *La Saga des intellectuels français, II: L'avenir en miettes*. Paris: Gallimard, 2018: 162.
③ Guattari, F. *Psychanalyse et transversalité*. Paris: La Découverte, 2013: 240-249.
④ Deleuze, G. & Guattari, F. *L'Anti-Œdipe*. Paris: Éditions de Minuit, 1972: 7.

环节："观念的问题线与虚拟线,事件—解决方案的现实线与实际线,从一条线转向另外一条线。"①从这个角度看,"少数文学"的流变呈现出"生成"的姿态:卡夫卡最先提出"少数文学"的想法,随后法国对卡夫卡的翻译和批评勾勒出这个概念的基本面貌;《少数文学》以文本为基础,明确地区分了写作主体与文本的生成;20世纪80年代前后,"少数文学"彻底脱离了卡夫卡的语境,再度概念化。这一次,"少数文学"借助文学批评揭示文本之间的关系,将"少数"拓展成文本生成和批评的机制。

《少数文学》出版四年后,德勒兹为意大利剧作家卡尔梅洛·贝内(Carmelo Bene)的《理查三世》(*Richard III*)写了一篇评论,取题《少的纲领》。文中的"少数"不再搭配"文学",而是指向了作家。德勒兹列举了几位"少数作家",他们的文本在脱离作者的语境之后,仍然具备强大的生命力:"正是少数作家出产真正的杰作,少数作家不演绎他的时代,人没有确定的时代,是时代依附于人:弗朗索瓦·维庸(François Villon)、克莱斯特(Kleist),抑或拉福格(Laforgue)。对大家认为重要的作家,把他们与少数作家同等对待,再度发现他们生成的潜能,这么做不是很有意义吗? 比方说,莎士比亚(Shakespeare)?"②贝内的《理查三世》是对莎士比亚同名作品的改编,他把原作缩减成区区几十页的剧本,不仅舍弃了看似枝节的人物与情节,还大量删减了对话和独白,就连最出名的第一句"现在我们严冬般的宿怨已给这颗约克的红日照耀成为融融的夏景"③也未能幸免。

贝内的戏剧生涯持续了半个世纪,除《理查三世》之外,他还改编过《奥赛罗》(*Othello*)和《麦克白》(*Macbeth*),用拼贴拉福格诗歌的方式续写了《哈姆雷特》(*Hamlet*)。德勒兹认为,贝内的《理查三世》不是改编,而

---

① Montebello,P. *Deleuze:la passion de la pensée*. Paris:Vrin,2008:155.
② Bene,C. & Deleuze,G. *Superpositions:Richard III* suivi de *Un manifeste de moins*. Paris:Éditions de Minuit,1979:96.
③ 威廉·莎士比亚. 莎士比亚全集(第4卷). 朱生豪,等译. 北京:人民文学出版社,1994:5.

是借"少数化"(minorer)之名、行创作之实。① 创作之一在删节的效果：贝内的作品剔除了与争夺王位无关的细节和人物，于是，原作中安夫人、伊利莎伯和玛格莱特等次要角色一跃成为关键人物，成为新作品的主轴。创作之二体现在文本性质的变化：贝内把不少渲染情感的段落改成沉默的动作，以至于在作品中经常出现散落在长段的、斜体的动作描写之中的零星的对白，好像为了阅读而作的文本。② 重构人物关系、改变文本性质，这两点足以说明"少数化"并非由多到少地删减，而是选取系统、结构、语言或作品中的要素，再以"排布"的方式生成新的文本。

从"五月风暴"中的奥德翁剧场③到让·维拉尔(Jean Vilar)麾下转型的国家人民剧场，面向观众的剧场被法国知识界塑造成经典与当代作品的角力场。④ 维拉尔的文集《戏剧：公共服务》回顾了法国 20 世纪六七十年戏剧舞台上的莎士比亚："几个世纪以来，在各个标志性阶段，戏剧都由一两个大家引领；总体上看，他们的作品在时间上与作品产生重要精神影响的阶段相去甚远。"⑤与贝内同一时段的导演安托万·维泰兹(Antoine Vitez)也意识到经典文本的独特魅力："我们或许可以弄清楚，为何今天仍能排演经典。简单说就是时间短。我们距离莎士比亚不过寥寥几百年。"⑥法国戏剧寻求剧目的推陈出新与经典的再演绎的平衡之时，"少数化"为创作开辟了新的路径，"贝内的莎士比亚十分典型，在进入创作过程前，像上瘾一般将莎士比亚的虚构迁移、重置、剪切、转化，这种技巧是一

---

① Bene，C. & Deleuze，G. *Superpositions: Richard III* suivi de *un manifeste de moins*. Paris：Éditions de Minuit，1979：90.
② Bene，C. *Théâtre complet*（*Œuvres complètes III*）. Paris：P.O.L.，2004：211-213.
③ Dosse，F. *La Saga des intellectuels français*，II：*L'avenir en miettes*. Paris：Gallimard，2018：60.
④ Badiou，A. *Rhapsodie pour le théâtre*. Paris：Presses Universitaires de France，2014：10.
⑤ Vilar，J. *Le théâtre, service public*. Paris：Gallimard，1975：426.
⑥ Vitez，A. *Le théâtre des idées*. Paris：Gallimard，2015：96.

种'反写作'(désécriture)"①。贝内的"反写作"为思考经典化提供了生成的视角:从文本来看,经典就是少数能脱离作者身份、写作动机、创作背景等归属性质仍能以文本生成文本的作品。

文本生成文本是创作的关系,但发现文本生成的谱系必然依赖文学批评,这也解释了为何德勒兹通过文学文本来探索概念上的突破时,常会借助文学批评的形式。《文学半月刊》刊登过一篇访谈,有人问德勒兹:"或许有一天,我们讲到卡夫卡主义(Kafkaïsme)和贝克特主义(Beckettisme)的时候,就跟谈到施虐狂(sadisme)和受虐狂(masochisme)一样吗?"他回答说:"我是这么认为的。不过,是跟谈论萨德和马索克一样,这些作家不会丧失审美的'普适性'。"②

"马索克主义"与"受虐狂"类似"卡夫卡主义"与德勒兹视域中的"少数文学",浑然成形的概念与原先的文本仅留一丝微弱的联系;有意思的是,"卡夫卡主义"和"贝克特主义"的内涵难以界定,中文还隐去了名词中的萨德(Sade)和马索克(Sacher-Masoch)。他在评论《重介马索克》开篇就抛出了观点:"马索克不是精神病学和精神分析的前文本,甚至算不上受虐狂的典型形象。"③正如德勒兹所言,"少数群体的文学的确立,不是通过属于这个群体的、当地的语言,而是通过它对多数语言的处理方式。这个问题在卡夫卡和马索克身上很类似"④。德勒兹推出专著《介绍马索克》时,恰逢法国理论重新挖掘萨德的年代。1962 年,拉康(Lacan)发表评论《康德与萨德》,它通过对比康德和萨德,提出了"欲望是规则的反面"⑤。1967 年,珍稀书籍协会出版社(Éditions du Cercle du Livre précieux)推出了十六卷本《萨德全集》,巴特(Barthes)同年发表

---

① Bene,C. *Théâtre complet(Œuvres complètes III)*. Paris:P.O.L.,2004:23.
② Deleuze,G. *L'Île déserte. Textes et entretiens 1953—1974*. Paris:Éditions de Minuit,2002:184.
③ Deleuze,G. *Critique et clinique*. Paris:Éditions de Minuit,1993:71.
④ Deleuze,G. *Critique et clinique*. Paris:Éditions de Minuit,1993:73.
⑤ Lacan,J. *Écrits*. Paris:Éditions du Seuil,1966:774.

了评论《罪之树》，文中写道，"这是一本由纯粹的写作交织而成的、文本性的书"①。

相比萨德，马索克没有被广泛接受。法国学界讨论萨德时的文本转向启发了德勒兹，《介绍马索克》具有明确的文学批评方案：全书从语言出发，分析了描写在作品中的地位和具备小说性质的元素，又分析了父亲、母亲、规则、死亡本能等主题。这些主题明显是精神分析的关键词，但德勒兹观察到了文本中情节的生成，没有从"欲望""规则"切入马索克的文本。他认为，《穿裘皮大衣的维纳斯》贯穿着静态的场景：酷刑和施虐的仪式，女主角凝固的姿影，以及雕像、画像和照片定格了挥舞鞭子、掀开裘皮的动态场面。一个个静态的场景在不同的平面上反复，定格的瞬间出现在梦境和现实，又融入叙述者的旁白。② 如果说卡夫卡把合理的事件安排在突兀的场景，那么马索克的艺术是把同一个事件安排在不同的场景中，二者的共通之处在于，作者将情节"排布"于不同的场景，让差异化成为文本不断生成的动因。

德勒兹提出的许多概念生长于文学文本，加上后期转向电影的研究，这些概念反倒在文艺理论和批评界得到了更多关注。"少数文学"是其中之一，它的批评取向是一体两面的。对待马索克、莫里斯·勒布朗（Maurice Leblanc）等常被文学批评排除在外的作家，"少数文学"的发现不停地拓宽文学的边界。"少数文学"的概念在面对不同的文本时，为反思文学基本问题提供了最直接、最现实的切入点，分析"少数"的个案势必会触及文学的本质、文学之用等问题。对于福楼拜（Gustave Flaubert）、菲茨杰拉德（F. Scott Fitzgerald）、伍尔夫（Virginia Woolf）等名家，"少数文学"倾向于探索文本生成的轨迹。这条分析路径既没有转向文本内部、重复结构的视角，也没有转向文本外部、进行社会历史的考察，而是以作者为牵引的批评逻辑，由文学的文本生成批评的文本。

---

① Barthes，R. L'Arbre du crime. *Tel Quel*，1967(28)：23-37.
② Deleuze，G. *Présentation de Sacher-Masoch*. Paris：Éditions de Minuit，1967：62.

四、结　语

　　德勒兹在一次对谈中把理论比作"工具箱","工具箱"里的概念带有"解决问题的性质"①。"少数文学"的概念既能审视结构和精神分析的视角,又关乎经典化问题和面向个案的批评取向。它的生成伴随着理论朝向文本的一次次跃迁,在有关印第安文学和法语文学的研究中,它已经完全脱离了卡夫卡的语境。随着政治、性别、文化身份的视角进入文学研究,这个概念已经拓展成为文学共同体中一种新的伦理。帕斯卡尔·卡萨诺瓦(Pascale Casanova)在《文学世界共和国》中谈到这个话题时说道:"对这样的文学来说,成为少数是种光荣……也就意味着它对任何文学来说都有变革的意义。"②

　　值得继续思考的问题是,"少数文学"的预设一定是"多数文学"吗?20世纪下半叶,德勒兹等法国哲学家希望从文学和艺术作品中实现形而上的突破,对于尚未成形的概念,他们以评代立的方式打破了以概念应用于文本的批评传统。"少数文学"在文学批评实践之中的经验说明,任何可以被当作文学对待的作品都有相对的、少数的一面。无论创作与文本之间呈现何种关系,"少数"反而是作品的普遍特质——在无以计数的经验中,作家记录、虚构的个体经历成为窥探多数经验、特殊又孤单的支点。从这个角度看,"少数文学"的生成更像是"文本性"与"概念性"之间的动态与平衡。当它面向新的语境时,譬如德勒兹讲到英美文学之于法国文学的优越性时③,这种"文本性"与"概念性"之间的平衡被再次打破了。当少数族裔、少数群体的文学以及弱势文学以"概念性"为先导、论证自身的独特性时,"少数文学"似乎在提示我们,这又是一次"文本性"的呼唤。

（本文系与鹙龙合作撰写,原载于《南京社会科学》2020年第11期）

① Foucault，M. *Dits et écrits II 1976—1988*. Paris：Gallimard，2001：427.
② Casanova，P. *République mondiale des lettres*. Paris：Éditions du Seuil，1999：280.
③ Deleuze，G. & Parnet，C. *Dialogues*. Paris：Flammarion，1996：47-62.

反讽是存在之思

——评《文化批评视野下法国当代小说中的反讽叙事研究》

在文学批评中,论及反讽,我们首先想到的或许是反讽在叙事中的作用,尤其是其如何作为修辞手段,用暗示、影射等间接手法对人或事进行评价,起到针砭时弊的讽刺功能。赵佳教授新出版的《文化批评视野下法国当代小说中的反讽叙事研究》,聚焦反讽这一问题,更多地从存在的角度对当代文学中的反讽进行思考与探讨,拓展了我们对反讽的认识,正如她在前言中所言:"反讽既是修辞、文体、叙事的方式,也是看待世界的视角,生存方式乃至策略。"[①]

弗·施莱格尔曾说:"哲学是反讽的真正家园。"[②]反讽,在其根本上,关注人的存在。而在我看来,人的存在有多个维度,首先是社会性的存在,人和他人的关系、和世界的关系构成了人存在于世最基本、最直接的境况。赵佳在其专著中对当代法国反讽文学作品中所呈现的个人与社会的关系做了深入研究,她认为反讽体现的是人的个人性和社会性之间的紧张关系,"反讽体现了当代人的生存困境,提出了'如何在一个与自己的

---

① 赵佳. 文化批评视野下法国当代小说中的反讽叙事研究. 杭州:浙江大学出版社,2019:9.
② 转引自:恩斯特·贝勒尔. 德国浪漫主义文学理论. 李棠佳,穆雷,译. 南京:南京大学出版社,2017:135.

期待不符的世界中存在?'的问题"①。该书从反讽所针对的人物和反讽者形象两个角度做出了解答。其次是哲学维度上的存在,即本体意义上的人的存在。我们如何借由反讽,达到一种本真的存在,探寻存在的真相和意义？该书对当代文学中的虚无主义、语言游戏、文本的断裂和自反等特性都是从这个角度展开的。存在的第三个维度是文字的维度,即文学作品如何组织构架人物的存在？反讽如何重塑当代法国文学的叙事方式和语言质地？该书试图对此做出回答,但正如作者所言:"对这些'技术'的思考仍然围绕着'为什么'和'怎么样'的问题展开。'"②研究文本的肌理,仍然要回归到人的存在这个本质的问题上来,因为"这些看似无来由的形式实则以社会现实为动机,小说家用极端的文学形式再现了社会生活中的伤痛"③。《文化批评视野下法国当代小说中的反讽叙事研究》全书共六章,正是从以上三个关涉存在的层面,对反讽叙事进行了独到的思考与探究。

《文化批评视野下法国当代小说中的反讽叙事研究》的另一重要价值,在于对法国当代小说美学的研究,它所选取的研究对象是 20 世纪 70 年代末 80 年代初在法国子夜出版社成长起来的新一代作家。子夜出版社是"新小说"的发源地,其推出的作家素以先锋文学的姿态出现。赵佳所选取的作家,有些已经在国内有较为广泛的译介,有些则还未被翻译。这些作家代表了法国当代文学的重要一支,他们继承了"新小说"派的文学试验的热情,又重新引入被"新小说"派所摈弃的具象的人物和情节等小说元素,他们有游戏的冲动,又不缺乏对现实的关怀。从存在的角度来看,他们继承了同为子夜出版社前辈的贝克特对存在的荒诞性的展现,又

---

① 赵佳. 文化批评视野下法国当代小说中的反讽叙事研究. 杭州:浙江大学出版社, 2019：8-9.

② 赵佳. 文化批评视野下法国当代小说中的反讽叙事研究. 杭州:浙江大学出版社, 2019：10.

③ 赵佳. 文化批评视野下法国当代小说中的反讽叙事研究. 杭州:浙江大学出版社, 2019：272.

具有贝克特这样的现代主义者所不具有的"存在之轻"。他们的反讽既有罗伯·格里耶和贝克特的影子,又凝聚了消费文化下成长起来的一代人所特有的文化特征。

一、反讽与社会性的存在

个体和社会的紧张关系是反讽产生的主要原因之一,我们可以通过研究法国当代社会的状况来理解反讽产生的原因,也可以通过研究反讽来观照西方当代社会中个体的存在状况。"反讽从特定的土壤中生成之后将反作用于社会。"①赵佳一方面研究了文学作品如何运用反讽批判现代社会的种种弊端,另一方面揭示了小说如何通过塑造反讽者的形象来应对个体面临的危机。

反讽作家们在作品中以或显或隐的方式呈现了西方现代社会的种种弊病及其给个体带来的影响,他们的笔调或尖锐戏谑,或轻盈幽默,直指现代人的生存之痛。赵佳在开篇借用法国著名历史学家托克维尔和著名哲学家尼采的预见,指出西方现代民主制度如何以温和的面目,渗入社会生活的方方面面,在潜移默化中规范个体,使个体呈现出相同的面貌,他们既彼此相像,又互相隔绝,既具有单一的面貌,又如孤岛一般不能真正进入他人的内心。马克思主义社会学家马尔库塞也同样指出了西方资本主义的运行建立在高度严密的体系之上,任何对规范的偏离都有可能威胁到整体的有效运行,因此要有效规避任何偏离的行为。赵佳在介绍艾什诺兹小说中的命运反讽时提到,在现代社会中命运的观念如何被一种庞大的行政机器所替代,"行政化了的社会像一股隐秘的力量,戴着命运的面具出场,它不易被识破,但它确实存在并发挥作用。这是现代人隐晦

---

① 赵佳. 文化批评视野下法国当代小说中的反讽叙事研究. 杭州:浙江大学出版社, 2019:10.

的命运感的来源"①。小说家通过描写一个发明公司的组织构架影射了现代行政体系的特征,它散落在社会的各处,与日常生活混合在一起,既凌驾于个人之上,又在其生活内部,将个体丰富的存在缩减为纯粹社会性的、制度性的单向存在。小说家以反讽的语调描写了被镶嵌在体系中的个体如何疲于周旋,却终究无法掌握自己的命运,甚至无法识别体系的真正面目,"他陷入一个他并不懂,也不想懂的世界中。他深陷于权力所产生的非理性的害怕情绪以及被动的懒散的倦意中。在面对强大而隐晦的权力时,个体显得弱小而张皇"②。

反讽作家所批判的第二个方面是当代社会的"工具理性"。马尔库塞指出,当代资本主义制度是"包裹在理性的外衣下的非理性"③。所谓理性,是指它对效能产出的精密计算,而非理性指的是对效能的追求超越了对人性的维护,成为一种失去控制、丧失了终极目标的指令。法国哲学家利奥塔在《后现代的境况》一书中也尖锐地指出了体系如何精密地设置投入和产出的最优化关系。工具理性被强加于个体之上,个体的唯一价值是工作和产出,劳动甚至被内化为一种道德律令。个体因为无法达到社会的生产标准,认为自己无用,而深陷焦虑中。广泛的自由并没有带来真正的解放,无形的标准束缚着个体,"这个病态的社会的规则不再建立在负罪感和遵守纪律上,而是建立在责任和能动性上"④。反讽作家们呈现了一群在不断移动奔跑中的人,他们的内心却是空虚的,他们试图通过行动制造拥有能力的幻觉,却并不总是知道行动的目标是什么。他们行动的结果与目标不相符,造成"虎头蛇尾"的典型的反讽情境,呈现出一种滑

---

① 赵佳. 文化批评视野下法国当代小说中的反讽叙事研究. 杭州:浙江大学出版社,2019:61.

② 赵佳. 文化批评视野下法国当代小说中的反讽叙事研究. 杭州:浙江大学出版社,2019:66-67.

③ 转引自:赵佳. 文化批评视野下法国当代小说中的反讽叙事研究. 杭州:浙江大学出版社,2019:63.

④ Ehrenberg, A. *La fatigue d'être soi: dépression et société*. Paris: Odile Jacod, 1998:22.

稽的喜剧效果。机器频繁出现故障,人物也一直处于失败中,两者共同构造了一个失调的世界,"个体无法确立自我,物也变得不可控制。一切都在瓦解、流散、丧失。……万事万物不在其位,身份的界限变得模糊,有秩序的理想社会和一个失调的现实社会之间形成反差"①。

　　反讽作家所揭示的第三个社会化生存的问题是公共领域的萎缩和当代人自我封闭的现象。赵佳援引哲学家阿伦特在《现代人的处境》中的论断,指出现代社会中社会生产领域全面扩展,使得生产成为人的主要活动,以政治介入为代表的公共领域逐渐萎缩,个体对公共事务漠不关心,转而沉浸在内在世界中寻求庇护。法国社会学家利波维茨基则借用了纳喀琉斯的神话形象,指出当代人虽然以自我为中心,然而他们的自我又是脆弱的,因为"自我失去了坐标和统一性……自我变成了一个模糊的整体"②。以图森为代表的反讽作家们用幽默的方式呈现了执着于自己的内心世界,不愿走向他人、走向外界的个体形象。他们封闭在室内空间中,做着无意义的举动,碎片般的日常生活呈现了"一个分崩离析、不可弥合的社会"③。反讽像一把匕首,揭开了现代社会的伤口,以近乎荒诞的方式将社会性存在中背离人性之处一一拨开,呈现在读者眼前。反讽是"投向世界的利器"④,它的"暴力"体现在批判社会、颠覆常规的力度上。

　　当代个体并非只是无意识的承受者,他们中的一些人意识到外部规则和个体理想之间的差距,并与外界保持距离,赵佳认为"这种和境遇对立的意识"是反讽的意识,"但这种反讽的意识又必须通过反讽的行为得以体现,这时反讽成为自由选择后的行为方式和生存策略,用以对抗不合

---

① 赵佳. 文化批评视野下法国当代小说中的反讽叙事研究. 杭州:浙江大学出版社,2019:37.

② Lipovestsky, G. *L'ère du vide: Essai sur l'individualisme contemporain*. Paris: Gallimard, 1983:20.

③ 赵佳. 文化批评视野下法国当代小说中的反讽叙事研究. 杭州:浙江大学出版社,2019:269.

④ 赵佳. 文化批评视野下法国当代小说中的反讽叙事研究. 杭州:浙江大学出版社,2019:6.

理的现实和在现实中沉沦的无意识的个体"。① 赵佳在探讨法国当代小说中的反讽者形象时,紧扣社会和个体的紧张关系这一核心观点,分析了反讽者是如何通过反社会的破坏行为和享乐主义来质疑现行社会,用具有荒唐意味和挑衅性质的行为来面对"世界、社会、个体的谎言和矛盾"②。作为对一个行政化的社会的应对,反讽者深知无法从正面攻击官僚行政制度,他们选择暗中改变细节来使严密的制度松动。"破坏型反讽者在有限的自由内以否定性的举动获得了一丝个体的自由。"③当代反讽者不尽然只是质疑环境,他们也质疑自身,他们"肯定了自己作为创作者的自由。同时,在毁灭自身的过程中……否定了至高无上的创造者"④。反讽者的自我毁灭也证明了个体的抗争在现代行政体系面前显得微不足道。赵佳引用加拿大文论家弗莱的话,指出在现代文学中"第六相位的反讽将社会产生的群体性中可能产生的罪恶放到最大,剔除人和环境的矛盾中人性的部分,只保留恐怖的社会机制带来的荒诞感"⑤。作为对工具理性和效能产出的应对,反讽者们以有意为之的无所事事,挑战以工作为主导的社会价值。他们从最初的消极处世到最终将闲适当作获得心灵宁静的方式,"反讽者已经超越了反讽的框架,他们不再单纯以消极的抵抗为目的,而是积极地寻找实践理想的存在方式"⑥。

---

① 赵佳. 文化批评视野下法国当代小说中的反讽叙事研究 杭州. 浙江大学出版社, 2019：52.
② 赵佳. 文化批评视野下法国当代小说中的反讽叙事研究. 杭州：浙江大学出版社, 2019：53.
③ 赵佳. 文化批评视野下法国当代小说中的反讽叙事研究. 杭州：浙江大学出版社, 2019：69.
④ 赵佳. 文化批评视野下法国当代小说中的反讽叙事研究. 杭州：浙江大学出版社, 2019：69.
⑤ 赵佳. 文化批评视野下法国当代小说中的反讽叙事研究. 杭州：浙江大学出版社, 2019：79.
⑥ 赵佳. 文化批评视野下法国当代小说中的反讽叙事研究. 杭州：浙江大学出版社, 2019：77.

二、反讽与本真的存在

我们都知道,"反讽"的词源意义是"问话","反讽者"是"问话的人",这个词源可以追溯到古希腊哲人苏格拉底,后来我们所熟知的反讽在古典修辞学中的意义也是以苏格拉底的行为为模型。可见,反讽在最初和其哲学意义密切相连。反讽在成为文学手法之前是一种认识世界、叩问真理的方式。赵佳在其专著中阐释了反讽的哲学意义,从形而上学、伦理学和美学等方面考察了西方思想史对反讽的论述及其在当代文学中的传承和变化。

从形而上学的角度来看,苏格拉底假装无知,向对话者层层发问,让对话者最终认识到自己错误的观点,这一对话法被称为"辩证对话法",而他假装无知的行为被称为反讽。"这种外在和内里之间强烈的反差所产生的惊愕和反省的效果使得反讽摆脱了肤浅的喜剧效果,成为具备深意的话语工具和行为方式。"①苏格拉底通过表象和内里之间的反差隐喻了人类本质性的矛盾的存在,即形而上和形而下的对立。正如乔治·巴朗特所说的那样:"反讽的形而上原则是矛盾。它存在于我们矛盾的天性中,也存在于宇宙和上帝的矛盾中。"②苏格拉底主义指向一种二元的存在,灵魂是第一位的,真理只存在于理念的世界中,肉身会迷惑人们对真理的探知。苏格拉底自称是助产士,他并不旨在提供现成的真理,而是通过理性扫除错误,拂去真理之上的灰尘,让其自己显现。"辩证对话法秉承灵魂第一性,肉体第二性的原则,它旨在用完全理性的方式,摒弃一切感观判断,通达真理。在这个过程中,灵魂摆脱肉体,寻找和自身具有相

---

① 赵佳. 文化批评视野下法国当代小说中的反讽叙事研究. 杭州:浙江大学出版社,2019:11.

② Palante, Georges. L'ironie, étude psychologique. *Revue philosophique de la France et de l'étranger*, 1906(61):153.

同性质的绝对的存在。"①20 世纪的理论家们则对苏格拉底主义中的反讽观提出了异议。C. D. 朗将苏格拉底反讽分为辩证的反讽和非辩证的反讽,前者指预设了一个真理,后者指真理缺席②。我们看到了后现代者的转向,他们讨檄了苏格拉底反讽的二元基础,认为在现世之外并无彼世,肉身之外并无真理。德勒兹在《意义的逻辑》一书中质疑了柏拉图主义。他问:什么是推翻柏拉图主义? 回答:消除本质的和现象的世界。③ 文学应当把被压抑的幻相当作唯一实有的存在,恢复其本体上的价值。罗蒂在《偶然,反讽,团结》一书中也认为,旧有的哲学语言是一套形而上学的语言,一种可以评判其他语言的"元语言";反讽主义者认为万事万物背后并无一个永恒的实有,所以应该重新建立起一种描述的语言。

赵佳指出,当代反讽的虚无主义倾向建立在西方当代社会的历史现实之上。反讽折射出"一个失去中心的社会,没有哪种主导价值观还能起到凝聚思想的作用"④。但是和现代主义者的撕裂和幻灭不同的是,后现代主义者没有经历过轻与重的矛盾,他们"继承了前辈贝克特的笑的遗产,但抽绎了焦虑和痛苦的基调"⑤。通过对反讽小说的研究,她发现,反讽作家们并非在回避意义问题,他们建立起"局部的、地方的、小团体的或个人的意义"⑥。意义并没有消失,但以一种"不确定的、浮于表面的、稍纵

---

① 赵佳. 反讽的哲学含义的流变. 哲学与文化,2015(5):184.

② Lang,C. D. *Irony/Humor:Critical paradigms*. Baltimore:Johns Hopkins University Press,1988.

③ Deleuze,G. *Platon et le simulacre / Logique du sens*. Paris:Les Editions de Minuit,1969.

④ 赵佳. 文化批评视野下法国当代小说中的反讽叙事研究. 杭州:浙江大学出版社,2019:269.

⑤ 赵佳. 文化批评视野下法国当代小说中的反讽叙事研究. 杭州:浙江大学出版社,2019:269.

⑥ 赵佳. 文化批评视野下法国当代小说中的反讽叙事研究. 杭州:浙江大学出版社,2019:269.

即逝,甚至可供消费的面目出现"①;"一方面他们的人物在寻求意义,另一方面意义又被呈现为消费品、观赏品,丧失了厚重感和深度"②。反讽者们回避宏大的历史意义,也对超越现实之上的形而上理想表示怀疑,对文明、理性和语言抱持不信任的态度。他们仍然在寻求某种超越,但又和自己提出的理想保持距离。

　　该书从伦理的角度追溯了反讽和犬儒主义之间的渊源。古希腊时期早期的犬儒主义深受苏格拉底主义的影响,作者指出"犬儒主义者必然是反讽者,因为反讽是愤世嫉俗的犬儒主义者投向世俗规则的利器……和苏格拉底的反讽相比,犬儒主义的反讽少了表面和内在的对立,多了咄咄逼人的讥讽"③。诚然,反讽和犬儒主义有不同之处,比如以苏格拉底为代表的反讽者多以思辨见长,而犬儒主义者是激进的行动派;反讽者在表里不一的前提下保持了一定的社交,而犬儒主义者则离群索居、远离文明;反讽者希冀摆脱谬见、追求真理,而犬儒主义者希望在此世中获得幸福和德性。但在以什维亚为代表的当代作家笔下,反讽和犬儒主义的界限并不明晰,反讽者披上了犬儒主义者的外衣,以犀利、挑衅、惊世骇俗的方式挑战伦理常规。"什维亚的人物具有极端的破坏冲动,藐视世俗的精神气质,追求荒诞和离奇的游戏品性,这一切都使得他的反讽者更接近于犬儒主义者的张扬和锐利。"④犬儒主义者质疑既有文明,认为文明使人背离自然,产生幻觉,反讽者同样对社会和群居原则保持警惕之心,反讽体现了个人和群体的张力。对个人自由的张扬使两者均成为"社会意义上的虚

① 赵佳. 文化批评视野下法国当代小说中的反讽叙事研究. 杭州:浙江大学出版社,2019:270.
② 赵佳. 文化批评视野下法国当代小说中的反讽叙事研究. 杭州:浙江大学出版社,2019:270.
③ 赵佳. 文化批评视野下法国当代小说中的反讽叙事研究. 杭州:浙江大学出版社,2019:270.
④ 赵佳. 文化批评视野下法国当代小说中的反讽叙事研究. 杭州:浙江大学出版社,2019:80.

无论者"①。当代文学中的反讽者抨击了现代文明中不符合人性之处。犬儒主义者在行动中追求美德,他们认为单靠理性并不能引领人们过上一种更符合人性的生活,唯有行动才能改变现实。犬儒主义者的行动并非惯常意义上的变革,他们并不旨在建立新的社会机器,而是以反对的姿态和极端的方式指出现行道德的僵化。他们通过极端的行为表达对现行道德的不满,在他们的愤世嫉俗背后是理想失落的愤懑,"犬儒主义者常常是失望的道德主义,一种极端的反讽"②。当代反讽者们同样远离人群,质疑文明,以荒诞不经的行为高举反理性的大旗,他们拒绝对自己的行为提供解释,"通过打乱词与物,表征与内涵的秩序,用理性的反面消解理性"③。在作者看来,这是当代反讽者超越古代犬儒主义者的地方:"信任表象、放弃意义,建立起一个纯粹的符号的王国,人们进入游戏、渎神的疆域,这就是反讽的世界。"④

　　将反讽美学化的做法可以追溯到德国浪漫主义反讽,其代表人物是哲学家弗·施莱格尔,他提出反讽的几个主要特点。一是混乱,即反讽是对宇宙混沌状态的清醒意识。宇宙的完满并非一个需要达成的终极目标,完满在生成的过程中,完满就蕴藏在混乱里。弗·施莱格尔并不预设一个外在的需要达成的总体,相反,总体是所有断片的总和,每一个断片既是它自己,又包含了总体。文学作品与人的存在同构,一个作品如同一个微小的宇宙,弗·施莱格尔所提倡的浪漫主义美学以异质性、断片、悖论为主要特点。正如宇宙是诸多具象的存在不断生成、变化、沟通的过程,作品也总是在流动和变化中吸纳所有的物象,构筑成一个形散而神不

---

① Onfray，M. *Cynismes*. Paris：Editions Grasset et Fasquelle，1990：58.

② Jankélévitch，V. *L'Ironie*. Paris：Flammarion，1964：15.

③ 赵佳. 文化批评视野下法国当代小说中的反讽叙事研究. 杭州:浙江大学出版社，2019：92.

④ 赵佳. 文化批评视野下法国当代小说中的反讽叙事研究. 杭州:浙江大学出版社，2019：92.

散的总体。"所有具有灵性,甚至具备神性的作品无一不是矛盾的综合体"①;"在这样的反讽中,两元对立没有被清晰地划分界限,更没有被有意消除,它们被作为同样合理的存在被放置在同一水平线上,以至于产生了强烈的概念上的冲突"②。浪漫主义反讽美学观体现了和苏格拉底反讽不同的认识论基础,苏格拉底反讽预设了一个需要达到的绝对真理,而浪漫主义反讽认为真理蕴藏在生成的过程中,因而一切看似矛盾的均是合理的。英美新批评派继承了反讽对悖论的热爱,"悖论和反讽具有相同的功能,它们都旨在使语言内部的元素互相对立,又互相联通,彼此破坏,又彼此从对方身上获得新的意义"③。当代作家在叙事手段和语言风格上强烈体现了浪漫主义反讽所传承下来的断片、异质和悖论的特征。图森的断片诗学,艾什诺兹的拼图手法,加宜的复调,什维亚的断裂、悖反的语言,无一不在体现一种断裂的、生成中的美学。但后现代反讽观与浪漫主义反讽观又有差异:

> 浪漫主义反讽仍然希求在混乱中追求秩序,在分裂中追求统一,这个理想生发的土壤是形而上学和宗教情怀。从这个意义上来说,浪漫主义反讽在精神上和苏格拉底反讽一脉相承。一直到20世纪前半叶,磅礴的现代化进程和现代性浪潮仍然乐此不疲地寻找救赎。后现代反讽对浪漫主义以降的现代主义反讽的背叛在于否定了形而上学所预设的超验存在。一旦这个前提被否定,那么总体性、秩序、光明、本质等概念就失去了存在的基础。既然总体性是缺位的,就无所谓混乱,后现代者主张在混乱的世界中把混乱的逻辑进行到底。④

① 赵佳. 文化批评视野下法国当代小说中的反讽叙事研究. 杭州:浙江大学出版社,2019:12.
② 赵佳. 文化批评视野下法国当代小说中的反讽叙事研究. 杭州:浙江大学出版社,2019:187.
③ 赵佳. 文化批评视野下法国当代小说中的反讽叙事研究. 杭州:浙江大学出版社,2019:16.
④ 赵佳. 文化批评视野下法国当代小说中的反讽叙事研究. 杭州:浙江大学出版社,2019:194.

赵佳不乏洞见,将当代反讽美学放在西方哲学这条主线上加以考量,既指出它对现代性的传承,又揭示了它在当前社会背景下的新义。

三、反讽和叙事

赵佳在专著伊始指出了法国当代文学的两个走向:一是回归叙事,二是回归主体。在经历了新小说派的叙事实验后,文学走向了一个极端。20 世纪 80 年代后成长起来的作家们试图重新找回讲故事的乐趣,他们把目光重新投向历史和主体,一方面出现了大量自我书写的作品,另一方面作家们仍然在执着追寻新的叙事手段,用新的方式重新引入人物、情节这些经典小说的元素。反讽在这个过程中扮演了重要的角色,"它使文学避免退回到传统的壁垒中,它保持了现代主义文学的革新精神和创造活力,又使文学在走向穷尽的过程中保持灵活的姿态"①;"当代文学中的反讽不尽然是嘲讽的语调或是简单的批判意识,它成为一种具有全局性的创作原则,是作家调整自己和文学遗产的关系,设置差别,在差别中自我定位的方式"②。

在人物描写中,反讽作家们似乎又重新开始塑造有血有肉的人物,但他们与其说是在刻画,毋宁说是在速写。艾什诺兹取消一切深度心理,描写人物的外部行为,用漫画的笔调,描绘了扭曲、机械、夸张的行为。他的人物受本能驱遣,在广阔的空间内做快速连续的运动,"用扭曲的线条、夸张的色彩勾勒出一个个形态怪异的图谱式人物形象,他的小说世界如同哈哈镜一样照出一个失真的世界"③。什维亚的人物介于人和动物之间,

---

① 赵佳. 文化批评视野下法国当代小说中的反讽叙事研究. 杭州:浙江大学出版社,2019:3.

② 赵佳. 文化批评视野下法国当代小说中的反讽叙事研究. 杭州:浙江大学出版社,2019:4.

③ 赵佳. 文化批评视野下法国当代小说中的反讽叙事研究. 杭州:浙江大学出版社,2019:32-33.

他们不具备具体的形貌,形态不定,是梦幻和想象的产物,是各种形象拼贴的结果,"这使得什维亚的人物因为形式本身就具备了反讽的意味,它们像是对现实世界,甚至是我们习以为常的虚构世界的挑衅,在这些奇特而模糊的存在物面前,这个世界惯常的判断标准失去了效力"①。加宜的人物既是受激情支配的傀儡,又是举着反理性旗帜的背德者,这使得他的人物具有主动和被动的双面性,既是反讽者又是反讽的靶子。图森的人物和他们所处的环境一样,呈现出"轻盈、断裂、琐碎、好笑的面目"②。在当代"自我书写"的潮流中,反讽充当了自我形象塑造过程中的滤网的作用,它筛掉了经典自传体中的真实原则,在对现实的表现中加入了虚构和变形;它打破了单一稳定的主体形象,不再呈现一个具有历史和深度的连贯的主体,表现了碎片化、平面化的自我;它放弃了抒情的情感表达,制造了不动声色或插科打诨的话语效果。总之,自我书写"不再是倾诉自我情感的属地,而是呈现自我异象的角逐场"③。

从情节构造的角度来讲,作家们重拾讲故事的乐趣,反讽免使小说掉入经典小说的窠臼。艾什诺兹的小说中充满了奇遇和历险,但他并无意于制造一个情节丰满的故事;相反,他故意打乱叙事节奏,在需要详细描写的地方草率结束,在需要一笔带过的地方大费笔墨,那些故意制造的情节漏洞对应了一个心不在焉的叙事者形象。图森和什维亚的小说则取消了情节,图森展现了琐碎的生活细节,什维亚的小说像黏合剂般黏合了万般物象。在当代作品中,反讽和戏仿往往不可分。比如艾什诺兹的小说中充满对侦探小说、历险小说、黑色小说等的戏仿,他善于套用一些格式化的情节,以游戏的笔调对此进行模仿和拆解。"叙事者充分糅杂了爱

---

① 赵佳. 文化批评视野下法国当代小说中的反讽叙事研究. 杭州:浙江大学出版社,2019:77.
② 赵佳. 文化批评视野下法国当代小说中的反讽叙事研究. 杭州:浙江大学出版社,2019:111.
③ 赵佳. 文化批评视野下法国当代小说中的反讽叙事研究. 杭州:浙江大学出版社,2019:150.

情、历险、黑色、悬疑、侦破等'类文学'元素,既打破了文学类型的界限,又强化了各种文学类型的特征。"①加宜也喜欢借用西方经典爱情故事的模式,来展现迷失于激情中的现代男女。反讽是戏仿的基调,它并不旨在评判被戏仿的文本或类型,它通过游戏来展现和文学遗产之间若即若离的关系。"对文学遗产小心翼翼地带有试探性地触碰,以及通过'回归'来观照当下问题的意识"②被赵佳视为法国当代文学中反讽精神的体现。

探讨反讽叙事不能离开对反讽叙事者的研究,因为反讽是一种话语效果,体现了发话者的价值观。该专著运用现代语言学中复调和回声等理论,并结合其他修辞学和文体学的理论,分析了叙事者借用何种手段来凸显自己的反讽。除了形式技巧层面,该专著还探讨了叙事者形象的问题,而这恰恰是反讽美学中重要的一环:反讽和文本自反性的关系。文本在呈现内容的同时又指向文本自身,既可以呈现文本的运行和创作过程,也可以将文本创作者的形象推到文本前台。在当代反讽作品中,这两种形式兼而有之,叙事者和作者频频现身在文本中,对作品进行评论,造成叙事的暂时中断,打破了模仿的幻觉,质疑了文学作品的再现功能。赵佳指出,当代反讽小说总体上呈现了"一个只能依靠语言自我建构,但又总是和语言处于矛盾的关系中的作者"③,他们在寻找自我的声音,并通过对文本创作过程的呈现来表现一个正在建构中的自我,这个过程充满了犹疑、曲折、失败,因为作者对自己把握作品的能力并不信任,进一步说,他们对自身主体性的建立充满怀疑。"处于永恒躁动中不断追求意识统一的主体形象是浪漫主义反讽带给现代文学的遗产,'彻底和笛卡儿的主体

---

① 赵佳. 文化批评视野下法国当代小说中的反讽叙事研究. 杭州:浙江大学出版社,2019:140.
② 赵佳. 文化批评视野下法国当代小说中的反讽叙事研究. 杭州:浙江大学出版社,2019:3.
③ 赵佳. 文化批评视野下法国当代小说中的反讽叙事研究. 杭州:浙江大学出版社,2019:187.

决裂',也就是说主体'无法自我构成','无法对自我进行绝对化或永恒化'。"①反讽主体是一个分裂的主体,体现在创作上是自我创造和自我限制的双重过程,作家通过作品自我创造,同时又不断摧毁业以形成的痕迹,他处于上升的过程中,又总是无法接近完满的终点。当代反讽小说用夸张的方式将这一过程推向极致。

反讽的叙事无法脱离反讽的语言。什么是反讽的语言?赵佳在专著最后从"不动声色"和"巴洛克反讽"两个角度做出解答。不动声色指不流露情感,以一种有距离感的方式叙事。在语言上体现为"极简主义"和过度精确,因为过少和过多打破了描写的尺度,或者制造了一种中性的、客观的、行为主义的叙述,或者以过度真实制造了失真的效果,以此达到反讽的目的。巴洛克反讽将注意力引向语言的物质性层面,即语言如何展现自身。这一说法出自罗兰·巴特,他认为反讽是语言对语言的质问,是形式之间的游戏。如果说不动声色的叙事体现了距离感,巴洛克反讽则引入了情绪,因为"语言的自我游戏,词语和词语的碰撞所制造的惊愕的效果是反讽能够达到的最大的情绪性力量"②;"反讽的情绪是语言在达到极限时的自我毁灭,这种情绪的张力超越了意义的范畴"③。专著从列举、无意义、悖论、矛盾、比喻、句法和构词等方面分析了当代小说中的巴洛克反讽。作者最后指出,法国当代小说中体现的反讽语言是反形而上学的语言,"它不再关心语言是否能够传达稳定的意义,甚至以消解任何意义为乐趣"④。它不再试图再现外部世界,也很少表达主体的情感,"它只关

① 赵佳. 文化批评视野下法国当代小说中的反讽叙事研究. 杭州:浙江大学出版社, 2019:186.

② 赵佳. 文化批评视野下法国当代小说中的反讽叙事研究. 杭州:浙江大学出版社, 2019:245.

③ 赵佳. 文化批评视野下法国当代小说中的反讽叙事研究. 杭州:浙江大学出版社, 2019:246.

④ 赵佳. 文化批评视野下法国当代小说中的反讽叙事研究. 杭州:浙江大学出版社, 2019:267.

注自身,将语言的物质性作为此在唯一的实在"①。同时,它又是自我反思的语言,在不断质疑和拆解自身的过程中检验自身的有效性。

结　语

　　《文化批评视野下法国当代小说中的反讽叙事研究》一书紧扣生存这一角度,深入研究了法国当代小说中反讽和社会性存在、反讽和本真的存在、反讽和文字的存在的关系。我们看到,反讽表达了一种自我追寻,一种对于完满的存在的探求。在社会性存在中,个体希冀获得和外部环境的和谐关系;在意义问题上,反讽者不断叩问真理,自我超越,试图达到一种本真的、契合人性的存在;在语言文字上,反讽追求词与物的高度贴合,通过词进入存在的内部。然而,反讽是求而未得的失落,是理想和现实间永恒的距离,是无限接近终点又始终在行进中的过程。从这个意义上说,反讽体现了现代意识,是人类丧失了和谐美好的生存状态后不断探寻出路的体现,赵佳通过一个当代文学的问题把我们带入对古老的生存命题的思考中。

　　　　　　　　　　　　(原载于《文学跨学科研究》2020 年第 3 期)

---

① 赵佳. 文化批评视野下法国当代小说中的反讽叙事研究. 杭州:浙江大学出版社,
　　2019:268.

逼近严酷的真实

——读勒克莱齐奥《L.E.L.,临终岁月》

　　诺贝尔文学奖得主、法国作家勒克莱齐奥今年 78 岁,至今已经发表了近 50 部作品。他 7 岁的时候,与母亲从法国尼斯乘船,出发去非洲的尼日利亚寻找在英国军队当医生的父亲。在海上漂泊的艰难日子里,他写下了人生的第一部小说《漫长的旅行》。41 年后,他为加尔辛主编的《当代法语作家词典》撰写有关自己的条目时,还能清楚地记得他的第一部小说写的第一行字:"我写下的小说第一行字是用大写字母完成的:QUAND PARTEZ-VOUS, MONSIEUR AWLB——您何时启程,阿乌尔布先生?"①写作之于勒克莱齐奥,是出发,是启程。有评论说:"一路前行,一路写作,半个多世纪以来,勒克莱齐奥没有停下人生的脚步,也没有停下手中的笔。他一次又一次启程,离开城市,去非洲,去亚洲,去美洲。每次启程,都是一次新的探索,都有新的发现,都用他的笔留下生命旅程中的一个个路标。他用小说,用故事,用散文,用随笔,写下了他对人类境遇的思考与担忧,写下了他对消失的文明的关注,写下了他对社会边缘人的关爱之情。"②近读勒克莱齐奥获得诺贝尔文学奖后发表的短篇小说集《脚的故

---

① 转引自:袁筱一. 译《勒克莱齐奥注解勒克莱齐奥》. 南方周末,2008-10-16(22).
　　见:Garcin, J. *Dictionnaire des écrivains contemporains de la langue française par eux-mêmes*. Paris:Mille et une nuits,1988:417.
② 高方,许钧. 试论勒克莱齐奥的创作与创作思想. 当代外国文学,2009(2):64.

事》①,小说集收录的 9 个短篇大都与非洲有关,其中的《L. E. L.,临终岁月》更是承继了勒克莱齐奥一贯的写作精神,又一次启程,走向被英国殖民军蹂躏的非洲,一步步逼近严酷的真实。

一

《L. E. L.,临终岁月》讲述了一个看似传统的爱情破灭、主人公自杀的故事。新婚宴尔,女诗人莉蒂希娅带着对爱的希望,追随丈夫乔治·麦克莱恩总督,去往丈夫管辖的非洲加纳的海岸角。L. E. L. 是莉蒂希娅·伊丽莎白·兰登(Letitia Elizabeth Landon,1802—1838)全名的缩写,是女诗人早期诗歌创作上的署名,也是她墓碑上的名字。小说几乎完全建立在兰登真实的生平基础上,包括她的诗歌创作经历、她在伦敦遭遇的背叛、她去往加纳的经历以及她在非洲最后的悲惨死亡。

在小说中,莉蒂希娅之死是预先设定的,作家的书写也许就在于揭示女诗人之死的某种必然性。这种必然性隐藏在正文开始前的题词中,那是女诗人莉蒂希娅自己创作的诗句:

> 我喜欢海浪在岩石上连续不断的撞击
>
> 一浪紧接着一浪,永远撞成碎片,
>
> 如同人心中那些充满只为最终破灭的希望。②

小说自始至终笼罩在一片令人窒息的氛围中。小说开篇,响起的是海浪拍打岩礁的声音:"有规律的哗啦声,缠人的、不知疲倦的、难以忘怀的声音,像是呼吸,但如此缓慢、沉重。"③刚刚抵达海岸角的莉蒂希娅多么希望能让自己的呼吸融入这大海的"节奏",但她"几乎喘不过气来"。每天不等日出,莉蒂希娅就会不顾丈夫的劝阻,挣脱白色要塞的"囚牢"般的

---

① 勒克莱齐奥. 脚的故事. 金龙格,译. 北京:人民文学出版社,2013.
② 勒克莱齐奥. 脚的故事. 金龙格,译. 北京:人民文学出版社,2013:135.
③ 勒克莱齐奥. 脚的故事. 金龙格,译. 北京:人民文学出版社,2013:135.

城堡,爬到要塞炮台上,聆听海浪撞击岩礁的声音,一次又一次,这猛烈的撞击声终于闯入她的身体内,成为她生命的一部分:"大海的呼唤,海浪的声音一直在她心头萦绕,不断反复,在海角的黑色岩礁上被击碎。"①

对勒克莱齐奥的小说创作,瑞典文学院诺贝尔奖授奖辞中有一个切中要害的评价,那就是具有"感官迷醉"的特质。富有感官冲击力的声音、气味、色彩、光亮,往往能够激发出勒克莱齐奥小说的生命律动,也能生成出小说叙事的推进力量。

从小说题词引用的莉蒂希娅创作的诗句,到勒克莱齐奥写莉蒂希娅的小说的开篇第一段,再到整篇小说的推进,海浪撞击岩礁的声音就像是一条阿丽亚娜金线,贯穿了整部小说。在勒克莱齐奥的笔下,永不停息的海浪声最终与莉蒂希娅早夭的孩子劳拉的哭声、地下囚牢里犯人的哀号声编织成一首死亡的乐曲。在最后暴风雨的夜,作者写道:"海浪打在岩石上的哗啦声震耳欲聋……海浪在召唤莉蒂希娅,那是一支低沉凄切的乐曲,从中她听到了死亡的呼唤。"②重复的描写与海浪的涌落具有一种视觉上或者说形式上的一致性,化为一首死亡协奏曲。海浪撞击在岩石上成为碎片,就像是希望撞击在人生的礁石上最终落为绝望。"海浪打在岩礁上碎成浪花……她想象着自己向前俯冲,双臂贴在身旁,好让自己在岩石上粉身碎骨,被大海吞噬……"③莉蒂希娅在这一幕中看到的是生命的破碎,即死亡。作家以这句诗揭示了女诗人无可逃避的命运。

往复的海浪声是死亡的悲歌。除此之外,作家又用直观的死亡来强化死神的无所不在。第一次看到海岸角的城堡,莉蒂希娅觉得它像"遇难船一般"④。在此之前,在旅途中因为严重晕船,莉蒂希娅直言:"我要死了。"⑤之后,在海岸角,在探究真相的归程中,莉蒂希娅再一次陷入了高烧

① 勒克莱齐奥. 脚的故事. 金龙格,译. 北京:人民文学出版社,2013:139.
② 勒克莱齐奥. 脚的故事. 金龙格,译. 北京:人民文学出版社,2013:177.
③ 勒克莱齐奥. 脚的故事. 金龙格,译. 北京:人民文学出版社,2013:152.
④ 勒克莱齐奥. 脚的故事. 金龙格,译. 北京:人民文学出版社,2013:136.
⑤ 勒克莱齐奥. 脚的故事. 金龙格,译. 北京:人民文学出版社,2013:140.

与谵妄,以至于周边的人说:"夫人快死了。"①一次是女诗人自己的独白,另一次是身边人的独白,都是关于死亡的谶语。而莉蒂希娅的孩子劳拉的早夭更是这死亡旋律中的一个重要音符。于是,从小说一开始,死神就如永不停息的海浪撞击声,紧紧跟随着莉蒂希娅,等待着某一个时刻将她彻底带走。

如小说题词所昭示的,海浪终被撞击成碎花,希望终将无情地彻底破灭,女诗人的死亡于是不可避免。历史上,女诗人兰登之死一直都是一个谜。而小说作者所要探究的,便是女诗人死亡的深层原因。细读小说,我们也许可以轻易发现某些可能的谜底。最直白、最直接的一个原因应当是"爱的背叛"。莉蒂希娅在伦敦与有妇之夫威廉陷入不伦之恋,怀孕生子,最终被抛弃,备受社会舆论的道德抨击与谴责,名声败坏,诗歌写作生涯遭受重创。"莉蒂希娅等了那么久,等一个可以托付终身的男人,一个可以把她从这个自私自利、无聊透顶的社会,从这个流言蜚语、背信弃义的旋涡中,从那些人的虚情假意中带走的男人。"②乔治便是她最终的选择、寄托与期盼,她义无反顾地舍下一切,"她最亲密的朋友,她的生活,她的女儿"③,追随着他来到异国,追随着虚幻的爱与幸福。然而,当她从登陆海岸角那一刻开始,她"可以托付终身的男人"仿佛换了一副面孔。乔治对她的一言一行都充满了敌意,他们争吵不断。她与乔治的关系不断恶化。最终,再一次,莉蒂希娅发现自己被背叛了,乔治总督在海岸角早就有一位妻子、一个女儿,而且那个女儿与她早夭的孩子竟然有着同一个名字!"可以托付终身的男人"的欺骗最终摧毁了莉蒂希娅的梦,将其推向了绝望的深渊。当莉蒂希娅发现许多英国军官不顾已婚的事实在非洲侵占黑人女子时,"她好像看清了事实真相。男性的虚伪,她已经在伦敦领受过的那种男性的虚伪,这种虚伪的骇人听闻和卑鄙无耻全都表露无

① 勒克莱齐奥. 脚的故事. 金龙格,译. 北京:人民文学出版社,2013:169.
② 勒克莱齐奥. 脚的故事. 金龙格,译. 北京:人民文学出版社,2013:141.
③ 勒克莱齐奥. 脚的故事. 金龙格,译. 北京:人民文学出版社,2013:140.

遗,一览无余"①。过去的痛苦驱之不散,新的伤痛不断叠加。爱情的幻灭成了莉蒂希娅之死的导火线。

二

然而,《L. E. L.,临终岁月》不仅仅是一个悲戚的爱情幻灭的故事,莉蒂希娅不仅仅是为爱而伤,为爱而亡。作为一个女人,莉蒂希娅离开伦敦,确实希望能跟着"可以托付终身的男人","远离伦敦,远离城市的喧嚣、鼎沸的人声,远离闲言碎语和流言蜚语",②去开始新的生活。然而,这只是一个普通女人在生活困境中的诉求。作为诗人,莉蒂希娅生命中流淌着带着梦之基因的血。她来非洲,带着诗意的梦。在她丈夫举办的一次晚餐上,来自拉各斯河岸城市维达的艾本森总督讲述了他和一个女奴同居生的女儿莎莉的故事,莎莉"在要塞里长大成人","从她母亲那里遗传了闪着亮光的黑色皮肤,从父亲那里则遗传了轮廓分明的五官。她的眸子是淡绿色的,照亮了整个面孔。艾本森视她为掌上明珠,让人教她音乐和唱歌,在要塞的小教堂里,她的斯频耐琴和管风琴都弹得非常好。她读了很多书,主要是诗歌"。③ 这样的故事,触动了莉蒂希娅心中的梦,她听得"热泪盈眶"④。女诗人来到非洲,是将海岸角视作某种救赎与新生的所在:她沉浸在自己构筑的梦里,一个充满异国情调的梦。莉蒂希娅喜爱英国探险家沙拉·波蒂奇的历险故事,她"期待""惊天动地的事情发生,冒险,来自大森林里的危险,野兽的叫声,还有巫术",她"想象""非洲的生活,与阿善堤暴动者的激战,还有教化野蛮人的使命"。⑤ 莉蒂希娅对海岸角的认知完全是脱离现实的梦想,是她用想象一厢情愿地构建出来的乌

---

① 勒克莱齐奥. 脚的故事. 金龙格,译. 北京:人民文学出版社,2013:149.
② 勒克莱齐奥. 脚的故事. 金龙格,译. 北京:人民文学出版社,2013:136.
③ 勒克莱齐奥. 脚的故事. 金龙格,译. 北京:人民文学出版社,2013:148.
④ 勒克莱齐奥. 脚的故事. 金龙格,译. 北京:人民文学出版社,2013:148.
⑤ 勒克莱齐奥. 脚的故事. 金龙格,译. 北京:人民文学出版社,2013:146.

托邦。正是因为梦想的作用,她竟然天真地相信艾本森总督那个美丽的故事,把实为霸占女奴的行径当作一则教化野蛮人的美谈。但是,海岸角的生活远不如想象中的那样具有诗意,充满美丽的传说,而是"单调乏味,千篇一律"①,闭锁的大门,沉重的墙壁,压抑的窗帘……城堡对于莉蒂希娅而言成了"监狱",她感到"窒息",感觉自己"就像一名女囚"。② 在丈夫鬼鬼祟祟的行迹中,在要塞厨娘欲言又止的吞吐中,在殖民军军官和士兵的闲聊中,莉蒂希娅渐渐发现并醒悟到要塞之内与要塞之外存在着难以启齿的罪恶:

> 她仿佛睡了很久很久之后苏醒过来了。如今,在莉蒂希娅眼里,所有的一切都变了。这座要塞,以前在不了解它的时候把它想象成一座浪漫的城堡……充满了传说和森林里的声响,一些富有古老贵族精神的人们住在里面,孤独而勇猛,生活在冒险的狂热之中,为了实现他们的基督教理想,不惜牺牲他们的生命——要塞如今变成了一座黑暗肮脏的监狱,热病肆虐,景象凄凉,住着一群恬不知耻、贪得无厌的怪物,他们利用手中的权力奴役黑人,让他们沦落为奴,强奸他们的女儿,掠夺他们的财富。③

她要冲破"监狱"之囚禁,走出要塞,走近非洲人,去揭开隐藏的秘密和罪恶。为此,她踏上了阿克西姆之行。

小说中莉蒂希娅的阿克西姆之行,名义上是女诗人的探险之行,实际上是一个渐渐醒悟中的女性,走进非洲,了解非洲、逼近事实真相的发现之旅。非洲、加纳,并不是莉蒂希娅以为的乐园,而是一种地狱的存在。正是这种醒悟加剧了莉蒂希娅的痛苦与悲伤。作为拜伦的追随者,她与他一样,怀着某种天真、虔诚而热烈的期望:每一个民族都独立而自由。初到海岸角,她便想到了拜伦的诗作《异教徒》,想到了迈索隆吉翁——拜

① 勒克莱齐奥. 脚的故事. 金龙格,译. 北京:人民文学出版社,2013:146.
② 勒克莱齐奥. 脚的故事. 金龙格,译. 北京:人民文学出版社,2013:137.
③ 勒克莱齐奥. 脚的故事. 金龙格,译. 北京:人民文学出版社,2013:156.

伦病逝的希腊城市。她视拜伦为真正的英雄。而在小说里,莉蒂希娅是被小说家当作拜伦式的英雄去书写的。她孤傲、倔强、叛逆,同时又敏感、忧郁、自我,试图反抗现实,但是却找不到真正的出路。拜伦的形象一直萦绕着莉蒂希娅,直到最后一刻,她依然想着他,"她爱他胜过世界上的所有人,他为了希腊的自由献出了自己的生命","他才三十六岁",想着拜伦,莉蒂希娅"感觉整个晚上都被死亡的念头纠缠着"。① 莉蒂希娅怀着与拜伦相似的梦,不仅仅是诗歌创作,还有对人类的爱,在自杀之前,她还抱着这样的信念:"她要为非洲的奴隶的解放而奋斗。"②拜伦的命运暗示了莉蒂希娅的命运,最终,她同样在 36 岁的年纪死于异乡。尽管她没有像拜伦那样参与到了实际的斗争,但是,她的心与拜伦的精神是相通的。而事实是,她无力改变殖民地的命运,无力抵抗黑暗的罪恶,与此同时,她也没有资格去"教化"殖民地的野蛮人。可以说,阿克西姆之行打破了莉蒂希娅最后的幻想,将她推向了死亡的深渊。

作家笔下的莉蒂希娅有着一种近乎孩童的天真与良善。她与总督们争论,质问他们怎么能助纣为虐,贩卖奴隶,最后气愤地"逃回房间,藏起眼泪③。听到混血女孩莎莉·艾本森的故事,"她越听越激动,到最后忍不住热泪盈眶"④。得知许多在英国已经有家室的军官仍然在殖民地娶妻生子,她"怒不可遏,情绪失控"⑤。她以为军官来到非洲是为了"给土著人做出表率,身体力行地向他们晓示宗教信仰",可这些人"表现得像个暴君"⑥,勾引、践踏黑人女子。在地牢里,她被囚犯的悲惨境遇所触动,自此之后,囚犯们的哀吟声一次次随着海浪声和海风声侵袭她。这一切人类的痛苦与她自身的痛苦混合在一起,成为其不可承受的生命之重。莉蒂

---

① 勒克莱齐奥. 脚的故事. 金龙格,译. 北京:人民文学出版社,2013:170.
② 勒克莱齐奥. 脚的故事. 金龙格,译. 北京:人民文学出版社,2013:171.
③ 勒克莱齐奥. 脚的故事. 金龙格,译. 北京:人民文学出版社,2013:147.
④ 勒克莱齐奥. 脚的故事. 金龙格,译. 北京:人民文学出版社,2013:148.
⑤ 勒克莱齐奥. 脚的故事. 金龙格,译. 北京:人民文学出版社,2013:150.
⑥ 勒克莱齐奥. 脚的故事. 金龙格,译. 北京:人民文学出版社,2013:149.

希娅的天真与良善在残酷的现实面前显得苍白无力。

　　莉蒂希娅的死与她作为女性的存在关系密切,与她作为诗人的存在更有着深刻的联系。在离开伦敦前,她其实是一位颇具名声的诗人。诗歌创作是她生命的重要部分,逃离伦敦不仅仅是为了逃离痛苦的记忆,更是为了"忘记过去的失败,重新开展创作"①。她热爱英国浪漫主义诗人雪莱、拜伦和济慈的诗歌以及英国女诗人菲丽西娅·多萝西娅·郝曼的诗歌。在海岸角,诗歌是她唯一的救赎,她阅读、抄写、创作诗歌来排遣自己的孤独和忧伤。每时每刻,她都想着创作,不仅是诗歌,还有小说,似乎一切的生活都是为了写作。听到莎莉的故事,"她决意把它写成一个篇幅较长的短篇小说,揭露奴隶制的残暴"②。她用笔记录殖民地的"罪恶"。她去阿克西姆也是为了去探险,然后写成历险故事:"这会是一个长篇,也可能是一部长诗,像这种关于非洲的作品之前还从来没有人写过。"③这样,伦敦的那些人会重新喜欢上她。只有谈起诗歌、创作,莉蒂希娅才恢复了神采飞扬的样子。在去往阿克西姆的旅途中,她写"旅行日记"④、读浪漫主义诗歌。因为诗歌,她摆脱了恐惧,"她被卷进了一个旋涡,在现实和梦幻之间再也没有边界"⑤,"因为诗歌她感到自由,骄傲和自由"⑥,就像她的英雄拜伦一样。直到最后一刻,她在书写中走向了死亡。诗歌之于莉蒂希娅而言,是一种存在的方式。她本来期待在海岸角能够重新开始创作,用作品向伦敦的人证明自己,用诗歌去拥抱自己的理想,甚至去解放受奴役的非洲人。然而,最终,她无法抵挡爱的幻灭,存在之真的残酷,最终被死亡吞噬。

　　小说的作者对莉蒂希娅显然怀抱着无限的同情,因为她的诗歌,更因

---

① 勒克莱齐奥. 脚的故事. 金龙格,译. 北京:人民文学出版社,2013:142.
② 勒克莱齐奥. 脚的故事. 金龙格,译. 北京:人民文学出版社,2013:149.
③ 勒克莱齐奥. 脚的故事. 金龙格,译. 北京:人民文学出版社,2013:161.
④ 勒克莱齐奥. 脚的故事. 金龙格,译. 北京:人民文学出版社,2013:162.
⑤ 勒克莱齐奥. 脚的故事. 金龙格,译. 北京:人民文学出版社,2013:162.
⑥ 勒克莱齐奥. 脚的故事. 金龙格,译. 北京:人民文学出版社,2013:172.

为她的人生。勒克莱齐奥在小说集的最后一篇具有创作谈性质的《接近寓言》中,说女诗人兰登的一句诗始终萦绕着他,换句话说,他"住进"了兰登的这句诗里:"你们想念我就像我想念你们一样吗,我的朋友们,噢,我的朋友们?"①这是女诗人兰登在去往海岸角的船上所写的诗句。在小说中,也是莉蒂希娅最后自杀前呢喃的诗句。勒克莱齐奥这样写道:

> 莉蒂希娅·伊丽莎白·兰登的这些话使我黯然神伤,仿佛激发了爱情和怀旧,伤感和渴望,渴望知道那一切,伤感自己不能回到那个时候,理解那个在临死之前写下这些句子的女人,目光追随写下这些话的那只手,阅读这封从未寄出的信,也许还能代替那些没读到过这些话的人回信。②

作家在莉蒂希娅的诗句中读到了无可比拟的孤独:"如何理解?这种生活与世隔绝到什么程度?到什么程度它才会停止被人戏弄而变成真正的生活。"③"那些感情和人生经历还剩下什么呢?"④在勒克莱齐奥的发问中,我们也许可以窥见他写作《L. E. L.,临终岁月》的重要原因,即为了寻找消失的生命与存在所留下的东西及其背后的真实。

勒克莱齐奥悲叹莉蒂希娅的命运。在莉蒂希娅的葬礼上,小说的叙述者借乔治之口读了《圣经·约伯记》第10章的一段文字,作为悼词:"你的手创造我,造就我的四肢百体;你还要毁灭我。求你记念,制造我如抟泥一般;你还要使我归于尘土吗?"⑤约伯在其他以色列人被魔鬼蛊惑时,依然坚守纯真的信念,一心向善,但是他却受苦受难,因而心生疑问,质问上帝,最终他还是幸运地得到了上帝庇佑。而莉蒂希娅就没有如此幸运了,她无可挽回地走向了约伯所说的"死荫混沌之地"。

① 勒克莱齐奥. 脚的故事. 金龙格,译. 北京:人民文学出版社,2013:177.
② 勒克莱齐奥. 脚的故事. 金龙格,译. 北京:人民文学出版社,2013:298.
③ 勒克莱齐奥. 脚的故事. 金龙格,译. 北京:人民文学出版社,2013:299.
④ 勒克莱齐奥. 脚的故事. 金龙格,译. 北京:人民文学出版社,2013:299.
⑤ 勒克莱齐奥. 脚的故事. 金龙格,译. 北京:人民文学出版社,2013:178.

<h1 style="text-align:center">三</h1>

如上文所示,小说写的是莉蒂希娅双重幻灭、走向死亡的故事,故事以第三人称叙述,完全可以单线推进。然而,从小说叙述的角度,我们发现小说平行延续着另外一条线。这一条线用的是第一人称,叙述的不是故事,而是黑人女子阿杜米莎发出的如海浪撞击声般不息的怒吼声。

短篇小说写作,有两个方面是很忌讳的,一是情节发展滋蔓,二是叙述面面俱到。海明威写小说,特别注意留下空白,删去或略去作家了然于心的东西;也极力避免叙述过于直白。在他看来,"关于显现出来的每一部分,八分之七是在水面以下的。你可以略去你所知道的任何东西,这只会使你的冰山深厚起来"①。从小说的完整性和故事叙述的角度看,《L.E.L.,临终岁月》有关的叙述完全可以独立成篇,且以对莉蒂希娅双重幻灭的揭示,达到了海明威所追求的"忠于真理"②的高度,比历史的真实还"真实"。然而,勒克莱齐奥没有止于小说叙述形式上的完满,也没有满足于对历史的一种追寻与探索,而是冒着违背短篇小说写作规诫的风险,往前走了一步,在小说中设置了另一条线。

第二条线的设置,对于作家而言,是刻意的,也是明宣的:在小说文本的字体上,作者明确地区分了两种不同的字体;在小说叙事使用的人称上,也有第三人称与第一人称之分。如此看来,作者对丁这篇小说的写作,不像是小说题目所示的,只写女诗人莉蒂希娅的"临终岁月",而明显是要超越小说对于莉蒂希娅一步步走向死亡之因的追寻,指向与莉蒂希娅及其当总督的丈夫的命运密切相连的另一个女人:非洲女子阿杜米莎。

在上文中,我们谈到海浪撞击岩礁的声音贯穿了莉蒂希娅的故事,更确切地说,贯穿了小说由第三人称叙述的整个故事。海浪的撞击声,若隐

① 董衡巽.海明威谈创作.北京:生活·读书·新知三联书店,1985:50.
② 董衡巽.海明威谈创作.北京:生活·读书·新知三联书店,1985:15.

喻般,预示着死神的必然到来,预示着女诗人的死亡之路。然而,细心的读者也许会发现,直接关联莉蒂希娅的第三人称的叙述,却是以第一人称主宰的一个强调句开启的。小说中译本的第一句是:"我想听到的,是海浪的声音。"①这是一个完整的句子。一个强调句。在这个句子里,有主体,有主体愿望,有愿望的对象。这简单而明确的一句话,作为小说的叙述的起始,读者会期待着"我"的故事继续往下叙说。但与读者的期待相反,开篇第一句用的是"我",到了第二句却马上转为了第三人称。那么开篇第一句中的"我",是第三人称叙述的莉蒂希娅呢?还是小说的叙事者呢?第一句与第二句的人称忽然变换,对于作者而言,到底意味着什么?更需要关注的是,在开篇第一句出现的"我",如同句式赋予它的命运,短促而明确。那么,"我想听到的",是不是莉蒂希娅想听到的"海浪声"。小说的发展,显然否定了这一点。"我想听到的",不是女诗人听到的"海浪声",不是第三人称叙述的故事中所汇成的"死亡的声音"。更出人意料的是,开头这个没有后文的"我",却意外地在小说的第二条叙述线中出现,而这一条叙述线中的"我",不是莉蒂希娅,是阿杜米莎。

在小说中,作者没有去叙述阿杜米莎的故事,而是直接让阿杜米莎出场,发出"我"的"声音"。"我"的声音是与"她"对真相的探究交替出现的。从伦敦来到海岸角要塞白色城堡的莉蒂希娅,是寻梦而来。当她在海上远远地第一眼看到城堡,她就觉得"城堡跟她在梦里见过的一模一样,一个消失在世界尽头的地方",为此她像小姑娘一样,用"尖脆的声音"发出惊叹:"真是妙不可言!"②就是在莉蒂希娅即将到达白色城堡,发出惊叹声的时刻,阿杜米莎在小说中登场了,发出了自己的声音:"我,阿杜米莎,阿加莎的女儿,格里奥们的颂歌里赞美过的阿杜米莎的外甥孙女,布拉佛那位子民被贩卖为奴的末代国王阿多的后裔。我也一样,被剥夺了财富并沦落为乞丐。"③一开始,"我"便亮明了身份。简简单单的几句话,揭开了

---

① 勒克莱齐奥. 脚的故事. 金龙格,译. 北京:人民文学出版社,2013:137.
② 勒克莱齐奥. 脚的故事. 金龙格,译. 北京:人民文学出版社,2013:142.
③ 勒克莱齐奥. 脚的故事. 金龙格,译. 北京:人民文学出版社,2013:143.

一段残酷的历史。而在这段历史之中的"我",没有梦想,没有幻想。作为非洲的女人,末代国王的后裔,"我"知道自己身上流淌的是怎样的血脉,"我感觉自己身上有我母亲的骨气和勇气,当年她为父亲的名誉拒绝向那名男子屈服导致男子自杀身亡,她也用枪顶住自己的心脏,也一命抵一命地饮弹自尽。"①"我"更知道自己的命运是什么,"我们变得跟乞丐没有什么两样,可我们不祈求任何人施舍,我们的茅屋和破烂衣服不受恩于任何人!"②"我们没有财产没有领地,没有房屋没有田园,我们注定要到市场上以乞讨为生,可我们永远不是奴隶。"③可作为女人,"我感到耻辱和孤独",因为麦克莱恩总督为那个从伦敦来的女人,把"我"和"我"与麦克莱恩生的女儿阿维比尔在雨夜里"赶出了城堡"。为此,"我"发出了怒吼声:"那个把我们赶出城堡的女人去死吧,她的孩子去死吧。"④就在来自欧洲的英国女人即将踏上非洲土地的那一刻,非洲的女人发出了让她去死的诅咒!一开始,两个女人之间的冲突便如此不可避免。

然而,莉蒂希娅一开始并不知道阿杜米莎的存在,当她到了非洲之后,一步步发现白色城堡里面的秘密和城堡外面的罪恶时,她以"探险"为名,要走进非洲人的村寨,去寻找那个跟她丈夫生了孩子的非洲女人。"她"走得越近,离事实真相越近,"我"的仇恨便越深,诅咒便越深刻:"是的,到这里来抢我丈夫的外国佬,让她下地狱去吧。""在她的眼神中我感觉到了她对我们这个人种的仇视,还有对我们的人民的憎恨。这个眼神像巫婆的女人,让她下地狱吧。让色尸河把她卷进旋涡里把她淹死吧,让保护我们的秃鹫对她穷追不舍,吞噬她的双眼吧。"⑤仇恨与诅咒中,渐渐地不仅有"我",还有"我们""我们这个人种""我们的人民的憎恨"。在这诅咒声的背后,读者可以辨析到的,渐渐地已经不仅仅是两个女人之间因

① 勒克莱齐奥. 脚的故事. 金龙格,译. 北京:人民文学出版社,2013:144.
② 勒克莱齐奥. 脚的故事. 金龙格,译. 北京:人民文学出版社,2013:144.
③ 勒克莱齐奥. 脚的故事. 金龙格,译. 北京:人民文学出版社,2013:144.
④ 勒克莱齐奥. 脚的故事. 金龙格,译. 北京:人民文学出版社,2013:145.
⑤ 勒克莱齐奥. 脚的故事. 金龙格,译. 北京:人民文学出版社,2013:167-168.

为争夺男人而产生的仇恨。

莉蒂希娅越逼近严酷的真相,离死亡越近,当真相大白的那一刻,她选择了自杀。在这一时刻,"我"也神奇地停止了诅咒,"我梦见那个外国佬逃到了远处,逃向了北方,她的灵魂从大海上飞过,一直飞到她祖先生活的那片陆地。"①看似简单的一个梦,可梦里已经没有了仇恨,更没有了诅咒,倒是有莉蒂希娅的灵魂,飞过大海的灵魂,在"我"的梦里,不是游魂,也不是孤魂,竟然有着完满的归宿——飞回到她祖先生活的土地。这一转变,看似突然,却是一种必然,因为"我"看透了那个男人,也看透了和那个男人一起的殖民军:"他们是一群野兽,他们说的不是同一种语言。他们穿着红色军服,他们戴着帽子,穿着黑皮鞋。他们有枪有军刀,用这些武器屠杀我们的人民。"②因为看清了这一切,"当士兵们前来抓我和阿维比尔,要把我带回总督等着我的要塞时,我对他们破口大骂。你们是什么人,你们想对我做什么?我难道是一个想丢就丢想要就要,对主人唯命是从的畜生吗?我宁死也不会屈服,就像我的姨婆阿杜米莎从前做的那样,她用她情人的枪顶住了自己的胸膛,赢回了名誉"③。面对殖民者,阿杜米莎是清醒的,是有尊严的,"宁死"而不当"奴隶"。就这样,在莉蒂希娅自杀之后,阿杜米莎走出了对她的仇恨,而将仇恨投向了她那个所谓的男人和殖民军,在生命中选择了独立,走向了属于自己的命运:"我要走进森林里的那条小路,不怕猎豹和鬣狗。回到我姨婆阿杜米莎生活过的地方。她在我的梦中出现,就像格里奥们歌唱的那样:缠着黄色的丝绸缠腰带,手腕上戴着金镯子,她的红皮肤平滑又闪亮,她的眼睛上涂着一道眉墨。我带着阿维比尔朝她走去,让她教我们过自由女人的生活。"④

细读整篇小说,我们也许会发出很多的疑问:一个写英国女诗人的故

① 勒克莱齐奥. 脚的故事. 金龙格,译. 北京:人民文学出版社,2013:180.
② 勒克莱齐奥. 脚的故事. 金龙格,译. 北京:人民文学出版社,2013:181.
③ 勒克莱齐奥. 脚的故事. 金龙格,译. 北京:人民文学出版社,2013:180-181.
④ 勒克莱齐奥. 脚的故事. 金龙格,译. 北京:人民文学出版社,2013:181.

事,为何要以一个非洲女人带着后代走向自由为结局？故事要探寻的是女诗人的死,为什么却要导向非洲女人的生？有关女诗人的第三人称的叙述推进得合情合理,步步逼近严酷的真实,显得客观而可信,而为什么第一人称的叙述,却以反叙述的姿态,以主观的呐喊,不讲故事,只发心声？

从小说的写作来看,这样的结构与叙述走向,显然是作者有意为之。这是一个有关英国女诗人命运的故事,两条不同的叙述脉络,看似反常中却有着深层次的呼应:两位女人的命运是呼应的,非洲赋予她们的结局也是呼应的。所不同的是:两个不同的女人,一个因幻灭而走向自杀,一个因觉醒而走向自由。对前者,作者报以深深的同情;而对后者,则寄托着强烈的希望。至此,我们不能不进一步追问:一贯秉持"介入"的立场、写作始终"在场"的勒克莱齐奥在这篇小说中,想写的到底是英国女诗人,还是非洲的女性？他写的,是两个女人的命运,还是非洲的命运？他要逼近的,到底是女诗人之死的真相,还是有关非洲的严酷的真实？为什么写"她"的小说,以"我"开头,以"我"结束？小说开篇中的那个"我",到底是莉蒂希娅、阿杜米莎,还是作者本人？有关这些问题,我想留待读者在阅读小说时去做进一步的思考,去寻找各自的答案。

（原载于《扬子江评论》2019 年第 2 期）

第二辑

翻译与文学对谈

走进翻译家的精神世界

——关于加强翻译家研究的对谈

一、重新认识翻译家的在场

刘云虹(以下简称"刘"):许老师,您好! 在新的历史时期,翻译活动呈现出前所未有的丰富性与复杂性,翻译与翻译研究也受到学界的普遍关注。我发现一个有意思的现象,在近期关于翻译的探讨与研究中,翻译家似乎越来越走向前台。《中国翻译家研究》(三卷本)的出版颇令人瞩目,这套书遴选了中国翻译史上最具代表性的近百位翻译家,述评其生平、翻译活动、著译作品、翻译思想及翻译影响,可谓是对我国翻译家群体的一次集中展现。在您总主编的"翻译理论与文学译介研究文丛"中,两本关于翻译家研究的著作《杨宪益翻译研究》和《葛浩文翻译研究》新近也先后出版。我知道,您近期还在《中国翻译》开设了"译家研究"专栏,主旨就在于全面深刻地理解翻译家的活动、评价翻译家的作用。进入新世纪,特别是近十年来,随着中国文化"走出去"战略的实施,中国文学在国外的译介与传播得到了有力推动,尤其是莫言获得诺贝尔文学奖之后,莫言作品的几位主要译者也一改往日的"隐形人"身份,在中国似乎一夜成名,如美国的葛浩文、法国的杜特莱、瑞典的陈安娜等。作为翻译活动的主体,翻译家对于翻译实践开展及整个翻译史的书写都具有不言而喻的重要意义。就如何科学认识与评价翻译家及其贡献,我也有过一些思考。今天,我想从这一方面出发,着重向您请教关于如何进一步加强翻译家研究的一些问题。

许钧(以下简称"许"):我同意你关于新时期翻译活动日趋丰富与复杂的基本判断,我们也曾就如何把握翻译的丰富性、复杂性与创造性进行过比较深入的讨论。当时我说,如何认识翻译、理解翻译,这是翻译研究的出发点,而对翻译主体在翻译活动中的核心地位与能动作用的把握则应为认识与理解翻译的基本内涵之一。翻译活动越是丰富、越是复杂,就越不能忽略翻译主体,尤其不能忽略优秀的翻译家。在数千年的翻译史中,由于翻译活动与生俱来的所谓"从属性",加之人们对翻译的认识曾长期局限于语言层面,译者往往被定位为仆人的角色,至今似乎仍难以摆脱。无论在东方还是在西方,论及译者,都有"一仆侍二主"的说法,也就是说,译者不仅是仆人,而且还要同时侍奉原著和译文读者这两个主人。因此,历史上,译者的普遍存在状态往往是隐形的,甚至译者也以其隐身作为美德。哪怕最卓越的翻译家,也似乎难逃被遮蔽在原作者光辉之中的命运。如果说翻译是桥梁,那么翻译家搭建了桥梁、沟通了陌生的彼此后,往往就被轻而易举地遗忘了。我曾在南京大学教授了多年的翻译通论课,第一节课时,我会让修课的研究生列举三个翻译家的名字,就三个,应该说很容易,可写不出来的同学并不在少数。许多名著,学生们对作者都很熟悉,可问起是谁翻译的,基本上不知道。我个人觉得,这不是简单的知或不知的问题,更深刻的原因在于,对绝大部分读者而言,翻译家是谁并不重要。近年来,正如你所观察到的,这样的情况有所好转。除了你刚刚提到的《中国翻译家研究》(三卷本)等研究成果和海外翻译家"走红"的现象,我最近还在《光明日报》上读到了宋学智的研究文章《对傅雷翻译活动的再认识》,对傅雷这位重要翻译家的翻译活动及其价值进行重新认识与阐释,我觉得非常必要,也很有现实意义。不仅翻译界,社会各界也开始重视翻译家的工作,比如中国作家协会已多次主办汉学家文学翻译国际研讨会,邀请世界各国著名的中国文学翻译家来中国,共同探讨中国文学的译介与传播问题。

刘:是的,翻译是跨文化交流的必由之路,在中外文明互融互鉴及中国文学对外译介与传播的时代语境下,翻译家的作用日益凸显。获得诺贝尔文学奖后,莫言曾多次对翻译家的工作表示肯定和感谢,如在中国驻瑞典大使馆举行的见面会上,他说:"翻译的工作特别重要,我之所以获得诺奖,离不开各国翻译者的创造性工作。"①实际上,就我所知,早在十多年前,确切地说,在 2001 年 10 月 8 日北京大学世界文学研究所成立大会上,莫言就发表了一次很有影响的演讲,题目叫"翻译家功德无量"。他在演讲中特别强调:"翻译家对文学的影响是巨大的,如果没有翻译家,世界文学这个概念就是一句空话。只有通过翻译家的创造性劳动,文学的世界性才得以实现。没有翻译家的劳动,托尔斯泰的书就只能是俄国人的书;没有翻译家的劳动,巴尔扎克也就是法国的巴尔扎克;同样,如果没有翻译家的劳动,福克纳也就是英语国家的福克纳,加西亚·马尔克斯也就是西班牙语国家的加西亚·马尔克斯。同样,如果没有翻译家的劳动,中国的文学作品也不可能被西方读者阅读。如果没有翻译家,世界范围内的文学交流也就不存在。如果没有世界范围内的文学交流,世界文学肯定没有今天这样的丰富多彩。"②莫言的这番话不仅涉及对翻译家的整体评价,还重点提到翻译家的创造性劳动及其在中外文学交流与构建世界文学方面的贡献问题,对我们进行翻译家研究有重要启示。

许:我们应该看到,无论隐身幕后还是走向前台,无论被忽略还是受重视,在中华文明发展、中外文化交流的历程中,翻译家始终在场。我在多个不同的场合说过,翻译是历史的奇遇。无论外国文学在中国的翻译,还是中国文学在国外的译介,不少翻译家的名字往往与作家的名字紧紧连在一起。比如叶君健与安徒生,傅雷与罗曼·罗兰,朱生豪与莎士比亚,又如葛浩文与莫言,何碧玉与余华,等等。如果我们把目光放远一些,想一想中国历史上的翻译活动,谈到佛经翻译,我们会想到鸠摩罗什与玄

① 沈晨. 莫言指出翻译的重要性:"得诺奖离不开翻译". (2012-12-08)[2022-02-01]. http://www.chinanews.com/cul/2012/12-08/4392592.shtml.

② 莫言. 莫言讲演新篇. 北京:文化艺术出版社,2010:6-7.

奖;谈到西学东渐,会想到严复;谈到西方文学在中国最初的译介,会想到林纾;而一谈到五四运动前后的翻译,我们就会想到鲁迅。这一个个名字,不仅与某位作家、某种思潮或流派紧密地联系在一起,而且想到他们,会感觉到中国的文明发展史、中外的文化交流史仿佛有了生命,是鲜活的,是涌动的。这些翻译家就像是一个个重要的精神坐标,让我们对中华文明的延续与发展、对中外文化的交流与互鉴做出更深刻的思考。

二、积极评价翻译家的历史贡献

刘:在新的历史语境下,翻译的重要性日益凸显,对翻译家的研究也亟待进一步加强。就中法文学交流史而言,我们有很多工作可以去做。法国不仅自身文学传统深厚,而且对异域文化的开放和接纳程度较高,一直以来都是世界范围内译介和传播中国文学的重要阵地之一。但在当下对中国文学外译的探讨中,学界普遍重视的仍是中国文学在英语世界的译介,针对葛浩文翻译的研究成果就非常丰富;相比之下,对法国及其他非英语国家与地区的中国文学译介情况和重要翻译家却明显关注不够。以我比较熟悉的法国著名翻译家、汉学家杜特莱为例,他是中国当代文学最重要的法译者之一,多年来致力于中国当代文学的译介,他先后翻译出版了阿城、韩少功、苏童、莫言等作家的 20 余部作品,其中包括莫言主要作品《酒国》《丰乳肥臀》《四十一炮》等,对中国当代文学在法语世界乃至全球范围内的推广做出了突出贡献。然而目前国内译学界几乎没有针对杜特莱翻译的专门研究,这不能不说是一种遗憾。再比如同样对中国文学在法国的译介与传播做出了巨大贡献的法国翻译家、汉学家雷威安,他热爱中国文学,将大半生奉献于中国文学的翻译与研究,不仅首度完整译出《西游记》《金瓶梅词话》《聊斋志异》等中国古典名著,还翻译出版了白先勇、李昂等当代作家的多部重要作品。而对这样一位翻译家,国内译学界的相关研究更是凤毛麟角。

许:确实如此。我也有相同的体会,法国翻译家是译介与传播中国文学的一支不容忽视的重要力量,可我们对当代法国的中国文学翻译家群体的了解还相当不够,对法国历史上为中国文学译介做出过贡献的翻译家,也基本没有展开深入的研究。在中国,往往一个算不上一流的作家就成为博士学位论文研究的对象,可对中外文化交流史上做出过重要贡献的翻译家,学界却缺乏必要关注,这样的状况应该有所转变。为此,我多次呼吁,要加强翻译家研究。

刘:对翻译家进行研究,必然涉及对翻译家的贡献的评价问题。一个翻译家,到底有何贡献?学界又如何去认识与评价翻译家的贡献?记得您在《中国翻译》的《译家研究》专栏的《主持人语》中,曾对翻译家的历史贡献做了定位:"翻译,在其根本意义上,是跨文化的交流活动,是社会发展、人类进步的重要推动力,在人类文明的交流与发展史中,发挥着不可替代的作用。回望中国的翻译历史,可以看到一代又一代的优秀翻译家,为'延续民族文化血脉',推进中外'文明交流交融互学互鉴',做出了不可磨灭的贡献。"同时,您也对如何进行翻译家研究提出了指导性意见:"人类的翻译活动历史悠久,丰富而复杂,翻译家是其中最为活跃的因素。从文本的选择,到文本的理解、阐释,再到文本的传播,翻译家的活动贯穿文本译介与传播的全过程,而翻译活动本身又要受到诸如社会、政治、文化等外部因素的影响。在这个意义上,要理解翻译家的活动、评价翻译家的作用,应该有对翻译本质的整体把握,有翻译价值观的指导。"[①]这就是说,在您看来,要合理评价翻译家的贡献,最根本的出发点在于对翻译本质与翻译价值的深刻理解?

许:正如我多次强调过的,对任何研究而言,不断认识自身、理解自身永远是其发展的必然基础和原动力,翻译研究不例外,作为翻译研究重要维度之一的翻译家研究自然也不会例外。对翻译活动复杂性的认识是一个逐步深化的渐进过程,只有充分把握翻译活动在形式与内涵上的丰富性,不断提出并思考"什么是翻译"这个核心命题,才能更好地认识翻译、

① 许钧. 主持人语. 中国翻译,2017(4):59.

理解翻译,进而结合整个翻译动态过程合理评价翻译家的行为与贡献。合理评价翻译家的贡献,除了深刻理解翻译本质之外,还要对翻译价值有深刻认识,建立正确的翻译价值观。对于研究者来说,评价并非主观感受的表达,而必须有所依据,所谓有理有据的评价才能是科学而有说服力的。翻译不是简单的语言转换行为,翻译活动反映并建构的是自我与他者的关系,甚至可以说,翻译是主导民族间相互关系的一种重大力量。因此,正如韦努蒂所指出的,通过对文化身份的塑造,翻译促使目的语文化形成一种对异域文化的基本态度,而这种态度既可能是"尊重",也可能是"蔑视"或"仇恨"。这就导致,在翻译的理想目标与翻译活动所发挥的实际作用之间可能存在一定差距,若考察中西方翻译史,就可以发现翻译产生反作用和负面影响的例子并不鲜见。在我们关于翻译价值的交流中,我曾就此谈过看法。这在一定程度上揭示出,翻译研究的基础首先就在于建立翻译价值观,进而为翻译定位。一个研究者,如果没有形成正确的翻译价值观,对翻译价值缺乏深刻的认识,就很难对翻译及翻译活动中的能动主体做出合理评价。在这方面,我自己有很深的体会。在对傅雷的研究中,如何评价傅雷翻译的价值与影响,就是问题。一开始,我们关注的主要是傅雷对作家的影响,因为相关材料比较丰富,不少作家曾撰文坦陈自己的创作受到过傅雷的影响。但我们没有局限于这一点,而是从影响的层面与价值两方面展开更深入的研究,如影响的层面,就可以从文化的传播与国人精神的塑造、语言革新与汉语发展、翻译选择与文学观念等方面加以思考。所以,我一直强调,建立正确的翻译价值观,对深化与拓展翻译家研究具有重要意义。

刘:翻译是一个选择的过程,从"译什么"到"怎么译",翻译家的选择贯穿于整个翻译过程,涉及翻译活动的方方面面,并由此对译本的品质与译介效果产生决定性作用。而决定翻译选择的一个根本因素就是译者的翻译价值观;也就是说,译者在翻译中的种种选择都是以实现其心目中翻译所承载的价值为目标的。我曾以林纾、鲁迅和傅雷的翻译为例,对这一问题进行过探讨,提出"正是在翻译救国新民、翻译振兴中华民族、翻译重构文化的不同目标与理想下,林纾、傅雷和鲁迅在各自的翻译中做出了不同的选择"①。同时,翻译是一种社会活动,具有深刻的社会属性,翻译家的任何选择都是主客观因素综合作用的产物,也都无一例外地被烙上深深的时代印记。因此,在翻译家研究中,也应着眼于历史维度,从具体的历史条件出发,从特定的文化语境出发,来考察、认识与评价翻译家的翻译活动及其贡献。

许:你说得很有道理。科学、合理地评价翻译家的贡献,我觉得需要有历史的思考。翻译历史有三个重要部分:一是翻译事件;二是翻译家;三是翻译结果,即文本。以往的研究中,我们对翻译结果的考察比较多。这固然重要,但翻译研究一定不能忽略翻译文本赖以生成的历史文化语境,不能忽略翻译现象与事件得以产生的深层次背景,自然更不能忽略翻译的主体。近些年来,国内翻译史研究取得了不小的进展,对翻译家及其贡献的研究正是其中十分重要的一部分。没有对翻译家历史贡献的剖析,就不可能建构真正的翻译史。我一直在思考,文学史的书写,有的基本上以作家为基点,而中华翻译史的书写,目前还没见到类似的探索。一部中国翻译史,可以说就是优秀翻译家的实践史,也应该是中华文明的发展史、中外文化的交流史。对翻译家进行研究,不应仅梳理其翻译实践或分析其翻译结果,还要把他的主观选择与实际贡献放在推动中华文明发展、促进中外文化交流的维度上进行评价。近 20 年来,在翻译研究不断拓展与深化的进程中,我们对这一方面越来越重视了。如果不能从历史层面对翻译活动及其主体进行整体性的思考与研究,那么我们对翻译家的评价就有可能出现偏差。在《翻译批评研究》一书中,你就讨论过从历史、文化与翻译价值等多重角度对林纾和鲁迅的翻译进行评价的问题,我觉得很有必要。在我看来,单纯从方法与文本的角度来看待一个翻译家的行为、评价一个翻译家的贡献,是不够的。

---

① 刘云虹. 选择、适应、影响——译者主体性与翻译批评. 外语教学理论与实践, 2012(4): 52.

刘:是的,林纾和鲁迅的翻译是中国翻译史上两个很有代表性的个案,对我们思考如何评价翻译家的历史贡献有重要的启发意义。就林纾而言,他在翻译中因采取"意译"翻译策略而导致的对原作的种种背叛与不忠实以及明显的误译、对原作体裁的改变等,常常为学界所诟病,如果局限于文本层面来评判,显然不可能对"林译小说"的价值、对林纾这样一位成就卓著的翻译家的贡献做出合理评价。而从历史的维度来看,林纾的翻译不仅在社会政治和思想方面发挥了重要作用,更对中国近代文学的发展产生了巨大而深远的影响。在《二十世纪中国翻译文学史·近代卷》中,连燕堂对林纾及其翻译在中国文学史上的影响与贡献给予了中肯的评价,他认为:第一,林纾向中国人民介绍了一批世界文学名著,有力地打开中西文学交流的大门;第二,林纾的译文有相当的文学价值,在客观上提高了小说(尤其是翻译小说)的地位;第三,林纾通过翻译小说对中西文学进行了比较研究,是中国比较研究的开创者之一;第四,林纾使用较为自由活泼的文言翻译小说,不自觉地促进了语言和文体的变革;第五,林译小说哺育了一批文学新人,直接或间接地影响了新文化运动。[①] 连燕堂的这一评价正是从林译小说生成的那个特定时代出发,从语言变革、文学发展、中西方文化交流及思想观念革新等多重角度出发,对林纾的翻译活动加以历史性与整体性把握。关于林纾,商务印书馆新近在"商务印书馆海外汉学书系"中出版了一本很有意思的书,是日本学者樽本照雄的著作《林纾冤案事件簿》。如书名所示,该书的主旨在于追查事实真相,澄清林纾所蒙之冤,进而对林纾进行重新评价。且不论关于作为旧势力代表的林纾的"冤案",就翻译家林纾而言,樽本照雄的重点在于指出,批判林纾将莎士比亚和易卜生的戏剧改译为小说,这并没有事实根据,完全是一种误解,因为林译的底本并不是莎士比亚和易卜生的剧本,其实中间隔着一个他人的改写本。也就是说,中国翻译研究史上所谓的林纾冤案的根

---

① 连燕堂. 二十世纪中国翻译文学史·近代卷. 天津:百花文艺出版社,2009:182-191.

源实际上是转译。我们知道,在中外文学交流的进程中,无论外译中还是中译外,转译可以说是一个相当普遍的现象,在林纾那个时代,各国文学之间的沟通或者构建"世界文学"的可能性更是不得不依赖于经由中介译本的转译活动。对此,学界在评价林纾及其翻译时应有明确认识。还原史实的重要性不言而喻,但我想,《林纾冤案事件簿》所带来的思考中,最根本的一点也正在于应立足历史语境,真正从时代可能性与历史价值层面来认识翻译行为、理解翻译选择,进而对翻译家的贡献做出积极、合理的评价。

许:这一点特别重要,其实,历史性是翻译的本质特征之一,是探讨翻译理论与实践的基本着眼点。评价翻译家的贡献、加强翻译家研究也要从这个本质特征出发,其意义除了我们刚刚谈到的内容,我想还在于从人类历史发展与翻译成长的角度来考察,可以既反映出特定历史条件下具体翻译活动所必然存在的局限,同时也揭示出翻译不断超越局限、不断发展的必要性。正如你在《试论文学翻译的生成性》一文中所讨论的,"只要时代在发展,翻译所赖以进行的各种关系与各种条件就同样处于发展变化之中,条件的积累和关系的发展将为翻译的发生与成长提供直接可能"①。历史性地评价翻译家,不仅是对翻译主体行为及其翻译实践成果做出客观、合理的评判,更让我们明确认识到,翻译是一个动态发展过程,始终在人类自身发展与文化相互交流的进程中寻求时间上的延续与空间上的拓展。

三、深入探寻翻译家的精神世界

刘:随着翻译理论研究的推进,人们对影响并制约翻译的多重主客观因素的认识日益加深,翻译主体研究也越来越受到学界的重视。您应该是国内翻译界最早开始关注这一领域的学者之一,我读过您的两部相关著作,印象非常深刻。一部是 2001 年出版的《文学翻译的理论与实

---

① 刘云虹. 试论文学翻译的生成性. 外语教学与研究,2017(4):616.

践——翻译对话录》,该书辑录了您先后与季羡林、萧乾、文洁若、叶君健、方平、赵瑞蕻、吕同六、杨武能、郭宏安等20多位翻译家的对话,以一种独特方式对国内译坛一批卓有成就的代表性翻译家的翻译经验与翻译思想进行了系统梳理,在翻译家研究与翻译基本问题的理论思考两方面为译学界提供了丰富且极为珍贵的第一手资料。在该书增订本的"再版序"中,您明确指出对优秀翻译家进行访谈的一个主要目的就在于,"与翻译家一起交流,以问题为中心,以他们丰富的翻译实践经验为基础,结合他们在实际翻译中所遇到的障碍和困难,对涉及文学翻译的一些重要方面进行深层次的思考与探索,进而挖掘他们的翻译思想,总结他们的翻译策略与方法,为年轻的翻译工作者指路"①。我想,这一成果不仅对指引翻译实践具有特别价值,同时也对推动国内译学界关注翻译家群体并切实展开翻译主体研究发挥了开拓性作用。另一部是2016年出版的《傅雷翻译研究》,该书结合对傅译的个案研究,从傅雷的翻译诗学、翻译风格、翻译选择、文艺思想及傅译的文化意义与傅雷的当下意义等多个层面,对傅雷及其翻译活动进行了深入而系统的梳理、阐释与探究,可以说是国内翻译家研究最为重要的成果之一。就您的体会而言,您认为,除了深刻把握翻译价值观与翻译历史观之外,还有哪些层面是我们在加强翻译家研究中应特别关注的?

许:翻译家研究可以从多个方面展开,各个方面互为补充,都很重要。但有一点必须明确,正如我们在翻译研究中不应局限于对方法、策略的考察与评价,对翻译家的研究也不能止于对翻译方法、翻译艺术的讨论,而应该对翻译家的精神世界有深入的探索。否则,很难理解像傅雷这样的翻译家为什么会把翻译作为终身的选择,也无法解释为什么傅雷的翻译会产生如此广泛而持久的影响。我想,能否称得上优秀的翻译家,这不是由翻译数量多少来决定的。当代翻译家中,在翻译总量上超过傅雷的有

---

① 许钧. 再版序//文学翻译的理论与实践——翻译对话录(增订本). 南京:译林出版社,2010:序2.

不少,但他们仍然难以与傅雷比肩,翻译质量自然是重要的衡量因素,但一定还有更为深刻的原因值得去我们去探究。就个人来说,我对傅雷的认识是不断发展的。在纪念傅雷逝世四十周年举办的"傅雷著译作品研讨会"上,我曾谈到过,我最早关注的是傅雷翻译过的一部部经典作品,后来关注的是傅雷的翻译艺术,再后来思考的则是傅雷的精神世界:对于傅雷而言,翻译意味着什么? 他为何如此专注于翻译? 他做出的种种翻译选择背后的动因有哪些? 他的翻译到底给中国,给中国文化,给现代汉语的发展,给中国读者的精神世界的丰富与拓展带来了什么? 走进傅雷的精神世界,我们发现,作为中国真正知识分子的典型代表,傅雷不仅怀有一颗赤子之心,还拥有一份人文情怀,他将自我的命运置于民族进步与社会发展之中,将自身的精神追求融合在高品位的艺术追求之中。在他身上,人生境界与艺术境界始终契合、交融,进而产生出巨大的动力源泉,促使他忘我地投入翻译事业中,终将自己的精神力量与艺术心血化作极富魅力的文字,成就了一部又一部经典之作。正如傅敏所言,"真"是傅雷"最大的特点"。走进傅雷的精神世界,我们发现,傅雷每一次翻译选择的背后都深深镌刻着一个"真"字。对此,我在《傅雷翻译研究》的前言中曾有过论述,具体而言,这种"求真"的精神表现为"选择翻译路途时不愿同流合污的'纯真';选择翻译文本时'忧国忧民'的'真心';坚持'神似论'翻译美学时所表现出的对于原作与原作者的'真实';以及对于精神生活与艺术追求的'真挚'"[①]。翻译家是有血有肉的人,我们要研究他,就必须深入其精神世界,了解他的喜好、他的立场、他的动机、他的选择和他的追求。这些深层次的因素贯穿并作用于他的翻译活动过程中,应结合具体的翻译行为予以考察。在当下的中国文学外译研究中,对具有代表性的优秀汉学家与翻译家的关注是一个重要方面,例如关于葛浩文及其翻译的研究成果已经相当丰富,围绕他的翻译方法的讨论也很激烈,甚至还引发了学界不同观点之间的交锋。但我总觉得,目前这方面的研究似乎仍

---

① 许钧,宋学智,胡安江. 傅雷翻译研究. 南京:译林出版社,2016:3.

浮在表面,关于翻译家葛浩文及其翻译的某些更深层次的内容有待进一步探究。实际上,这里同样涉及一个对作为翻译主体的人的研究问题。

刘:我很赞成您的观点,在翻译活动中,策略和方法从来都并非单纯技术层面的选择,而是与译者的主体意识密切相关。就中国文学外译的实践与研究而言,美国翻译家、汉学家葛浩文是一个无法被绕开的名字。从 1974 年首次发表译文至今,他先后翻译了近 30 位中国作家的 50 余部作品,不仅被夏志清先生誉为"公认的中国现代、当代文学之首席翻译家",更被学界普遍认为对莫言获得诺贝尔文学奖发挥了至关重要的作用。在访谈中,葛浩文说过,"对我而言,翻译就像空气一样,没有翻译,我就不能生活"①,他也曾直言,"我只能是我自己,我只能是葛浩文"②。那么,他为什么如此痴迷于翻译? 他是如何认识和理解翻译的? 他何以在作者、读者与译者的复杂关系中"我行我素"? 正如傅雷翻译研究所揭示的那样,对于葛浩文这样的翻译家,若局限于其翻译方法和翻译结果进行探讨,即使讨论再热烈、成果再丰富,可能也是不够的。葛浩文为中国文学对外译介与传播做出了重要贡献,但应该看到,他首先是那个在呼兰河畔"热泪纵横"的萧红迷,那个钟情于中国文学并做出深入研究的探索者。因此,研究葛浩文的翻译,必须了解他对中国文学、对文学翻译怀有的一份挚爱,考察他的翻译追求以及他在翻译选择中或坚守或妥协的背后动因。例如,在学界对葛浩文翻译的探讨中,忠实性问题是一个受到普遍关注并引发诸多质疑和争议的问题,有学者将所谓葛浩文式"连译带改"的翻译方法视为对翻译忠实的违背而加以诟病,还有人却认为葛浩文翻译的成功说明好的翻译可以连译带改,并据此提出在中国文学外译中应破除以忠实性为原则的翻译理念。我们知道,"忠实"不仅是文字层面的,更是伦理层面的,对这一涉及翻译的根本性问题,显然无法仅就文本、结果

---

① 付鑫鑫. 葛浩文"没有翻译,我就不能生活"//刘云虹. 葛浩文翻译研究. 南京:南京大学出版社,2019:609.

② 孟祥春. 我只能是我自己——葛浩文访谈//刘云虹. 葛浩文翻译研究. 南京:南京大学出版社,2019:697.

或现象进行简单定论。若进一步从主体意识和精神的维度来考察,会发现葛浩文对"忠实"概念的理解与他对文学翻译的基本立场、对翻译的价值追求息息相关。他多次强调自己遵循的忠实原则不在语言层面,而是在意义层面:"只要我在翻译词汇、短语或更长的东西上没有犯错,我的责任在于忠实地再现作者的意思,而不一定是他写出来的词句。这两者之间有细微差别,但也许是一个重要的区别。"①因为,在他看来,"我们的工作目的是尽量取悦于一位不了解目标语国家语言的作家,尽力去忠实于他的原作吗? 答案当然是否定的。作者写作不是为了自己,也不是为他的译者,而是为了他的读者。而我们也是在为读者翻译。"②或许,从这个意义上来认识葛浩文的翻译方法与翻译行为,我们才能纠正葛浩文翻译研究中的某些片面观点,才能进一步深化对这位极具代表性的翻译家的认识,也才有可能在个案研究的基础上,从一个翻译家的独特经验中凝结出某种普遍意义。

许:对翻译家的研究,还有一点很重要,就是应注重对其翻译过程的考察与分析。在这方面,我们还有很多工作需要做。比如,都说傅雷对待翻译特别认真,但他到底认真到何种程度? 有何体现? 研究者不能仅凭傅雷自己所言或某种主观印象,就认定他是认真的。在某些问题上,单纯考察翻译结果很难抵达事实的真相,很难揭示现象或结果背后的深层次原因。就拿翻译中的删改问题来说,其中涉及的因素非常多,也很复杂,仅从翻译方法层面是根本无法考察清楚的。你前面谈到的林纾的翻译就是一个典型案例,他在文字和体裁上的不忠实背后都有值得探究的主客观原因。那位要澄清林纾冤案的日本学者所做的,正是深入林纾的翻译过程中,揭示林纾翻译中某些遭受误解的事实真相。我认为,进行翻译家研究,必须有理有据,任何定性的结论都要谨而慎之。如果我们能掌握第

---

① 葛浩文. 作者与译者:一种不安、互惠互利,且偶尔脆弱的关系. 王敬慧,译//刘云虹. 葛浩文翻译研究. 南京:南京大学出版社,2019:644.

② 葛浩文. 作者与译者:一种不安、互惠互利,且偶尔脆弱的关系. 王敬慧,译//刘云虹. 葛浩文翻译研究. 南京:南京大学出版社,2019:644.

一手材料、挖掘出可信的历史资料,比如翻译家的手稿、翻译家与作家的通信、翻译家与出版社编辑的通信等,进而切实考察译本生成的实际过程,我们的研究就会更全面,也更深刻。这也涉及翻译家研究的方法问题。都说史无定法,但我想方法还是很重要的,史论结合是翻译家研究应特别坚持的方法。我最近读到《外语教学与研究》2018 年第 3 期上许诗焱和许多合作撰写的《译者—作者互动与翻译过程——基于葛浩文翻译档案的分析》一文,文章以俄克拉荷马大学中国文学翻译档案馆收藏的葛浩文、林丽君翻译《推拿》过程中与作者毕飞宇之间的往来邮件为基础,就译者与作者之间的积极互动及其对译本生成的意义展开了深入探讨,对我们的翻译家研究很有启发。

刘:据该文介绍,成立于 2015 年的俄克拉荷马大学中国文学翻译档案馆收藏了葛浩文从事中国文学翻译 40 余年以来与大陆、台湾、香港作家之间的大量信件,并且计划建立中国文学翻译在线档案馆①,这就为深入考察葛浩文的翻译过程提供了丰富而可靠的资料,也为在史论结合基础上进一步深化对这位具有代表性的重要翻译家的研究提供了可能。但就目前而言,这样的翻译档案资料还很欠缺,如果翻译家、作家、出版机构和学术界能共同有意识地推动第一手翻译档案的保存、收集与交流,那将对促进翻译家研究及整个文学翻译实践与理论的探索发挥重要作用。

许:确实如此。最后,我想强调一下,目前的翻译家研究主要集中于对文学翻译家的研究,从中国翻译史的角度看,这是不够的。我们应该关注各个领域翻译家的历史贡献,如佛经翻译家、中国典籍翻译家、哲学翻译家、法律翻译家、外交事务翻译家等等,这些领域的翻译与中华文明发展、中外交流之间都具有密切关系,需要特别予以重视。

(原载于《外国语》2020 年第 1 期)

---

① 许诗焱,许多. 译者—作者互动与翻译过程——基于葛浩文翻译档案的分析. 外语教学与研究,2018(3):450.

如何拓展翻译研究视野?

——许钧教授访谈录

　　自翻译学作为独立学科获得体制内承认以来,翻译研究硕果累累。然而,翻译研究的纵深发展仍受制于学界目前较为普及的单向、固化、静态、盲从的思维定式。为使翻译研究得到实质性进展,拓展翻译研究思维、开拓翻译研究视野是每位翻译研究者应该面对的问题。2020年暑假期间,采访者有机会参加了中国翻译协会、全国翻译专业学位研究生教育指导委员会和教育部高等学校翻译专业教学协作组举办的全国高等院校翻译专业师资在线培训,在翻译理论研修班暨《中国翻译》杂志论坛上聆听了中国翻译协会常务副会长,浙江大学许钧教授所做的题为"翻译研究大视野"的讲座。讲座后,采访者多次就如何拓展翻译研究视野这一问题向许教授请教,他从对翻译的认识、翻译观念的树立、翻译的本质特征、翻译研究的规划、翻译的跨学科研究、翻译学如何供给其他学科、翻译事业发展的促因以及中国翻译研究如何提高国际影响力八个方面入手,为翻译研究的视野拓展指明了方向。

刘巧玲(以下简称"刘"):许教授,您好。最近一二十年来,我国的翻译研究取得了巨大进展,具体体现在翻译研究理论意识不断觉醒,翻译研究实践意识与翻译研究服务意识不断加强、翻译研究跨学科意识尤其受到重视,然而翻译研究的视野尚未真正拓宽,这一点仍然困扰着翻译研究开展的深度和广度。拓展翻译研究视野,有必要抽茧剥丝,重新思考翻译的定义,剖析翻译的本质。所以我想请您首先谈一谈您对翻译的认识。

许钧(以下简称"许"):我们的确有必要追本溯源,对翻译进行本体性的探究,加深对翻译的认识,这是翻译学科理论建构的需求,也是翻译研究走向深入的基础。我想从翻译的所指、翻译的历史与形式以及雅各布森关于翻译活动的三分法三个维度分享一下我对翻译的看法。

看待翻译,我一直强调,我们可以始于"翻译"这个词包含的三个不容忽视的方面,即翻译主体、翻译行为和翻译结果。翻译研究视野的拓展,可以先围绕着这三个方面进行。围绕着翻译主体,我们可以研究译者的主体性、译者的主体作用、译者的精神世界、译者对于翻译历程的认识、译者风格、影响译者翻译策略选择的因素等等。围绕着翻译行为或翻译过程,我们可以研究翻译行为如何产生、如何进行、翻译活动如何转换、转换机制有哪些等。围绕着翻译结果,我们可以研究翻译文本产生的背景、原因与影响、同一原文不同译文的对比研究、译文接受程度等等。对于翻译结果,我们一定要摆脱一种误区,倘若我们局限于静态地将原文与译文进行对比研究,则很难再现和揭示翻译过程中动态的力量和因素。当我们将翻译主体、翻译过程、翻译结果联系起来,整体去看待翻译,那么我们研究的领域和对象则更为深广。

看待翻译,我还有两句话:一是翻译历史悠久,二是翻译形态丰富。首先,翻译历史悠久,有非常广阔的领域值得我们开采。谢天振先生曾多次在会议上提出要重写翻译史。翻译史的研究可能会涉及中国古代尤其是近代以来的文化交流史、哲学思想交流史、外交史以及相关领域的研究。由此,翻译学研究可以和其他学科互通互惠,能滋养其他学科,能发现新材料、带来新认识、拓展新路径。其次,翻译形态丰富。翻译形态多样,口译、笔译是两种基本形式,但基于这两种形式,可以衍生出很多研究对象。比如口译,就涉及口译的过程、口译的机制、口译的影响因素、口译活动的伦理问题以及口译教育等。如果我们将口译放到历史的进程中去,放到各种各样的交流活动中去,比如将口译与我们的文化交流、科技交流结合起来时,则会展现出一片很大的天地。

看待翻译,我们还应该特别注意雅各布森提出的翻译三分法,即符际翻译、语际翻译、语内翻译,即便在当今,三分法仍有其重要意义。符号与符号之间不是一种排斥关系,而是一种补充的关系、丰富的关系。符际翻译不是简单的转换,而是丰富人类活动、拓展人类认识、增加人类感知、打开人类精神世界的一种生成性的动力。语际翻译,也就是我们一般意义上所讲的翻译,它涉及的内容同样很广,一部《红楼梦》、一个鲁迅,就为我们的翻译研究提供了很多课题。我们不仅仅可以对众多的课题进行多维度、多角度的研究,而且可以采取新技术进行研究。语内翻译目前多囿于古文今译,而且翻译界关注较少,其中也可以发掘出不少值得探索的问题。所以,我们可以从翻译所指的三个方面到它的历史与形态,再到雅各布森对翻译的三分法,在历时角度的观照下,再去思考如何定义翻译,如何在各个层面展开翻译研究。

刘:纵观中西翻译史,对翻译的认识、判断与理解其实是因人而异、因时而进的。您刚才提到已故的谢天振老先生呼吁重写翻译史,谢天振先生曾指出我们编写翻译史不应局限于或仅仅满足于对翻译史实的梳爬和描述,也应该去揭示出翻译思想、翻译理念的变迁和发展。您觉得在当今时代,我们应该形成怎样的翻译观念?

许:作为翻译研究者,我们应该对翻译是什么有深入的思考。首先,我们应该形成属于自己的翻译观念。诚然,古往今来,中西学者们对翻译的定义众说纷纭,我们可以去借鉴前人的经验,但要使自己的翻译研究有独到性、深刻性,归根到底还是要构建自己对"翻译"的认知体系。其次,形成动态发展的翻译观念。我极力赞成翻译观念动态发展的观点。就我本人而言,我与翻译有着不解之缘,在我 40 多年的翻译历程中,我几乎参与了翻译的所有形式,但我自己对"翻译"的理解也不是一蹴而就、一步到位的。再次,形成与实践结合的翻译观念。这一点我想着重强调一下,我们对"翻译"的理解要结合自己的翻译实践、翻译思考、翻译教学不断加深,脱离了实践的翻译观念是不成熟,也是不可靠的。可以明确地说,如今的翻译和翻译研究拓展了中国外语学科的疆域,丰富了中国外语研究的内涵。我们现在的翻译与翻译研究已经成为"外国语言文学"学科一个非常重要的方向,在这个方向上,它与我们的翻译实践、翻译人才培养以及中外文化交流是紧密联系的,能够形成互动。我们不少外语教师都在从事翻译实践,应该去思考如何将翻译实践与翻译研究结合起来。翻译一部书,不要局限于翻译,我觉得应该研究性地去翻译,把翻译过程当成经验总结、理论思考的过程,当成研究资料积累的过程。比如我1992年出版的《文学翻译批评研究》,就产生于我参与普鲁斯特《追忆似水年华》翻译的实践。如果我在翻译中没有用心积累一些素材,没有用心思考一些翻译问题,这本书就不可能产生。我们翻译观念的形成,是从翻译实践中来,通过实践形成观念,将观念运用到实践中去,在实践中修正完善观念的过程。

刘:我们知道翻译是一种社会活动,它与社会存在着共生、共变、共享关系。翻译源于社会,又给予社会。翻译在社会经济文化交流中有着自己无可取代的个性表达。那么翻译到底具备哪些本质性的特征呢?

许:翻译的特征其实在不同时代、不同国度是有差异的,但翻译本质性的特征始终不变。思考翻译本质性的特征有助于我们全面把握翻译。我觉得翻译至少具备六个本质性的特征。第一,翻译具有社会性。自有了文化交流,就有了翻译需求。翻译因异而起,翻译是有差异性的双方交流的需要;翻译为异而生,翻译能使双方互通有无、彼此借鉴。社会翻译学一直在着力于思考如何揭示翻译活动与社会各因素之间的互动与互补。我始终认为,中国社会现代性的构建与翻译的关系非常密切。第二,翻译具有文化性。任何一种翻译活动,都是在文化层面展开的,我们都说,翻译是文化交流的必由途径。翻译的文化转向说明了翻译与文化之间的密切关系。通过翻译,我们在文化交流、接触中丰富自己、互学互鉴。第三,翻译具有符号转换性。这一点也是翻译恒定不变的特质,翻译是一种符号的转换,基于此,有很多问题值得研究。如符号之间有什么转换机制?转换有什么原则?转换仅仅是复制、对等还是增益?转换有什么障碍?这些障碍该如何处理?机器翻译是靠语义、句法结构还是其他因素来进行、实践这种转换机制的？人类翻译的机制是如何产生的？在心理学上、神经学上这些机制有何差异？这种机制产生了怎样的翻译行为？这些行为有哪些特征？这些特征与翻译符号的转换之间关系如何？类似的还有很多值得挖掘的课题。第四，翻译具有历史性。凡是历史的，都是发展的；凡是发展的，我们都予以承认。翻译是推动人类历史发展的重要活动。人类交流越多，翻译的障碍越少；翻译活动越多，翻译的可能性越大。第五，翻译具有创造性。翻译就是打开自己，走向他者。在这过程中，他者成为自己的明镜，可以照见自己，让自己的认识更加清晰。同时，在与他者的接触当中，可以打开自己的疆域，拓展自己的疆界，然后得到新的滋养。翻译在语言层面、文化层面、社会发展层面可能都会带来新的东西，这种新东西，是一种创造。通过翻译，我们开阔了视野。通过翻译，我们可以看到鲁迅提出的翻译与现代汉语建设的关系；我们可以看到赵元任通过《阿丽思漫游奇境记》的翻译，如何让白话文得到锻炼和丰富；我们可以看到王小波、余华如何在作品中吸收翻译带给他们的新表达、新思想、新思维。第六，翻译具有生成性。生是生命，成是成长。这一特征在文学翻译中尤为突出。一部著作到另外的文化中会有一个新的生命，要适应新的语境和读者，需要不断成长，所以从译介到传播的过程，是生成的过程。这六个特征是本质性的特征，在历史的发展中不断丰富，不断变得深刻。我想，通过这些本质性特征，我们再对翻译问题进行审视、理解，就有可能打开我们的视野。翻译之为用大矣哉。通过这些本质性的特征，我们可以看到翻译是推进社会的力量，翻译是构建文化的力量，翻译是语言、社会、文化的创造性力量，翻译是不断形成、不断推进的力量。

刘：您刚才提到翻译具有历史性，翻译的历史悠久，但翻译学与其他学科相比还相对年轻，还算一个比较新的领域。翻译研究有待探讨和开发的领域很多，但我们的精力有限。您担任了国内外众多知名学术刊物的编委和审稿人，能否请您谈一谈我们青年学者在规划自己翻译研究的人生中，有哪些注意事项可以帮助我们少走一些弯路呢？

许：这个问题是我特别想和青年研究者一起探讨的，我就提五个希望和分享三点共识吧,希望对大家有所帮助。

第一,我希望大家将翻译研究与翻译实践、翻译教学相结合。第二,我希望大家要结合所长,结合兴趣,在自己有能力、有长处、有优势的领域展开研究。第三,我希望大家确定自己的研究领域后,能不断开垦、不断耕耘,让自己的学术面貌越来越清晰。这一点很重要,因为我始终认为,研究没有焦点,就没有兴奋点。第四,我希望大家选择的研究方向,要明确可行性和可持续性。持续地推进才会让我们的研究更为深刻。第五,我希望大家要敢于交流、勇于请教和善于学习。走出去才能让自己的视野更宽更广。

我还想与大家分享判断研究是否有价值的三点共识。首先,选题新。我认为选题是决定性的,通过选题,可以明确看到你的研究对象是否有价值,是否值得研究,研究是否有新意,有新的拓展。"新"不单指目前尚未被研究过的问题,也指学界尚在思考、尚未公认、意见尚未统一、研究相对薄弱的问题。其次,材料新。研究是无法凭空进行的,如果只关注静态的结果对比,如原文与译文的对比,那很难有新发现。对有些老问题的探究,需要有新材料作为基础。再次,研究方法要新,但研究方法更要适合。我不赞成在研究方法上盲目趋同与跟风,我认为方法一定是根据研究对象、研究重点、研究材料来决定的。不应该是方法在先,而应该是思想在先、思路在先、材料在先,之后才能选择合适的方法来进行研究。只有适合的研究方法才能将研究价值凸显。

刘:的确如您所说,研究方法合适比研究方法新颖更重要。如今的翻译学愈发开放和包容,我们似乎比较乐于汲取其他学科的营养,采纳其他学科的方法,但是如果翻译研究者盲目求新、求变,翻译学的发展可能会迷失方向。您如何看待如今翻译的跨学科研究热潮,您觉得青年学者应该如何进行翻译的跨学科研究呢?

许:翻译的跨学科研究其实一直都受到学界追捧,鲜少为人诟病。众所周知,学科的交叉与融合,能整合优质资源,碰撞思想火花,提升学科生命力与竞争力。这一点其实在学界早已达成共识,无须再赘述。但我还是希望学界能辩证地、客观地、全面地看待翻译的跨学科研究。我认为翻译的跨学科研究是机遇与挑战并存,希望与风险同在。我很认同王克非教授、傅敬民教授和杨平主编在 2020 年全国高等院校翻译专业师资在线培训论坛中关于翻译的跨学科研究的观点。跨学科不是万能的,它只能解决翻译面临的某些难题;跨学科不是随意的,要根据研究问题选择适合交叉的学科;翻译学不是百搭的,不能与任何学科都有机融合。所以,一方面,我们不能无限度地为"翻译学"添加其他学科的前缀,甚至牵强附会、生拉硬扯或浅尝辄止还乐此不疲;另一方面,我们不能拘守于旧习惯,陶醉于被供养,忙碌于跟随或制造各种"转向",甚至舍本逐末也在所不惜。这是我对翻译的跨学科研究的基本观点或者是对"跨学科热"的基本补充。

在把握这一基本前提的基础上,我们进行的翻译的跨学科研究才会凸显出其不可替代的优势。目前译界跨学科研究发展迅速,国内外学者们开展的跨学科研究其实给了青年学者很好的启示。比如詹姆斯·霍姆斯提出的社会翻译学,郑州大学杨明星教授构建的外交翻译学,西南大学文旭教授提倡的认知翻译学,都是翻译学与相邻学科的移植和融合。就目前来看,翻译的跨学科研究主要围绕着两个方面进行。第一是借鉴其他学科的研究方法。比如国内目前比较流行的语料库、Python、R 语言、眼动仪等在翻译研究中的运用,可以为翻译研究带来新的思路和新的发现。以眼动法为例,欧洲翻译研究学会会长阿恩特·雅可布森教授、澳门大学李德凤教授等学者运用眼动追踪技术探究翻译认知过程,深化了我们对译员认知机制、认知心理、认知策略等方面的认识。第二是借鉴其他学科的成熟理论。比如认知语言学、心理学、神经科学、社会学、文化学、政治学、历史学、传播学、美学等方面的理论,可以赋予翻译研究深度与厚度。

这两个基本方面,其实已经为青年研究者提出了新的要求。首先,要发现跨学科的问题。这一点其实是最重要的,需要研究者对所跨学科有深入的了解,吸取不同学科知识。从多角度对研究问题进行解释,才能形成有意义、可深入挖掘的跨学科话题。其次,要设计合适的跨学科方法。这一点我刚才也提到过,我极其不赞成一味在方法上跟潮流的研究。研究方法新本身没有错,但新方法用在不当的地方就可能出问题。方法不当既不能凸显方法本身的价值,也不能凸显研究问题的意义,更无助于揭示问题,解决问题。再次,要立足翻译学,服务翻译学。我们要跨出去,但也要收回来,用其他学科的知识来解决翻译问题才是根本之义。再者,对已形成的理论或已开展的研究,既要证实也要证伪,既要补充又要修正。我们急需理论创新,但也急需理论更新。应鼓励青年学者在有理有据的前提下,质疑学界创新的理论或进行补充,百家争鸣有利于理论的完善与发展。最后,我想说一点比较感性的话,我希望青年学者在做研究时,不要急于求成,要相信水到渠成。我充分理解青年学者的科研教学压力,但仍然希望大家做研究时更从容一点、淡泊一些,守得初心,方得始终。

刘:翻译学汲取了其他学科的营养,拓展了自己的研究领域,促进了译学的发展。但是我们也应该注意到,翻译研究的广度和宽度却并不能直接等同于翻译研究的深度。国际知名翻译研究学者、澳大利亚墨尔本大学教授安东尼·皮姆也曾在接受中国中央民族大学雷静老师的访谈时指出,翻译研究的发展越来越碎片化了。而且在与其他学科的互动交流中,翻译学目前还很难理直气壮地说自己是输出型的学科。您认为翻译学要如何才能与其他学科彼此供养、共生共长呢?

许:经过学界若干年的努力,翻译学科已由从属走向独立,但要由独立走向引领,任重而道远。我觉得学科的发展就像是在合与分之间呈螺旋上升状态,从早期不分学科、不讲系统,到后来学科分野、彼此区别,到如今学科融合、相互交叉,我们很难去判断未来会不会再发生一次学科疆界的大划分。但是我们可以大胆预想一下,如果再有一次学科划分,那一定不是回到原点,而是在"合—分—合"的综合作用下,对学科的全新定义和创造性认识。那么回到你提的问题,翻译学如何才能成为输出型的学科,我觉得这和"分"有密切的关系。翻译学要为其他学科所借鉴,一定要在吸收了其他学科的营养,即"合"之后形成自己的东西,也就是"分"。所以这就是我们一再强调翻译的本体研究的原因。

其实国内从 20 世纪初开始,就陆续有学者呼吁回归翻译本体研究,这一点我是赞同的,但我不赞同将翻译本体局限于语言转换,我认为翻译学的本体研究至少应该包括语言和文化两个层面。按照霍姆斯 1972 年对翻译学目标的设想,如果我们将语言和文化视为翻译学的本体,那么我们应该去描述语言或文化转换现象并建立一般原则来解释和预测这种现象。前者是翻译实践的具体叙述,而后者则是翻译理论的抽象提炼。我坚信通过学界集中智慧来把握翻译本质,深入翻译内核,翻译学是有望成为输出型的学科的。

刘:纵观中国的翻译史,中国历史长河中几次划时代的重大事件,大都与翻译活动有着或隐或显的关系。翻译在中国历史上扮演过极其重要的角色,翻译在当代中国也备受重视,成绩斐然。尤其是改革开放 40 余年以来,中国翻译文化事业繁荣昌盛,延续着翻译塑造历史的传统,开启了翻译事业新征程。您觉得翻译事业的这些成果主要得益于哪些因素?

许:实际上翻译事业的发展,我觉得有几个方面值得国人肯定与骄傲。第一,我认为世界上没有一个国家像现在的中国一样关注、重视翻译问题。我们的社会、媒体,包括我们的国家都聚焦翻译,关心翻译事业的发展。翻译界应该去关注社会各界所关注的话题,了解他们对翻译的期待、思考他们所思考的翻译问题。通过关注这些问题,我们可以打开视野,可以发现一些新灵感。第二,我认为现代社会没有一个国家像中国一样展现出翻译活动的丰富性、复杂性和重要性。比如我们强调中国文化"走出去",由此出现了新的翻译路径,提出了新的翻译问题。如中译外的历史渊源如何? 中译外的必要性、重要性何在? 外译由谁译,母语者还是非母语者? 如何评判翻译效果? 外译,尤其是中华学术外译对于其他学科发展的贡献是什么? 等等。第三,我认为世界上没有一个国家像现在的中国一样将翻译事业与国家的战略需求如此紧密地联系在一起。翻译需要服务于国家需求。以"一带一路"建设为例,学界已经围绕着"一带一路"建设开展了许多研究:北京大学的"一带一路"主要沿线国家的诗歌翻译工程;浙江大学中华译学馆已经推出的关于丝路国家传奇、童话故事的"丝路夜谭"译丛;华东政法大学屈文生教授致力于建设的"一带一路"沿线国家法律文本翻译研究及数据库;等等。第四,我认为世界上没有一个国家像中国一样对高水平翻译人才培养以及培养体系构建那么重视。这些年来,我们国家对于翻译人才培养非常重视,对于翻译人才培养体系的构建做了很多努力。翻译专业本、硕、博学位的设置,形成了一个非常完好的体系,那么如何去平衡实践与理论的关系、专业型人才与学术型人才的培养关系? 许多问题值得我们研究。

刘:的确如您所说,中国对于翻译的重视程度和取得的成就是有目共睹的。但坦白讲,中国翻译研究的进展速度似乎不太能跟得上中国对翻译的重视程度。在国际翻译学界,中国目前还很难昂首挺胸,因为一直以来,中国的翻译研究似乎靠国际翻译研究的给养偏多,对国际翻译界的反哺偏少,或者是反哺了,却尚未被别人看到、接纳、吸收与传播。您觉得未来中国的翻译研究应怎样提高国际影响力?

许:我个人觉得中国的翻译研究在国际上的影响力是远远不够的,未来有几个方面值得我们关注。第一,在新的历史时期,我们仍然要对翻译活动有新的认识,进一步把握它的本质。我在前面已经探讨了翻译的本质问题,提出要对翻译重新定位和重新认识,我想这一点怎么强调都不过分。第二,我觉得在未来的翻译研究中,要进一步树立翻译的动态历史观和翻译的价值观。翻译具有工具性,具有服务性,但是翻译更具有精神性,具有文化性,具有创造性。所以我们要关注翻译的历史,挖掘翻译的价值。比如五四运动、改革开放与翻译的关系问题,佛经翻译、科技翻译、文学翻译与社会发展的问题。尤其是中国现代以来,学术发展、学术话语体系构建、国家形象与翻译的关系问题都值得我们进一步思考。第三,我们要进一步探索中国特色的翻译理论。这些年来,在翻译研究上,我们中国的学者做了很多工作和贡献,也有很多理论创新,如生态翻译理论、变译理论、翻译行为批评理论、翻译生成理论、大易翻译学等。我觉得我们中国学者有必要也应该对自己这么多年来在翻译理论创新方面所做的努力、所取得的功绩进行回顾、梳理与探索,为未来的发展拓展新的空间。第四,我觉得我们的翻译学界应该积极开展重要的翻译工作和研究,以服务于国家需求。实际上在一些重要的翻译活动中,我们都是在场的。就我个人来说,上海的世博会、南京的青奥会、南京"世界文学之都"的申报,这一系列重要的活动,我都是主动参加的,而且参与了很多重要的工作。一方面我们的翻译活动、翻译思考和翻译研究跟国家的战略本身就是相连的,我们有很多可用武之地,可以做出应有的贡献。另一方面,在服务于国家需求的过程中,我们又进一步探索了翻译研究的可能性、可行性、时代性,有助于开阔翻译研究的视野。第五,我希望大家要努力担当起传承翻译与翻译研究的历史使命。我们作为翻译研究者、翻译教育者或翻译实践者,要为传承中国文化、促进中外文化交流以及维护世界文化多样性做一些实质性的工作。与此同时,我们应该努力打造中国翻译研究者成果发展的平台,打造翻译研究者交流成果的中心,尤其是让青年学者在这个平台上相互交流,有所收获,以此推动中华译学的可持续发展。第六,我们要进一步积极探索中国翻译教育的发展之道。我们要发出中国的声音,认真总结中国翻译人才培养的经验与做法,在国际上交流合作,提升翻译人才培养的质量。中国的翻译研究者要勇于发表自己的观点,努力提升中国在全球翻译学界的影响力和贡献力。

(原载于《中国翻译》2021 年第 2 期)

人文学者的情怀与担当

——许钧教授访谈录

　　许钧先生系浙江大学文科资深教授,浙江大学中华译学馆馆长、外国语学院博士生导师,教育部长江学者特聘教授,现兼任国务院学位委员会外国语言文学学科评议组召集人、全国翻译硕士专业学位教育指导委员会副主任、中国翻译协会常务副会长,同时还担任国际翻译学知名期刊 *Meta* 和 *Babel* 的编委和《外语教学与研究》《外国语》《中国翻译》《外国文学》等十余家学术刊物的编委或顾问。许钧教授在翻译理论研究领域有重要建树,在国内外译界有重要影响,目前已发表学术论文 300 余篇,出版专著 15 部、译著 30 余部,是中国翻译学科建设的主要推动者之一。他在翻译和文化交流领域做出了杰出贡献,荣获法国政府颁发的"法兰西金棕榈教育勋章"和中国翻译协会颁发的"翻译事业特别贡献奖"。指导的学生先后两次获国务院学位委员会与教育部评定的全国优秀博士学位论文,四人入选教育部新世纪优秀人才支持计划。作为一位人文学者,许钧教授有着自己的精神追求,有情怀、有担当,在学科建设、人才培养、文化交流、图书出版、社会服务、校园文化建设等方面都有重要贡献。应编辑部之邀,冯全功博士就"人文学者的情怀与担当"访谈了许钧教授,希望他的观点和实际经验对青年学者的全面发展有所启发。

冯全功(以下简称"冯"):尊敬的许老师,您好,首先非常感谢您接受我的采访。还清楚地记得,您在 2018 年 11 月举办的"新时代中国文学译介与传播高峰论坛暨浙江大学中华译学馆成立大会"上,反复强调了一位学者的情怀与担当,被前辈学者的情怀所感动,也期望新生代学者是有情怀的。请问您是如何理解一位学者的情怀与担当的?

许钧(以下简称"许"):谢谢你的采访,也感谢《北京第二外国语学院学报》给我们这次交流的机会。关于学者情怀,我觉得不应该是一句空话。我想从三个方面谈谈我的理解。首先,作为翻译学者,我们要有对翻译的热爱,对翻译学科的认同,这就叫学科情怀吧。我们都是高校教师,有自己的学科定位,理应对自己的学科有所贡献。这种贡献应该是多方面的,既可以是宏观的,也可以是微观的,既可以从一个学科建设的整体而言,也可以从所在高校某一学科的建设而言。我们翻译学科从酝酿到诞生再到现在的蓬勃发展,离不开一大批学者的呼吁、推动与努力,如杨自俭、刘宓庆、谢天振、黄友义、谭载喜、仲伟合等,当然也包括我本人的一些努力。其次,应该有人文情怀,主要体现在对人的尊严、价值、精神、命运等方面的维护与关怀上,我们要学会重视人、尊重人、关心人、爱护人,在实现自我价值的同时,也要积极帮助他人实现其自我价值,处理好自我与他者的关系。翻译作为一种跨文化交流,需要处理好同和异的关系,对同异关系的处理有利于我们深入思考自我与他者的关系,思考人文情怀的核心问题。再次,应该有人类情怀,人类情怀不妨说是人文情怀的升级版,以生态人文主义为理念,需要我们具有人类命运共同体的意识,并积极为人类命运共同体的构建做出自己的贡献。第六任联合国秘书长加利先生曾为我写的《翻译论》题写过一句话:"翻译有助于发展文化多样性,而文化多样性则有助于加强世界和平文化的建设。"可以说翻译和语言多样性、文化多样性、全球和平文化以及人类命运共同体的构建都密切相关,也发挥着重要作用。翻译学者要有全球视野和人类情怀,在这些问题上要有一定的担当意识。总之,学者情怀需要的是勇于担当,需要的是责任意识与服务意识,需要从我做起,从一件件具体的事情做起,踏踏实实地为学科、社会、国家乃至全人类做出自己的贡献。

冯:2016 年 9 月,在"浙大欢迎您"浙江大学文科资深教授受聘仪式上,您说:"我一直在思考,到了这个年龄为什么要换新的工作单位,我想除了家乡情之外,也是来寻根和'创业'。"在浙江大学"创业"的几年中,有一项成果特别突出,引起了学界的广泛关注,那就是您领衔成立并担任馆长的浙江大学中华译学馆,目前已经取得了很大的成绩。能否请您简要介绍一下浙江大学中华译学馆以及近几年的举措与成就?

许:2017 年年初我开始酝酿设立中华译学馆,经过精心准备与多轮论证,2017 年年底学校正式发布文件成立浙江大学中华译学馆,立馆宗旨为"以中华为根,译与学并重,弘扬优秀文化,促进中外交流,拓展精神疆域,驱动思想创新",主要在译的层面、学的层面和中外文化交流层面开展工作,涉及文学、文化和思想三个重要维度。你在《中国翻译》2019 年第 1 期也发表了一篇文章,对中华译学馆有所介绍①,大家不妨去看看。我觉得中华译学馆最重要的工作,是促进全社会对翻译的理解和认识,促进中外文化交流。我们也有一些比较具体的工作,目前已全面展开,主要包括举办学术会议、策划翻译(研究)丛书、举办学术(文化)讲座、建设翻译科研团队、促进学术思想传播等,取得了一些成绩。我们这两年在推动翻译与翻译家研究方面做了不少工作,联合全国的翻译与翻译研究力量,陆续推出了不少翻译与翻译研究成果,如"中华译学馆·中华翻译研究文库"(已列入出版计划的有 36 部,已出版 17 部)②,"中华译学馆·中华翻译家代表性译文库"(计划出 80 卷,已出版 6 卷,另 30 卷已在编撰中)③,"中华译学馆·中华翻译家研究文库"(首辑计划出版 10 部),"中华译学馆·中世纪与文艺复兴译丛"(已出版 3 部)④,"中华译学馆·好书阅读工程"(已出

---

① 冯全功.搭建译学平台 助推文化交流——浙江大学中华译学馆成立纪实.中国翻译,2019(1):136-140.
② 截至 2022 年 11 月,已列入出版计划的有 56 部,已出版 43 部。
③ 截至 2022 年 11 月,已列入出版计划的有 44 卷,已出版 21 卷。
④ 截至 2022 年 11 月,已列入出版计划的有 11 部,已出版 5 部。

版 14 部),"中华译学馆·汉外翻译工具书系列"(已出版 2 部)①,"中华译学馆·艺术家"(已出版 3 部),等等。此外,还有与商务印书馆合作的"故译新编"文丛,已推出第一辑 9 部,第二辑 11 部也很快就会问世。今后我们会一如既往地举办学术会议和学术讲座,推进图书出版和思想传播,还会在翻译人才培养、科研团队建设、中外文化交流、中外合作研究、译学期刊创办等方面加强工作力度或开拓新的领域,争取把中华译学馆打造成为国际知名的学术研究与文化交流机构。

冯:我知道您对国内的翻译家研究特别重视,著有《傅雷翻译研究》一书,也曾系统采访了很多中国著名翻译家,如季羡林、萧乾、叶君健、屠岸、许渊冲等,2001 年出版了《文学翻译的理论与实践:翻译对话录》,在国内产生了重要影响,后又被纳入国家社科基金中华学术外译项目,现已在国外出版。您在各种报纸杂志上也介绍过多位翻译家,如傅雷、余光中、柳鸣九、郝运等。如今又隆重推出了"中华译学馆·中华翻译家研究文库"和"中华译学馆·中华翻译家代表性译文库",将为中国翻译家研究做出更大的贡献。请问您为什么如此重视翻译家研究,我们又该如何从事翻译家研究?

许:纵观各国的文明与文化发展史,一代又一代的优秀翻译家为延续民族文化血脉、推进不同文化之间的交流与融合做出了不可磨灭的贡献。如果没有翻译这一桥梁,没有翻译家的努力,世界文明不可能如此绚丽多姿,各民族的文化也不会如此丰富多彩。中华翻译家在中华文化传承、中西文化交流中具有举足轻重的作用,"中华文化之所以能长葆青春,万应灵药就是翻译",著名学者季羡林如是说。在古代的佛经翻译,明清时期的西学翻译,"五四"时期的外国文学翻译以及当代的文学、社科翻译等领域,一个个翻译家的名字熠熠生辉,如鸠摩罗什、玄奘、徐光启、严复、林纾、鲁迅、朱生豪、傅雷、杨宪益等。这些翻译家为中华文明的延续与发展、中外文化的交流与互鉴树立了一座座精神丰碑。同时翻译家在民族

---

① 截至 2022 年 11 月,已列入出版计划的有 5 部,已出版 4 部。

文学的对外译介与传播以及世界文学的形成、在不同学科的形成与发展以及人类精神、文化思想的交流与融合等方面都发挥了不可估量的作用。一部中国翻译史,可以说是一代代优秀翻译家的翻译活动史,但从根本而言,也是中华文明的发展史、中外文化的交流史。翻译家研究不仅是向他们致敬的一种方式,也是继承与发扬翻译家精神的一种方式;不仅是对翻译学科发展的推动,也是对世界文明交流互鉴之路的拓展。在中国文学与文化"走出去"的战略背景下,我们不仅要研究外译中方面的翻译家,更要研究中译外方面的翻译家,如辜鸿铭、林语堂、杨宪益、许渊冲等国内翻译家,也包括古今著名的汉学家,如理雅各、韦利、翟理思、霍克思、宇文所安、葛浩文、杜特莱、顾彬、陈安娜等。但翻译家研究不能止于对其翻译方法、翻译艺术的讨论,而应根据相关一手和权威资料,在文本研究的基础上,深刻把握翻译家的历史贡献,并从翻译立场、选择与追求等层面对其精神世界进行深入探索。唯有如此,才能把翻译家研究做得更为扎实,才能真正树立起翻译家的精神坐标。

冯:浙江大学虽是一所综合性大学,但传统上比较注重工科,相对而言,文学与文化氛围并不是特别浓厚。您加盟浙江大学之后,邀请了众多国内以及国际著名的作家、翻译家来浙大讲学,每次讲座都吸引了很多听众,反应也非常好,为校园文化建设做出了重要贡献,也体现了一位人文学者的情怀担当。请问您这样做的初衷是什么?

许:校园文化建设很重要,学生的成长离不开人文的熏陶,也离不开精神的指引。对教师来说,人才培养是首位的工作。在来浙江大学工作之前,也就是 2016 年 5 月,我协助浙江大学邀请了两位诺贝尔文学奖获得者——法国的勒克莱齐奥先生和中国的莫言先生,为浙大师生做了一场"文学与教育"的对话,作为浙江大学 120 周年校庆"学术大师大讲堂"的第二场,这是一个良好的开端。随后我又邀请了众多知名作家、翻译家、翻译理论家来浙大讲学,作家如勒克莱齐奥、阿多尼斯(阿拉伯著名诗人)、余华、苏童、毕飞宇、韩少功等,翻译家与翻译理论家如顾彬、林少华、杨武能、郭宏安、谢天振、王克非、王宁、黄源深、曹明伦、朱振武、马爱农、袁筱一等。他们或单独做讲座,或两人(多人)进行对谈,或在相关学术会议上做主旨发言等,我自己也会参与进去,如与诗人阿多尼斯、作家苏童等人的对谈,反响都很好。其中毕飞宇还受聘为"浙江大学求是讲座教授",为我们带来了很多场文学与翻译文学讲座。我之所以请他们来浙江大学交流,主要出于以下几点考虑:一是为校园文化建设增添活力,增强浙江大学的人文氛围;二是邀请作家和翻译家共同讨论外国文学译介以及中国文学对外译介与传播,加强文学创作界与文学翻译界的交流与合作,助力中国文学"走出去";三是提高广大师生和社会人士对翻译、翻译家以及翻译研究的认知;四是为浙江大学"双一流"建设服务,提升浙大翻译学以及整个外国语言文学的知名度与影响力。其实,关于校园文化建设,并不限于把这些人"请进来",我自己也会积极投身其中,如多次为浙大师生做讲座、接受学校相关部门采访、参加学校和学院组织的各种文化交流活动等。作为高校教师,我们有必要以主人翁的姿态参与校园文化建设,丰富学生的精神世界,提高学生的人文素养,为学生的职业追求引路导航。

冯: 在浙江大学中华译学馆成立大会上,您曾说青年学者是您"想继续走下去的动力",作为一位极具影响力的资深学者,您对青年学者一直非常支持,多有鼓励,也寄予厚望。请问您主要采取哪些形式来支持青年学者的学术发展?

许: 青年学者也都是从学生时代走过来的,所以培养青年学者要从学生抓起,也包括一些优秀的本科生。我之前在南京大学坚持给本科生上课,一定程度上就出于这方面的考虑。当然针对青年学者的培养与发展而言,我还是更注重博士生,也包括一些博士后。我所指导的博士生和博士后绝大多数已成为所在高校的科研与教学骨干。我觉得一位真正的人文学者,是有义务、有责任去引导、支持年轻人的,这首先表现在人才培养上。只有把学生培养好了,才有可能培养出更多优秀的青年学者。对青年学者的培养,我觉得学风很重要,学术研究要纯粹一些,态度要严谨。学术发表也很重要,这是青年学者不断提高自己的研究能力、发表自己的学术见解、交流研究成果的重要途径。看到青年学者的好课题、读到青年学者的好文章,我会努力给他们一些建议,向一些重要学术期刊——如《外国语》《中国翻译》《小说评论》《当代外国文学》等——推荐青年学者的优秀文章,助力其学术成长。翻译研究学者不仅要有研究能力,也要有较强的翻译实践能力。其次,我还特别注重培养青年学者的翻译实践能力,多年来经我引荐出版或指导参与的青年学者(包括我的学生)的译作不下100部,这些翻译实践对其翻译研究而言是至关重要的感性素材。在我近年主编的一些丛书中,也特别注重青年学者的书稿,如新推出的"中华译学馆·中华翻译研究文库""中华译学馆·中华翻译家代表性译文库"以及更早和张柏然教授一起主编的"译学新论丛书"等。可以说没有青年学者的参与,中国翻译学就看不到发展的希望。支持青年学者学术发展的形式还有很多,比如我也会特意安排一些优秀青年学者在重要学术会议上做主旨发言,也曾通过讲座的形式和浙江大学外语学院的青年学者谈学术研究与学术发展,也曾接受过你的访谈,后来发表的题目就叫《青年学者如何做翻译研究——许钧教授访谈录》①。中华译学馆本来要在今年5月中旬举办一次"中华翻译研究青年学者论坛",由于突发的疫情的影响,会议推迟至今年下半年或明年举办。这次会议的主体也是青年学者,并且还会邀请多家外语类期刊的主编莅临会议,一块探讨青年学者的学术成长问题。总之,我认为没有青年学者积极参与的学术是没有活力的,没有青年学者积极参与的学科是没有希望的。

冯:作为著名翻译家,您本人非常注重翻译实践,翻译理论、翻译实践和翻译教学之间形成了一种良性互动的关系。然而,在高校外语学科教师专业技术职称评审中,翻译成果还未得到应有的重视,所以您多次呼吁国家和学校重视翻译成果,建议把翻译成果作为重要指标纳入职称考评体系。您还在《中国翻译》2017年第2期发表了《关于外语学科翻译成果

---

① 冯全功,许钧. 青年学者如何做翻译研究——许钧教授访谈录. 中国外语,2018 (4):104-111.

认定的几个问题》的文章,在学界引起较大反响。您能否再简要论述一下把翻译成果纳入职称考评体系中的必要性以及一些可行的方法?

许:我很喜欢翻译,所以一直注重文学翻译实践,正如前面所讲,也会刻意培养学生多做一些文学翻译实践,我的个别学生,已经成长为非常优秀的翻译家,如袁筱一等。我来到浙江大学之后,发现我们很多老师具有大量的翻译实践,取得了丰硕的成果,如郭国良翻译了几十部英美文学作品,并且都是名著首译,也据此被破格评上了教授,他的情况在你刚才所说的《中国翻译》那篇文章中作为个案也有所介绍;王之光独译的《中华人民共和国史稿简明读本(英文版)》(*A Concise History Reader of the People's Republic of China*)以及参译的《毛泽东传》英译版本(*Mao Zedong——A Biography*)双双入选"新中国 70 年百种译介图书"的图书榜单,还有他英译的班固的《汉书选》(*Chronicles of the Han Dynasty*)入选了"大中华文库",翻译的《小妇人》《发条橙》等文学名著也多次出版,获得好评;何文忠、卢巧丹、张慧玉最近几年带领硕士生和本科生翻译了二三十部英语社科著作,这对硕士生培养,尤其是 MTI 学生翻译能力的培养,是非常有必要的;朱晓宇带领团队,最近几年为良渚申遗翻译了大量资料,助力其申遗成功,这是非常重要的社会工作;徐雪英也翻译了多部社科类著作,为浙江大学、省内各级博物馆提供了大量翻译服务,还在做智库方面的研究课题,为学校对外交流做出了重要贡献。这些老师的翻译工作值得鼓励,也值得肯定,对翻译人才的培养非常有利,理应作为重要指标纳入职称等相关评聘体系之中。我在《中国翻译》那篇文章中提出翻译成果的学术资源价值、知识创新价值、人文关怀价值等,并认为"经由译者研究、阐释、再创造而生的翻译作品具有引入异质思想、丰富译入语思想、构建文化的重要价值。翻译成果的学术价值与思想价值不应该被忽视或轻视"[①]。再者,翻译成果在学科建设、学科评估、人才培养和社会服务等方面也发挥着极其重要的作用。至于如何将翻译成果纳入考评体

---

① 许钧. 关于外语学科翻译成果认定的几个问题. 中国翻译,2017(2):9.

系,的确是比较棘手的,很难有统一的标准,建议高校和有关部门根据自己的情况来制定。我想以下建议也不妨作为参考:(1)区别对待译作的权重,如国家社科基金中华学术外译的成果、文学名著首译、重要哲学社会科学类著作翻译等应与专著同等对待,充分肯定其价值;(2)针对核心翻译师资,尤其是 MTI 师资,在相关考评体系中应强制要求其具有一定的翻译实践,MTI 教指委对之也有所规定,对于翻译实践丰富、翻译能力强、翻译质量高的教师,应予以区别对待;(3)对于教师的重要口笔译服务,只要有可信的证明,也要予以承认,在相关考评中给予一定的权重。

冯:据我所知,您特别注重国际学术与文化交流,为此也做了不少工作,在国际上发出了中国学者的声音。您可以介绍一下自己这方面的经验吗?

许:在国际学术发表方面,理工科似乎比我们人文学科做得更好,这可能和人文学科的特殊性有关。人文学者要有国际视野,争取在国际学术舞台上发出自己的声音,尤其是我们外语学科的学者,有“先天”语言优势。我在《外语与外语教学》2017 年第 1 期发表了《试论国际发表的动机、价值与路径》一文,文章“就国际发表的动机、价值与具体路径展开思考,提出中国学者应该克服功利性、盲目性和浮躁的心理,根据学术研究与交流的内在诉求,坚持独立的学术立场,在学术探索上有自己的价值观和价值判断,在此基础上,不断开拓国际学术交流与成果发表路径,为学术发展做出自己的贡献”[1]。国际发表当然很重要,但作为人文学者,我们还应该不断拓展交流途径,扩大影响力,比如参加国际重要的文学或研究奖项的评审工作。2018 年,我应邀赴巴黎参加国际法语国家组织设立的第十七届“五洲文学奖”的评奖活动,就获奖作品的选择标准发表了自己的观点,对最终获奖作品的评定起到了导向作用。[2] 对人文学者而言,国际交流不仅意味着在国际期刊上发表学术论文,参加国际学术会议,与国外同

[1] 许钧. 试论国际发表的动机、价值与路径. 外语与外语教学,2017(1):1.
[2] 许钧. 文学交流与文化多样性的维护——“五洲文学奖”评奖侧记. 外国文学, 2019(1):169-175.

行进行学术对话,还包括更为宽泛的内容,如联合培养博士生、与国外机构与学者进行合作研究、在国外机构举办个人学术讲座、邀请国外学者进行学术交流、在国外学术团体担任相关学术职务、参与各种各样的国际交流活动等。在我和法国诺贝尔文学奖获得者勒克莱齐奥长达 40 余年的交往中,我发现学术交流与文化交往是一个不断推进的过程,其影响应该是多方面的。勒克莱齐奥成为南京大学的名誉教授,连续 7 年为南京大学本科生开设通识教育课,在南京大学指导了他的第一名博士生,在人才培养方面产生了积极的影响。他多次与莫言对话,与余华、毕飞宇等重要作家交流,有力地推动了中法文学与文化交流。在学术方面,也有成果问世,2018 年,我和他合作,在译林出版社出版了专著《文学,是诗意的历险:许钧与勒克莱齐奥对话录》;2019 年,又在法国极负盛名的伽利玛出版社出版了法文版的《诗意历险与文学交流——勒克莱齐奥在中国的十五次演讲》,该书由我主编并作序,在法国引起了广泛影响。这些不仅是个人的交往,更是中法文学与文化的交流,受益的也不仅是我们两个人,而是更为宽泛的受众群体。其实,在我的工作中,我花了不少精力协助组织中外文化与文学的交流与促进工作,如我应邀与勒克莱齐奥、莫言、毕飞宇一起担任南京申办"世界文学之都"顾问,在联合国教科文组织总部主持"城市的开放与文化的多元"论坛(2018 年 10 月于巴黎),并作为主要嘉宾参与研讨。这些工作虽然花了我不少时间,但是我觉得很值得。

冯:在前面您提到过学科情怀,您对翻译学科建设的推动是有目共睹的,从孕育到目前的繁荣发展,都有您的积极参与。您能否给我们分享一下这方面的心路历程?对目前的翻译学科建设您又有什么建议?

许:翻译学是不是一门独立的学科,在国内经历过激烈的探讨,尤其是学理层面,虽然提倡者很多,如谭载喜、杨自俭、谢天振等,但也有学者称之为"一个未圆且难圆的梦"①。在学科体制层面,翻译学曾被视为语言学的一个三级学科,归在应用语言学二级学科之下,对翻译学的发展的确

---

① 张经浩.翻译学:一个未圆且难圆的梦.外语与外语教学,1999(10):44-48.

有一定的限制。然而,经过众多翻译学者的不懈努力,我们用实力争取到了翻译学的独立学科地位,迎来了翻译学的繁荣发展,目前已经成为外国语言文学一级学科的五个主干学科领域之一。在 2000 年左右,我是坚信翻译学能发展成为独立学科的,1999 年在《上海科技翻译》发表了《关于加强翻译学科建设的几点看法》一文,2001 年在《中国翻译》发表了《切实加强译学研究和翻译学科建设》一文,表明了自己的观点,也提出了翻译学科建设的若干建议,并用一些切实行动来促进翻译学科建设。2007 年,我国设立了翻译硕士专业学位,我也参与了建设,并在期刊上陆续发表了不少看法。针对中国翻译研究所取得的成绩,我做过系统的总结与思考,如由我担任主编的《改革开放以来中国翻译研究概论(1978—2018)》以及和穆雷一起主编的《中国翻译研究(1949—2009)》等。发展翻译学科,必须加强翻译理论建设,有四个方面值得特别关注:一是"克服翻译研究的泛文化倾向与翻译研究的本体性回归";二是"挖掘翻译研究的理论性资源与理论创新的可能性";三是"拓展翻译研究的本质内涵,加强翻译研究与其他学科的互动性";四是"增强翻译研究的探索性与对重大社会问题的关注"。① 这些方面也都是我一直比较关注的。关于挖掘翻译研究的理论性资源的问题,我们不妨在中国传统译论、传统文论、古典哲学上多下功夫,挖掘出中国翻译理论的特色;在对重大社会问题的关注上,不妨在中国文学与文化"走出去"和"一带一路"倡议等国家政策上多下功夫,体现出翻译对重大现实需求的回应。在体制方面,目前翻译学已得到高度认可,被视为外国语言文学的五个主干学科领域之一。所以我们应该把主要精力放到内涵建设上,对之进行调整与完善,包括学科整体布局、翻译理论研究、翻译家研究、翻译史研究、翻译教育研究、翻译技术研究、全球语言服务行业研究等等。总之,翻译学科建设任重道远,很多问题还有待解决,需要大家共同努力。

----

① 许钧. 改革开放以来中国翻译研究概论(1978—2018). 武汉:湖北教育出版社, 2018:443-453.

冯：俗话说，"打铁还需自身硬"，您的学科情怀和人文情怀是以您深邃的学术思想为坚实基础的，包括您的翻译思想，最后能否请您简要概括一下您的主要翻译思想？

许：其实我对翻译的思考是一个动态的过程，可以说是随着阅历的增加而不断深入的，尤其是前几年"翻译的重新定位与定义"进一步促发了我的思考。翻译的本质是什么，翻译有什么作用，如何评价翻译，新时期我们该如何进行翻译研究？ 这些话题我都认真思考过。这些问题在我的《翻译论》等专著中也有所论述。我曾尝试这样定义翻译："翻译是以符号转换为手段，意义再生为任务的一项跨文化的交流活动。"①这个定义涉及翻译的社会性、文化性、符号转换性、创造性以及历史性。最近受刘云虹启发，我觉得翻译还有一个重要的特征，就是生成性。前些日子，我收到方梦之先生的信，他邀请我为《中华译学大辞典》修订版撰写"翻译"这一词条，我在写作中也融入了有关思考。基于翻译的这些特征，我们就可以把握翻译的基本价值，即社会价值、文化价值、语言价值、创造价值和历史价值。不过翻译的价值是多方面的，并不限于这五种主要价值，如在全球语言服务行业快速发展的今天，翻译的经济价值也值得我们关注。我最近几年对翻译的精神也多有思考，尤其是翻译与思想的关系。2019 年，我在《中国翻译》上发表了一篇文章，题目就叫《翻译精神与五四运动——试论翻译之于五四运动的意义》，我提出翻译之于五四运动的意义，也许可以从如下几个方面去认识：(1)以开放精神，"敞开自身"，开辟思想解放之路；(2)以自觉的选择为思想导向；(3)以持续系统的译介，拓展思想的疆域，促进思想的创造。② 我想这三点也正是翻译精神的内核，是翻译之于自我与文化的重要价值，是"同"向"异"的呼唤与趋近，也是提升自我与丰富文化的一种表现。在最近和刘云虹的一次对谈中，我们也强调翻译家研究要"重新认识翻译家的在场，并在这一基础上深刻把握翻译本质与翻

---

① 许钧. 翻译论. 武汉：湖北教育出版社，2003：75.
② 许钧. 翻译精神与五四运动——试论翻译之于五四运动的意义. 中国翻译，2019 (3)：5-12.

译价值、积极评价翻译家的历史贡献、深入探索翻译家的精神世界"①。也只有走进了翻译家的精神世界,才能真正理解翻译的精神,从诸多优秀翻译家身上,我们可以看到熠熠生辉的翻译精神。所以从翻译的本质、翻译的价值、翻译的使命到翻译的精神,这都是我着重探索的话题,也是我翻译思想的一些体现。我衷心希望你们青年学者对翻译多思考,多研究,从古到今,从国外到国内,从微观到宏观,从形而下到形而上,全面而深刻地理解翻译,投身于翻译与翻译研究,为我们的翻译事业以及翻译学科建设做出自己的贡献。

（原载于《北京第二外国语学院学报》2020 年第 2 期）

---

① 刘云虹,许钧. 走进翻译家的精神世界——关于加强翻译家研究的对谈. 外国语,2020(1)：75.

翻译教学与翻译人才培养

——许钧教授访谈录

一、从教学翻译走向翻译教学:理论思考与个体实践

杜磊(以下简称"杜"):许老师,您好!您在多个场合,曾经以"做翻译""教翻译"和"研究翻译""三位一体"的方式来总结您与翻译之间的关系。其中,"教翻译"居中,可见在您看来,这是非常重要的一个方面。今天,想特别借着这个机会向您请教一下"教翻译"的问题。首先,能不能请您先大致回顾一下,您最早是如何走上翻译教学之路的?

许钧(以下简称"许"):我走上翻译教学之路,最根本的原因,是我喜欢翻译。如果我们把目光聚焦在"教翻译"上,我认为它是很重要的一环。为什么?对教师来说,"教翻译"的基本任务之一,是在课堂上把翻译的概念与翻译技巧传授给学生,提高学生的翻译能力,培养学生成为优秀的译者,让他们把翻译事业传承下去。如果从永乐五年(1407)明代设立四夷馆系统培养专职翻译人才算起,我国的翻译教学史已有 600 余年了。翻译,尤其是笔译,是人和文本打交道,"教翻译"则是人和人打交道。从一个教师的社会价值的角度来讲,"教翻译"很重要,这是因为教师在"教翻译"的过程中不仅仅传授翻译技巧,还肩负着培养不同文化,乃至不同文明间使者的重任。如果文明之间要靠"翻译"的力量才能实现互相对话与交流,那么"教翻译"无疑是使翻译形成"力量"的那种"力量",是文明存续

与发展中作用相当特殊的一环。我们翻译教师要有这个认识,更要有这个信念——现在课堂里坐着的,面对面紧盯着你的,从你这里学习翻译的那些青年学子中,未来一定会出现独当一面的翻译家与跨文化交流的使者。

从理论的角度来看,任何人真正踏上翻译教学之路,都有可能历经从"教学翻译"向"翻译教学"的观念转变。在课堂上,翻译最早是外语教学的一个抓手,这个时候我们把它叫作"教学翻译"。也就是说,翻译或者翻译练习是外语习得过程中用于培养学生的语言能力的,以提高外语能力为目的。我们都是学外语的,外语学习需要培养五大能力——听、说、读、写、译。译是垫后的,在某种程度上也是最困难的,是听、说、读、写基本功积累之上的一种综合能力的延伸。一开始,我们接触翻译的主要方式就是"教学翻译"。到后来,我们进入翻译专业的学习,专攻"听、说、读、写、译"中的"译",开始接受"翻译教学",这时候,翻译是作为一种专业被教授的。为什么要开展翻译教学? 很明确的一点是,以提高外语能力为目标的是"教学翻译",以提高翻译能力为目标的是"翻译教学",翻译教学在理论形态上得以从二语习得中独立出来,这是转变或演进的分水岭,也是必由之路。翻译为什么需要"教学"? 这是因为,翻译具有悠久的历史积淀,它完全是一门具有自身特殊理论与实践问题的学科。一言以蔽之,学得好外语的人不一定能把翻译做好,这点已被实践反复证明。翻译教学的终极目的是培养翻译专业人才,我们展开翻译教学,其前提与基础也是这样一种观念与认识上的变化。从大的方面讲,这同时也是翻译教学理论得以建构起一座宏伟大厦的"起点"。很多做翻译教学研究的学者,都会不假思索、习惯性地提到"教学翻译"与"翻译教学"这对基本概念。其实,两者间的关系问题还要进一步厘清和打通,重要的是要认识到后者的理论建构价值与意义。

杜:许老师,您对这对概念的强调确实很有必要。听了您的解释,我的感觉是,这对概念不仅仅是不能混作一谈那么简单。尤其是"翻译教学",学界虽很早就已提出,但认识并不深刻。很多人,包括一些翻译教师,之所以也对翻译的认识有所欠缺,起源很可能就是头脑里不自觉地把"教学翻译"等同于"翻译教学"。两个词一掉头,其实是完全不一样的一番天地。这反过来也说明"翻译教学"的观念其实还不够深入人心。

许:对,你说得有道理。从我个人角度来看,我对此感悟也很深。1975 年,我从南京解放军外语学院毕业,1976 年赴法国留学,回国以后,从事外语教育,自然涉及教翻译的问题。但是,我走上翻译教学讲台又不是表面看上去那么简单。从 1980 年动笔翻译亨利·古龙日(Henri Coulonges,1936—)的《永别了,疯妈妈》①(*L'Adieu à la femme sauvage*)和勒克莱齐奥(Jean-Marie Gustave Le Clézio,1940—)的《沙漠的女儿》②(*Désert*)等作品的实践历练开始,我就发现,我的翻译实践能力,以及对翻译的理解虽然时有进步乃至飞跃,但实际上,我遇到了很多我难以克服的障碍,正是这些障碍触发我去思考:为什么会出现这些障碍? 这些障碍要怎样才能克服? 假如要克服这些障碍,我所采取的手段或者路径是否合理有效? 通过发现与处理这些障碍,渐渐地,我就不自觉地接近并触及翻译这个专业的一些最根本的问题。所以,翻译实践为我在理论上提出了非常多值得思考的问题。在我的理论思考中,我没有把这些问题束之高阁,恰恰相反,我又把它们带回到了我的实践中,特别是翻译教学的实践中去。我的一个很大的发现是,这些问题中有相当一部分是完全可以通过翻译教学这种独特的实践形式来找到答案的。当我把问题在翻译教学的场域中提炼出来的时候,一些原本难以解答的问题居然会找到很有价值的答案。在课堂上,学生是译文最严苛与挑剔的读者,他们的直觉最为自然、直切、敏锐。当你向这些"特殊读者"传递你对这个译文好坏得失的理解,或者拿出你自己的译文讲解的时候,他们的反应就是最好的翻译批评;当你试图努力向学生阐述一个翻译问题以及解决问题的思路时,你自身对翻译的认知过程乃至对翻译本质的理解,都会不断

① 亨利·古龙日. 永别了,疯妈妈. 钱林森,许钧,译. 长沙:湖南人民出版社,1982.
② 勒克莱齐奥. 沙漠的女儿. 钱林森,许钧,译. 长沙:湖南人民出版社,1983.

产生新的感想与体悟。因此,千万不要认为翻译教学只是一个学生被动接受知识的过程,翻译教学不仅是一种教学任务,也是教师水平提高的平台。只要我们认真设计教学,上好每一堂翻译课,作为教师,我们其实可以从教学中汲取很多营养,教学相长的效应会很明显。

杜:许老师,您刚才的话中其实涉及两个要点:一是实践,这一点恰好回答了您刚才提出的要进一步打通"教学翻译"与"翻译教学"之间关系的问题。从"教学翻译"到"翻译教学"的观念之变不是一个抽象的过程。实践出真知,从个人的角度来看,中间真正起到转变作用的,是个人对翻译的实践与思考。二是翻译教学的实践意义。翻译其实还有"翻译教学"这种特殊的实践形式,而且,翻译教学的实践能有助于解决一些翻译实践中解决不了的问题。

许:是的,毋庸置疑,从"学翻译"走向"教翻译",虽个人境况不同,经验有别,但这一过程实际无一例外地包含了理论思考与个体实践这两条关键线索,并且这两条线索又关系到我们的翻译教学整个领域专业意识的构建。

二、翻译过程的形态决定了翻译教学的形态

杜:听了许老师刚才的剖析很受教。其实我本人很早就开始学习法语了,那时候阅读了许老师主编的《法汉翻译教程》①。这本书不厚,但无论是编排方式,还是章节内容,与一般我们看到的翻译教程已有很大区别。比如,您一开始先是给出精选的原文,然后单独从本章要解决的问题的角度分析原文精彩与独到的地方,给出译文之后,再对译文给予点评与分析。最后,您会取具有代表性的例子予以讲解、分析,然后做归纳与总结,最后则是欣赏与思考。您的讨论也很系统全面,大到"结构的调整与长句的处理"(第四章),小到"标点符号的处理"(第八章),甚至还包括"翻

---

① 许钧. 法汉翻译教程. 上海:上海外语教育出版社,2007.

译中工具书的使用"(第十一章)。每章之前,您还对该章所涉及的翻译问题从理论高度予以提纲挈领的总提。我想我和很多阅读过这本书的读者一样,虽没有真正地上过您的翻译课,但感受却完全如走进您的课堂一般。今天,借这个机会,想向许老师特别讨教一下,课堂上的翻译教学到底该如何开展? 您有什么样的经验可以跟我们分享?

许:实际上,多年来,我做了很多具体的翻译教学工作,比如我一直承担着本科生的"汉法翻译"、硕士生的"翻译通论""法汉翻译理论与实践",以及博士生的"翻译专题研究"四门课程。在本科阶段,翻译课以实践为基础;到了硕士,就慢慢地开始跟理论相结合;到了博士阶段,则强调对理论的自由探索。所以,我们的翻译课是一个从实践向理论渐进的课程体系。

在我上的这一系列课程中,"法汉翻译理论与实践"采用的是"翻译工作坊"的形式,针对的是硕士研究生。这门课向下与实践接轨,向上又承托翻译理论。如果我说翻译教学应着力培养学生的翻译能力,那么所有的翻译教师肯定都会赞同我的提法,因为培养翻译能力是翻译教学的应有之义。但关键问题是,翻译能力究竟应如何界定? 近年来,我们对翻译概念的认识有了很大的提升,其实,对翻译教学与翻译能力的理解也应随之更新变化,但翻译教育界对这点似乎还没有明确的意识。

我想就翻译、翻译教学与翻译能力之间的关系提出我的几点看法,提这些看法的目的和落脚点当然还是想和大家探讨如何完善我们的翻译教学。

第一点,翻译教学应积极培养学生的翻译选择能力。一般来说,上翻译课,我们对学生的要求似乎不外乎掌握语言转换的基本规律,教授他们如何根据中外语言的差异恰到好处地处理译文,如从文本转换的角度将西方语言中的长句变为汉语的句子,遇到文化因素又怎么翻译得宜,等等,不胜枚举。你刚才谈到的我的《法汉翻译教程》①,也属于朝着这方面

---

① 许钧. 法汉翻译教程. 上海:上海外语教育出版社,2007.

努力创新探索的成果。这些翻译技巧层面的讲授固然不可或缺,我们也确实要培养学生娴熟应用这些技巧的能力。然而,我们一旦改变观念,把翻译看作一个系统的过程来加以认识,就不难发现,若这样去开展翻译教学,其教学主体还仅仅停留在培养学生的语言转换能力这一个层面而已——也就是从 A 语言到 B 语言的理解与表达,到此结束,如此而已。这是狭义的翻译过程,但是,从广义的翻译概念角度来看,翻译仅此而已吗? 所以,我就不断地启发我的学生,请他们在上我的课之前预先认真地思考:现在是不是老师让我们做什么样的练习,我们就做什么样的练习? 是不是老师接受了出版社翻译一本图书的合同,分派我们翻译什么,我们就翻译什么?

我提醒他们,千万不要忘了,我们翻译界的那些前辈名家,如巴金(1904—2005),早在念高中的时候就已开办了《平民之声》这样的杂志,并在其中自主选择决定译什么样的东西了! 再到 19 岁,他就出人意表地在成都《草堂》杂志(1923 年第 2 期)上发表了平生第一篇译作——《旗号》(*The Signal*)。巴金选择翻译的是俄国文学家迦尔洵(Всеволод Михайлович Гаршин, 1855—1888)的作品(为巴金从 Rowland Smith 的英译本转译),在当时是相当具有革命反抗精神的一部短篇小说,这样的一种翻译选择方式恰恰构成了巴金早期文学之路的思想起点。再比如傅雷,法语文学浩如烟海,但是他选择(编译)翻译的每一部作品,从罗曼·罗兰的《约翰·克里斯朵夫》(*Jean-Christophe*),到《美苏关系检讨》,再到巴尔扎克,都与国人精神与文化需求同声相应、同气而求。他们的生命与创作的历程中,就有这么一条在时代语境下以翻译选择为表征,以国家精神与文化需求为旨归的个人成长轨迹。我想说明的道理是,翻译不光是闷头做出来的,翻译过程的起源是翻译选择,选什么样的东西来翻译,本质上决定了一个“翻译人”的家国情怀,乃至他未来人生之路的宽度。轮到我们教师反思了,我们声称要培养学生的翻译能力,既然翻译选择的问题这么重大,我们有没有培养他们选择翻译的能力呢?

杜:许老师的理念令人耳目一新,也令人感到非常触动! 的确,我们翻译教学课堂的模式如果只围着语言转换来进行,是有缺憾的。正如您所说的,翻译的过程其实远不止语言转换,若只关注语言转换本身,那么我们很可能只能培养"译匠"而非"译才"。翻译的选择能力在某种意义上比语言转换能力更需要培养,因为它体现的是"翻译人"在大千世界中把握时代脉搏的主动性。那么,许老师,我想进一步请教,您在课堂上又是如何培养学生的翻译选择能力的?

许:翻译过程的形态决定了翻译教学的形态。选择什么样的文本?它有什么样的价值?为什么需要翻译这样的文本?这种需要又跟什么社会与文化因素结合在一起?这些问题理应纳入翻译教学之中。翻译教师的职责就在于为学生创设这样的机会,培养他们的翻译选择能力。因此,我对课程的设计跟传统翻译课不同。比如第一节课,我就要求学生介绍一本或者一篇他们认为值得翻译的作品。学生来上我的课,知道我来教他们,济济一堂,满心期待我教给他们特别的翻译技巧,因为大家都知道许老师会翻译。我说不,你们先回去好好准备,一个星期以后把你们认为值得翻译的作品介绍给我和同班同学。一个星期以后,在我看来,学生汇报的材料都特别值得翻译。更为难得的是,他们对于翻译的积极性和热情空前高涨。我曾教过一个男生,他和别人不一样,很早就以法国奢侈品牌销售为志业。了解情况后,我就向他"约课",让他来讲讲我们大多数人并不熟悉的法国名牌以及相关材料的翻译。结果那堂课气氛特别好,大家都大开眼界,凝神屏息地听他讲,还纷纷发言畅谈了自己的看法。师生都学到了"时尚翻译"要如何去表述才能达到时尚的效果,收获很大。

有一段时间,我在《中国图书评论》上开了一个栏目,叫《域外书影》,发表的大都是我熟悉的同行和我指导的学生所采写的书评,为出版界开了一个"世界之窗"。上海的《文汇读书周报》也曾开了一个栏目,叫《阅读西方》——学生通过写作与投稿,为他们认为好的当代外国作品撰写成简评,予以推广。这样,学生就在不知不觉之中加深了对翻译价值的理解,同时又显化了读者乃至当下社会文化或长远或紧迫的需要。很多出版社看到这些文章后就纷纷主动来和我们谈合作,发出翻译出版的邀约。我认为,有了翻译选择的教学,翻译课的延展性才能得到真正体现。我们都知道,理论上,当代译学强调译者不是原作的奴仆,译者是有主体性的。实际上,翻译选择的教学就是在引导他们通过课堂,以自己的行动去体验这种主体性,树立动态发展的翻译观和翻译价值观。

杜:许老师刚才说的"翻译过程的形态决定了翻译教学的形态"是非常重要的翻译教学思想,您提出的与之匹配的这些操作方法也非常值得我们学习。围绕翻译选择,我们的课堂其实可以设计出很多教学活动,学生通过这些活动,一方面就经由选择真正地融入翻译课堂之中,而另一方面,他们的翻译选择能力也得到了切实培养。

许:对,我刚才讲的翻译选择能力的培养,除了翻译选择能力以外,翻译过程实际还包括译前与译后工作。所以,我要讲的第二点是,学生译前准备与译后工作能力的培养。在选择之后,翻译就进入译前阶段。进入译前,就意味着启动了对原文的理解过程。围绕着对原文的理解,还有一个收集资料的过程,你刚才提到的我的那本翻译教程,就有一章单独开辟来教学生如何使用翻译工具书。那时是 2008 年,网络还不是很发达。现在随着互联网与大数据的飞速发展,翻译的实践环境出现了翻天覆地的变化,我们已经有能力利用各类文本,包括与翻译主题一致或相关的平行文本,有关作家创作、读者阅读与评论的文本,甚至还包括图像、视频等超文本。

翻译除了上述的"不定向准备"以外,还有"定向准备"的问题。比如,现在很多国际组织文件的翻译,相关重要概念的外语表述方式已约定俗成,不能随意创造。这时老师的指导要清晰,就是要让学生必须通过检索已有的术语语料库来保持、维护术语表达的统一性与一贯性,就是在前人翻译的基础上进行翻译。我认为译前准备在整个翻译过程中的比重和地位只会越来越高。教师应牢牢把握,组织好这个教学环节,在学生动笔之前,充分引领他们进入翻译情景,调动他们学习的积极性与能动性,处理好无涯的"识"与有限的"译"两者之间的互动及辩证关系。

杜:听了许老师的话,我的感受是,信息化时代,译前准备对译者提出了很高的信息素养要求——以前说的译者应当是通晓百科知识的"杂家",而现在,我们的翻译教学培养的应当是信息与主题文本获取的"专家"。

许:是的,下面讲译后工作。翻译完了之后是不是就是把译文置之不理了呢?现在很多翻译家的手稿逐渐公布于众,我们就看到,朱生豪这样的大家,会在初译莎士比亚作品之后反复推敲修改,之后再定稿;傅雷则认为,译文要"传神达意",就务必反复修改,必须"一改再改三改四改"。既然好的翻译是数易其稿的结果,那么,我们又有什么理由不把修改纳入翻译教学之中呢?我们拿到学生的译文,无论是一个段落、一篇文章抑或是一本书稿,都需要通过一定的细节例证,具体反馈改进的措施和策略,以形成一个或大或小的翻译评估报告。具体可以小组之间互评,由教师最终审阅把关。方法上,既可以直接取阅读译文的读者视角,又可以通过比对原文与译文、从二者之间关系的角度来修改审阅。尝试几次后,你马上就会发现学生都有做译审的潜质,经过从翻译到翻译的"二次翻译"之后,学生对语言与翻译的敏感程度及把握都会有很大的提高。

翻译的修改很重要。真实的翻译过程不是毕其功于一役的,学生在对译作的文本反溯与自我检视中能得到很大的滋养与提升,没有什么能比对自己的翻译进行反思更能让人提高了。从翻译的错误与缺陷中去反思,去学习,印象会很深,参与教学的教师和学生都可以从中受益。在翻译教学原理层面,这是师生翻译水平的同步螺旋式上升。

杜:许老师说得很对。我们的外语有精读课,翻译也应有"精译课"。如果说精读的目的是通过细读字、词、句与篇章培养语言能力,那么精译课的主要内容就应当是学生在老师的指导下对译文反复揣摩与修改。外语各学科中,翻译是双语输出,实践性最强,但如果我们一味只求"一译了之"的输出,那再多的实践恐怕也无法提高学生的翻译水平。

许:再往外一层,现在很多教翻译的老师都在抱怨,翻译理论多么难教,学生的毕业论文写作如何无话可讲,总之,就是学生对理论普遍提不起兴趣。但是,如果我们把翻译课的作业修改和培养研究生的理论素养结合起来,"见缝插针",这不就找到了理论教学的绝佳时机么? ——看了学生的修改,我会迫不及待地追问,你修改的原因是什么? 你为什么这样而不是那样修改? 有何依据? 两种译文的差异是否有理论可以解释? 当翻译问题不再是课本中的问题,而是切身的翻译问题的时候,我们启迪学生进行翻译理论思考的滞阻就会变得很小,相反,学生学习探索的动力会很强。作为老师,我们能不能就这一修改过程因循利导,通过启发学生,很自然地把他们带入一种理论视域的思考当中呢?

杜:许老师,我想,现在外语学界都在提思辨能力的培养问题,但对于怎么来培养思辨能力,我们的认识还很模糊。听了您的讲述,我突然明白,就我们翻译专业而言,译前准备与译后修改其实就是可以提升学生实践与理论思辨能力的途径。

许:对,翻译思辨性的培养的确可以如你所说,落实在这些层面。讲到这里,其实翻译的过程还没有结束。很多人认为,翻译定稿了以后,这下翻译过程可算是结束了! 其实就翻译过程来看,还不尽然,因为翻译成品成形之后还有一个物质的流通与思想精神的接受问题,那么,这个过程我们的学生可以参与介入么? 我们的作品翻译出版以后要不要以推荐的方式助推这个作品的传播与阅读,从而真正发挥文化引入的力量与作用? 答案是肯定的。越多的人读到译作,译作就越能释放价值。所以我要求学生每翻译完一部作品以后,务必要写译序、译后记或译评,然后把这些文章拿到面向读者大众的报纸上去发表,比如说《文艺报》《文汇读书周报》与《中华读书报》。我的不少学生,像宋学智、袁筱一、刘云虹、高方、曹丹红等,他们在读研究生时都有这样的好习惯,现在他们也都是这样去要求他们的学生的,他们的工作对于整个的文学与文化的传播起到了非常大的作用,本身也都成长为优秀的翻译家与翻译学者。

杜:许老师,您提出的这最后一步翻译工作与前面的翻译选择是遥相呼应的。前面,您提到了翻译选择——作为一个译者,为什么要选择这部作品来译,涉及的是他对于整部作品价值的研判。当一部作品翻译完了,对整部作品有了整体的把握之后,译者对作品的思考会到达一个新的层面,这个时候,假如趁热打铁,把翻译的难处、挑战,以及对作品的文学性与思想性的认识再加以总结归纳,分享给读者,那翻译的目的才算达到,才能充分发挥其价值。同时,这也是译者实现自我培养的一条重要途径。

许:是的,我要谈的第三个点是:翻译教学要基于翻译问题,坚守实践与理论互动。我刚才特意把翻译选择、译前准备与译后工作放到前面先讲,因为这些部分是翻译过程的首尾,直接关涉到翻译教学过程的完整性。翻译本体的教学,即大家比较关心的所谓"翻译技巧"的教学又该如何进行? 对此,我是这样思考的:

第一,问题是翻译实践的灵魂,教学要紧紧围绕学生实践过程中实际发生的问题来讨论。我们的传统翻译教学往往都是规定性的:课堂上教师通过教材上的例子归纳制定出一个翻译操作的标准与框架,教师布置作业,学生再把作业交上来由教师评定操作是否符合标准。翻译教学界其实很早就意识了翻译的这种教学方式存在弊端,本身也暗含悖论。如果只从教材中抓一些别人都谈过的典型的例子作为范例来讲解,就会失去教学针对性,学生感受不会深刻,学习效果就有可能大打折扣。我做了一些尝试,提高学生的翻译选择能力,通过翻译选择自主实践,通过实践发现问题。这些问题是在翻译过程中确确实实发生的,不是老师为了教学之便而设置的问题。针对实际的问题,师生在课堂上一起讨论、分析,可以激发学生探索的积极性,对提升学生发现问题、解决问题的能力,可以起到很大的作用。

第二,从问题导向策略的思考,进而进行理论的探索。我认为,真正的翻译教学,应以问题为核心要素,学生发现问题是第一步。但发现问题不是目的,而是手段,解决问题才是目的。课堂上,我要求学生把他们认为最难翻译,或者认为自己翻译得最好、最精彩的3000字带到课堂上来展示、分享与讨论。首先,我让学生讲:你为什么选择翻译这本书? 这本书为什么值得你去翻译? 这是他们对书的翻译价值评估所做的思考。然后,我们再一起研讨他们对译文的处理。学生对译文的处理必然是以解决问题为中心的。我鼓励我的学生,一个人要提高翻译能力,就要发现自己的问题,发现问题就是提升的第一步,一个人假使看不到自己的问题,那他就没办法再提高了,这是很危险的。问题是各个层面的,有可能涉及整体语篇风格的再现,也可能涉及语句、隐喻、词义、句子的长短、谚语与俗语的处理,乃至标点符号与注释也都可能成其为问题。我们绝不能低估学生在解决问题方面可以发挥出来的个性与强大的创造力,经过深入的思考与分析,学生完全有能力在教师的引导下创造性地为问题提出解决的路径与方法,并上升为适切的中观翻译策略。这种中观的翻译策略,位于静态宏观的翻译原则之下,又对接原文本的特性,是翻译"共性"与"个性"的统一体。另外剩下的一些复杂棘手的问题,师生集思广益,也有可能妥善解决。你再看看我们的课堂,十几个学生,带来各种各样的题材——学术著作、文学作品、人物与历史传记、散文与诗歌等等,都有可能会在课堂上登台亮相。通过"问题—策略"这一问题导向性的教学模式,一方面,学生可免于像教科书中编排的那样,消极被动地去接受各种文体的翻译训练;另一方面,也突破了翻译教材中以单句或短段落为主的经验式、片段式灌输机制,拉长了思考的长度与体量,学生能更加全方位、立体化地去看待翻译现象。除此以外,教学上还会产生"联动效应":一个同学讲,其他同学就会"感同身受",就会发现原来翻译问题确实发生在我们身边,不是"悬空高远"的。你在翻译诗歌时出现的是这些问题,他在学术著作翻译中发现那些问题,两个学期的课,学习或讲解过的问题积累起来,会涉及翻译文字的各个层面,不少有重大意义的问题也会浮现出来。我的很多学生在一部著作翻译完了以后,通过理论思考与总结,往往能写出很好的翻译探讨文章。

我在南京大学任教期间,学生出版的译著非常多,比如系里有一个博士生,她在硕士期间就翻译出版了三部书,博士期间又接连翻译出版了四部书,而且都是非常重要的一些作品,最后她的博士论文也做得非常好,实践与研究齐头并进。我的学生中有两位担任了上海翻译家协会副会长,其中有一位还成了上海市作家协会副主席;还有两位担任江苏省翻译协会主要负责人,其中一位任南京翻译家协会会长。可以说,我在翻译教学中培养或指导出了一批热爱翻译、热衷于研究翻译的学者与教师。我的经验,就在于我认识到翻译教学不能基于对翻译过程狭隘的理解,翻译能力的提升不能简单地局限于词、句层面的双语转换,而应着力于我刚才讲的三个方面。

杜:许老师跟我们谈的翻译教学经验既生动又开人眼目,谢谢许老师"手把手"地向我们年轻教师传授翻译教学的方法!

三、翻译人才培养的未来视野:多样化、高水平与新技术

杜:许老师,您是非常善于培养翻译人才的老师,您培养了很多学生,现在也跟您一样成为做翻译、教翻译、研究翻译的人。您在 2019 年的全国翻译专业学位研究生教育年会中说道:"世界上没有哪一个国家把翻译同国家的伟大复兴与人类的进步事业这么紧密地结合在一起,翻译教育是中国人才培养的一项创举,没有哪一个国家能够在如此短的历史时期内,构建了一整套翻译教学与翻译教育的体系。"您还说:"现在各行各业都缺人才,但是对翻译的人才要求是最高的,因为世界上最复杂的事情之一就是翻译的事。"这些话掷地有声,发人深思。刚才我们聆听了许老师对翻译教学的看法。那么,我们现在想继续向您请教,您认为我国的翻译教育到底应该培养什么样的翻译人才?

许:你的问题非常重要。国家人才培养的客观需要是翻译教育的动力之源。随着"一带一路"倡议与构建人类命运共同体理念的提出,对外交流和国际交往的需求与日俱增,大学内外,翻译活动确实非常活跃,翻译的作用越来越凸显。在国家经济发展与建设的大格局之下,整个社会重视翻译人才培养的呼声不绝,翻译教育在我国势在必行又任重道远。

我们应该培养什么样的翻译人才? 我认为,首先,我们培养翻译人才时应秉持多样化的原则。我一直说,中国翻译有三大特点,一是历史悠久,二是形态多样,三是复杂而又丰富。应该说,社会的交流与发展催生了各种形式的翻译活动,以满足文化、经济、科技等领域的各种交流的需

求。现在,国内高等学校翻译专业都把培养高级翻译人才作为首要目标。但是,我们有没有想过,由于翻译形态的多样化,高水平的翻译人才培养也有一个分门别类的问题,我们不可能培养翻译的全才或通才。现实情况是,翻译人才有的擅长外交翻译,有的精通文学翻译,有的长于学术翻译,有的擅长法律翻译。这不是一个小问题,因为只有翻译人才各尽其能,形成一个多层次、全方位结构,才能更高效地满足国家建设与社会发展的需求。但是,我们的院校培养还是停留在一般化翻译能力之上。师资条件比较好的学校,有的在翻译本科层次已经开始开设不同类型的翻译课,如文学、商务、新闻、影视、旅游、科技与法律等等。师资条件暂且不足的院校,也应该努力创造条件,通过整合校本资源,利用校外资源,积极地开拓出一条特色化的翻译人才培养路径。这样,到了硕士生或博士生层次,学生就有确立好实践与理论专攻的领域及方向的基础,有利于促进学生的个性化发展。我个人认为,分类分层发展,将是我国翻译教育改革的重要方面。

其次,我们的翻译教育应着力培养高水平的翻译人才。什么是“高水平”? 这是值得深思的一个话题。高水平的翻译能力是由多种能力综合构成的,涉及各种语内因素。比如口译,你翻译得很流利,但是你缺乏沟通的意识,可以吗? 在翻译过程当中,你的译语没有体现出努力让听者理解的潜势,可以吗? 高水平翻译与语外因素也息息相关,如光知道怎么译,不知道为什么译,不知道如何发挥译的价值,那也不能叫高水平。种种因素在语言内外,但都直接关涉语言。决定高水平翻译的,还有超语言因素。比如,译者应具备原语与译语视域融合的双重文化背景知识。跨文化交流与沟通能力不是一句空话,因为,在新时代,翻译人才还担负着面向世界,全面、准确、清晰地“讲好中国故事”这一文化传承与交流的核心要务。

高水平翻译还和机器翻译相关。现在机器翻译大潮来袭,有道翻译与 DeepL 翻译器等的翻译表现都让人眼前一亮,有了这些机器翻译引擎,似乎大家都可以放手翻译了。于是,翻译专业外部承受了技术的压力,而内部师生则显得有些彷徨焦虑。人们可能会说,机器的准确率已经达到了百分之九十几了,跟人工就差这么百分之几了,超越人工翻译指日可待。有些人据此提出疑问:我们还有必要把自己打造为高水平的译者吗?问题究竟出在哪里呢? 我想告诉大家,从基因的角度来说,黑猩猩跟人的基因组的 DNA 序列也就差 2%,大家可以去想象,这种差异是非常之大的,因为足以形成动物与人之间的差距! 今后无论机器翻译能达到什么样的程度,翻译人都无须忌惮。我们的政府工作报告能放心地交给机器翻译吗? 国际会议,机器翻译能够和箱子里的口译员一样充当大任吗? 从伦理和价值的角度讲,它永远只会是工具,不可能"反客为主",取代高水平的翻译,那"2%"虽小,但却定义了"翻译作为人类世界最复杂的活动这一"这一现实基础。我们的学界不妨研究一下,从认知心理学、符号学、语言学等角度,就翻译而言,我们人脑和电脑之间那"2%"的差距,到底体现在什么方面? 人脑到底可以在哪些地方有绝对胜过电脑的优势? 这些地方如果研究清楚,"什么是高水平的翻译"这个问题就可以有新的答案。总之,机器翻译应该为人所用,服务于人,产出更高品质的翻译。

　　杜:许老师,您刚才讲到机器翻译与培养高水平翻译能力之间的深层关系,我们还想紧接着上面的话题向您请教,在当前机器翻译大行其道的时代,我们似乎受到了前所未有的挑战,我们的翻译教育应如何把握当下这个人工智能(AI)时代?

　　许:你的这个问题就导向了我想说的第三个方面——翻译技术。翻译问题有其"变"与"不变"。一些翻译的基本规律是不变的,它的功能与作用尽管在不同时代会有一定差异,但也是相对稳固的。随着社会的发展,数字人文、人工智能与大数据等技术与翻译发生交叉,并且直接作用于我们的实践,助力我们的实践,推动我们的实践,使翻译有了强大的技术实现手段,召唤着我们变革翻译教学。我们说要用好机器翻译,而不是盲信与依赖机器翻译,就是这个意思。我们为什么需要翻译技术? 这是因为它有可能为我们的翻译与语言服务过程中实际出现的问题提供了解决方案。事实上,我在论述翻译教学译前准备这一方面时就已经提到这些技术优势为翻译理解带来的便利。翻译工具从"字典时代"迈向"人工智能时代"是不争的事实,是翻译历史的车轮。这种升级跨越,当我们去适应、去拥抱它时,它就不再是你所说的"挑战",而是转变成了可以利用的翻译技术工具。我注意到,2020 年《普通高等学校本科外国语言文学类专业教学指南》①翻译专业部分已明确将"工具能力"列入翻译能力之一,并将涵盖搜索、术语、记忆库与机器翻译四个部分的《翻译技术》列为"专业核心课程"。

在翻译教育中,翻译技术为什么重要? 因为它代表的是翻译未来的某种发展趋势。一方面,它是处理海量翻译数据的必由之路;另一方面,它又是学生迈入现代化翻译工作的必备技能。作为教师,我们上翻译技术课的重点是教会学生,如何通过使用这些新技术有效地提升翻译能力和翻译效率。在教学中,我们可以采用灵活多样的手段来实现这个目标,如建立实习基地,让学生近距离地向懂技术、人工智能与语料库的工作人员学习翻译数据的处理与管理,也可以让翻译公司的培训师与校内教师"双师合作"来上课,等等。我们的教学目标应是弥合翻译与技术之间的鸿沟,为翻译带来技术,从技术的角度为解决翻译问题提出一种可能性,而不是用技术来取代翻译。虽然我对翻译技术了解得并不多,但是我对新技术永远抱持一种呼唤它、利用它与引导它的态度。我为翻译硕士专业学位(MTI)必修课"翻译概论"主编的教材《翻译概论》②在 2020 年 7 月出了修订版,增加了两章,其中之一就是"新技术如何助推翻译与翻译研究",我邀请了胡开宝教授来承担这一章的撰写工作。

我认为,"多样性""高水平"与"新技术"是翻译未来人才培养的总体要求:"多样性"是对翻译教育的结构要求,"高水平"是翻译专业"内涵式"发展的前进方向,两者互为表里,而"新技术"代表翻译教学多了一种新思

① 教育部高等学校外国语言文学类专业教学指导委员会英语专业教学指导分委员会. 普通高等学校本科外国语言文学类专业教学指南(上)——英语类专业教学指南. 北京:外语教学与研究出版社,2020.

② 许钧. 翻译概论(修订版). 北京:外语教学与研究出版社,2020.

维和新资源,三者"三位一体"。

杜:感谢许老师给予我们的这次宝贵的对话机会!

许:谢谢! 关于翻译教学的问题,这是第一次谈,以前还没有人向我提出过,希望能给予大家一定的启示。

(原载于《外语教学》2021 年第 3 期)

建设一流外语学科需要处理好四个关系

——许钧教授访谈录

黄新炎(以下简称"黄"):在"双一流"学科建设及国家高等教育改革的新时代背景下,如何应对外语学科发展所面临的挑战,规划一流外语学科建设方略,落实建设实践路径,是国内外语学界普遍关注的问题。许老师,您在20世纪90年代起进入南京大学法语系工作,现在南京大学法语系设有全国顶尖的法语专业。2017年您转到浙江大学工作,又大力推动浙江大学"外国语言文学"进入一流外语学科的行列。请许老师首先谈一下您做学科建设的心得。

许钧(以下简称"许"):我在南京大学工作20多年,在外语学科建设中我做了一件非常重要的事,就是争取把法国语言文学学科做到全国最好。在南京大学工作,虽然后来去研究生院工作,但我心中一直有这样一个建设的序列:就我个人而言,首先要把法语学科建好,再争取把外语学科做好,然后贡献自己的力量,一起把文科做好,把南大建设好。我在南京大学任职的时候,法语学科永远是第一位的,因为我是法语专业教授。到了浙江大学,学校聘我担任文科资深教授,我的责任是推进浙江大学"外国语言文学"学科迈进一流学科的行列,并发挥我自己的影响力,尽可能做好人才的外引和内培工作。外语学科建设不应该是一句空话,应该有各自的着力点。外语学科带头人不应该仅仅是一个头衔,而是需要实实在在带头做表率。

黄:当下,双一流学科建设的大背景下,外语学科建设为什么如此受到全社会的关注?

许:在中国,学科是高校每一位教师的生命,是校长的生命,是院系负责人的生命,也是整个学术团队的生命。无论是国内还是国外,学科评估这根无形的或者是有形的绳索,时刻都在牵引着我们。教育部持续开展的学科评估,以评促建,重点关注高校学科建设的四个方面:一是人才队伍,也就是师资力量(这非常重要);二是人才培养和教学工作;三是科学研究,这是人才培养的支撑;四是社会服务,即如何把学科建设与国家战略需求对接起来。这四点结合起来:办大学,人才培养是第一位,科学研究是动力,要把握方向,教育事业要对国家对社会负责,以民族振兴为己任,要具有全球视野和人类情怀,这是每一个学科所必须关注的重要问题。

黄:"双一流"建设强调面向国家重大战略需求,面向经济社会主战场,面向世界科技发展前沿,突出建设的质量效益、社会贡献度和国际影响力,强调内涵建设与质量提升。"双一流"高校的遴选与评价不单纯依据科研项目或论文数量指标,而是以中国特色学科评价为主要依据,参考国际相关评价因素,并综合高校学科水平、人才培养质量等情况,高校对社会经济发展的贡献也是重要的因素。落实到外语学科上,我们发现,全国高校众多,对社会经济发展的贡献大小不一,外语学科与高校对社会经济发展的贡献度有时并不一定相关。许老师,对此您怎么看?

许:这也是我发现的一个非常有趣的现象。国家和社会需求特别热门的学校,比如说我国的经贸类大学、财经类大学、政法类大学,这些学校对接社会发展的热点。但是这些学校的外语学科建设却非常一般,甚至比较落后。2019 年我国有 49 个外国语言文学一级学科博士点,加上 2 个适应国家特别需求而设立的博士建设项目——天津外国语大学和大连外国语大学,总共 51 家。这 51 家有外国语言文学博士点的高校中只有 1 家是财经类大学,就是对外经贸大学,而且刚刚获批不久。我们据此也许可以这么认为:国家战略需求本身并不能直接作用于外语学科。

第二个现象是:以前,我们认为外语学科的发展似乎是没有什么类型的,而现在类型越来越明显。我做了比较仔细的观察,发现以文科为基础的综合性大学的外语学科如北京大学、南京大学,优势非常明显,历史上,他们有一级教授,如南京大学的范存忠为一级教授,北京大学的季羡林为一级教授。复旦大学也属这个类型。这类大学外语学科历史悠久,基础很好,起点很高。但是到了现在这个年代,我认为这样的大学如果不努力,不拓展,也会出现传统难以继承、优势难以突出的情况,老本再吃十年也就没有了,但是北京大学和南京大学在传统的基础上,又不断拓展。第二类是传统的以国家需求为导向的外国语大学,像北京外国语大学、上海外国语大学、广东外语外贸大学这种类型,这些学校的外语专业优势也很明显,北京外国语大学有 100 多个外语本科专业,上海外国语大学也是几十个本科专业,整个学校基本上是一个大的一级学科。北京大学、南京大学和北京外国语大学、上海外国语大学在师资规模、学生人数上比是很难超越的。这类学校形成了目前非常明显的优势:对接国家战略需求,主动服务于"一带一路"倡议,从事国别研究,等等。第三类是以工科为基础的后起的综合性大学,原来其外语学科没有什么名气,比如说浙江大学、上海交通大学、华中科技大学等等。但是,这些学校的外语学科目前在学术国际化方面发展势头强劲,国际学术论文发表越来越多,像浙江大学的刘海涛教授是社科领域的国际高被引作者。就国际论文的发表数量而言,2018 年,浙江大学外语学科在 SSCI、SCI、A & HCI 等索引期刊发文已经有 60 余篇了。这类学校注重学科交叉,方向明确,重点突破。

黄:许老师立足全国的高校外语学科,对目前一流外语学科的学校进行了大致的分类,并就三类学校的优劣做了比较,这样的概括和分析非常符合实际情况。我的问题是:一流外语学科建设中的校际竞争主要取决于哪些重要的因素?

许:我认为当下学校竞争重点是以下三个因素。

一是师资队伍和科研团队的规模与水平。像北京外国语大学、上海外国语大学、广东外语外贸大学这样的高校,他们的规模很大,但是规模大不是唯一的决定性因素。关键要看水平,规模与水平要并重。学科建设,一定的规模很重要,因为规模是提升水平的重要基础。比如说,按照 2016 年外国语言文学一级学科博士授权点的申报要求,学校如果没有 12—14 个教授就不可能去申报,因为一级学科博士点至少要有 4 个方向,每一个方向至少要有 3 个教授,那就需要至少 12 个教授。学历上也同样有要求,外语学科团队至少要有 40 位专任教师,其中 70% 以上要求有博士学位,那么整个外语学科就至少要有 28 个博士。没有这样的规模,发展起来是很难的。近年来,浙江工商大学异军突起,他们做了学科整合,对世界文学方向和外国文学方向进行了跨学科融合,现在他们有 30 多个教授,规模一下子就上来了。我在南京大学工作的时候一直强调法语学科建设,法语专业每年只招一个班,有本科、硕士、博士、博士后,南京大学给法语系的编制是 16 人,现有教师 12 人,其中教授 6 人(博士生导师 6 人),副教授 1 人,讲师 5 人,师资队伍结构合理,学历层次高。其中大多数教师具有国外学术背景,三位教师入选教育部"新世纪优秀人才"支持计划,还有位"全国优秀博士论文"获得者、一位法国政府"棕榈教育勋章"获得者。近年来又有 2008 年诺贝尔文学奖获得者勒克莱齐奥(J.-M. G. Le Clézio)加盟,担任法语语言文学专业教授、博士生导师,还有莎莫娃约(Tiphaine Samoyaut)、福雷斯特(Philippe Forest)等法国著名学者、作家来任教讲学。

二是科学研究的产量与质量。质量与产量同样重要,一个学科要申报或建设博士点的话,每年外语学科至少要发表 CSSCI 刊及以上的文章 25 篇。扬州大学外语学科前几年 CSSCI 刊以上发文一般在每年 30 篇左右,近年又有突破,质量比较高。一个学科没有一定的论文发表量,不太可能出现非常高质量的成果。量和质在整个学科建设中要有一个衡量。现在,好一点的学科,最佳配置是有 100 多人的教研队伍。去年,浙江大学"外国语言文学"学科国内 CSSCI 刊以上和国际三大检索的论文发表已经达到 110 篇以上了。现在,各个学校都很重视各级社科基金项目的争取,项目申报与研究、师资队伍建设和教师个人发展是结合在一起的。假如一个单位有 25 名博士,每个博士每年写一篇文章,就是 25 篇。三至五年,一个博士如果可以写出五到六篇论文,就可以整合成前期成果去申请项目。拿了国家项目或者省级项目,项目成果能不能够培育好、开发好,能否成为一个优秀的成果,特别重要。很多学者拿了项目是逗号,结项是句号,其实这是远远不够的。结项就好比只是把孩子生出来,结项成果刚出版或者还没有出版的时候,还需要大力推进。2018 年,翻译界倾注心血,合作完成了我主编的《改革开放以来中国翻译研究概论(1978—2018)》一书,有 50 来万字。这本书是"十三五"国家重点出版物出版规划项目、中国翻译研究院重大项目,最近又获得了国家出版基金。通过这部书,我们可以全面了解中国翻译研究 40 年的历程。我认为这个项目有利于我国翻译学科建设成果的推广、推进、宣传,是一个外语学科的带头人必须做好的事情,所以也借助《中国翻译》撰写文章,推介这个项目的成果。我的学生只要有好书出版,我会主动给他们写书评,我给不少并不认识的学者写书评。南通大学的严晓江教授《〈楚辞〉英译的中国传统翻译诗学观研究》很有价值,在中国文化"走出去"的进程中,中国文学尤其是中华典籍由谁来翻译,这个问题还存在多元声音。我和许多副教授合作,结合《〈楚辞〉英译的中国传统翻译诗学观研究》一书,侧重比较中国翻译家和西方汉学家在典籍翻译中的翻译选择、翻译策略和特色、译出效果等问题,对严晓江教授的成果进行了推荐。我的学生每翻译一本书,我都会让他们写前言、写后记,并帮助他们把前言、后记推荐到《文艺报》《文汇报》《中华读书报》等上发表。我觉得从争取项目到项目成果出来,然后是项目及成果的推广,都是一个学科带头人所必须做的事情,是学科研究不断推进和产生学术与社会影响的重要组成部分。

三是学术方向的传承与拓展。现在外语学科有五个研究方向:外国文学、外国语言学、翻译学、比较文学与跨文化研究、区域与国别研究,这五个方向的设立是最近这两届国务院学位委员会外国语言文学学科评议组所做的拓展与创新性工作。我们致力于三个学科方向的创立:一是翻译学,二是比较文学与跨文化研究,三是区域与国别研究。比较文学研究方向,后来改名为世界文学研究,原来设在中国语言文学学科,但是中国语言文学学科的教师有不懂外语的,仅以中文的翻译文本做比较研究,我觉得这不太可靠,必须有外语学科的人加入。在新的学科目录制定过程中,外国语言文学学科评议组抓住发展机遇,致力于学科方向的拓展,结合国际学术发展的趋势,除了传统的文学与语言方向,还创立了上述的三个新方向,大大拓展了外语学科的领域。在构建人类命运共同体的新时代,建设比较文学与跨文化研究方向这个方向有着特别的意义。上海交通大学彭青龙教授去年率先成立了全国比较文学与跨文化研究会,他是首任会长,最近做了不少开拓性的工作。关于区域与国别研究,据了解全国有很多高校设立了这个方向,北京大学还成立了跨学科的区域与国别研究院,北京大学外国语学院宁琦院长是该院主要领导之一。很多高校还设立了区域与国别研究本科专业,教育部实行备案制,全国有 100 多家。现在的问题是,在拓展的同时,我们要做好扎扎实实的建设工作。我觉得在一个大学的"外国语言文学"学科中,我们不可能把五个方向的每一个学科都作为重点,要有选择,有建设重点,在保持传统优势的基础上进行创新。一般而言,语言学和文学不能少。一个没有语言学和文学为本的外语学科,服务国家做得再好,顺应国家需求做得再好,都不可能做好外语学科的基础建设。

综上,当前每一个学科一定都要重视上述三个方面的问题:队伍和师资的规模与水平、科学研究的产量与质量和学术方向的传承与拓展。

黄:高校一流学科建设是如此重要,而您说的三件事情,说到底是人才的问题。当前高校有一个相当普遍的现象,就是打人才仗,学校之间到处挖人才。眼下几乎每天都可以看到各大院校的学科带头人招聘广告,高薪引人,所谓"外来的和尚好念经"。与高薪引人形成鲜明对照的是,学院内原有的人才待遇却往往得不到提高,人心浮动,从而造成人才流失。对此,许老师您怎么看?

许:学科建设一定要处理好人才的外引与内培之间的关系。南京师范大学外国语学院张杰做院长很成功,他先后引进了很多的专家教授。南师大"外国语言文学"学科评估全国排名很靠前,主要归功于人才的内培和外引都处理得非常好,这一招现在大家都在学,特别是人才的外引。问题是在很多的高校,外语人才并不是学校最急需的人才,光靠外语院系主任的力量,是很难花大的代价引进高层次人才的。所以,人才培养一定要两条腿走路。南京大学的内培工作做得很好,我在南京大学工作期间,首要任务是把法语专业建设好,这一点非常重要。1991 年我去南京大学的时候,法语专业博士点要被亮红牌,面临取消博士点的危险。所以我匆匆地于 1994 年年底作为第一批内聘的博士生导师上岗了,一路下来,我认为这么多年可能最成功的一点就是人才的内培和专业建设的延续性。

内培做得好不好,外引做得好不好,主要看两点:一看学科有没有延续性。今天这个人引来了,后天就走了,那就不能说引人成功。如果一个外引的专家教授能很快地融入既有的人才队伍,落地生根,那么延续性就很好。学科的延续性就是这个学科像家庭一样,一定要一代代地传下去。比如说,我 2017 年离开南京大学了,我走得放心,南京大学法语学科在全国还是处于一流的前列位置。现在的教师队伍里,有多位都是三十几岁就当了教授,有的年轻教授当了学院的领导,目前的法语系主任也不到 40 岁。有这样一支队伍,我走得放心。我看他们今后 20 年也不会有太大的发展问题,依然能够保持领先地位。但是很多学校不行,一个人一走,整个学科就垮掉了。所以我觉得学科建设的延续性是非常重要的,引人也好内培也好,要看这个人有没有发展的前途,引进来后能不能真正地扎根这个地方,把教学、科研、青年教师的“传帮带”工作做好。这就表明外语学科带头人的识人能力特别重要,要能识人,要看得准。二看有没有引领效应。你刚才提到,“外来的和尚好念经”,高薪外引,而对既有的人才队伍却重视不够,这样的现象当下是比较普遍的。外语学科带头人应该很清楚,引进人才是帮助学科发展,推动学科上层次,上水平,最后是让学科内的所有成员都有好的发展。如果光重视外引人才来建设外语学科,大部分的老师却没有参与感,没有获得感,那么最终结果一定不乐观。外面引进的人要风得风、要雨得雨,原有的人才什么都得不到支持,怎么能发动学科人员的积极性呢? 无论是哪个外语学科的建设,整个的团体必须建设好。外来人才引进之后,要通过一系列的举措,起引领作用,充分发挥原有人才的积极性,激发起原有人才队伍的创新能力,各尽其才,各尽所用,这样才能保证学科发展的延续性,形成外语学科发展的内在动力,点燃每一个老师的希望。

黄:我个人认为,从全国的层面上,校际人才的流动并不一定是正面的,积极的,也有很大的负面效应。以都市绿化大树移植作例子,新移植来的大树不一定能适应新环境和新气候,大树移植使原生地的植被破坏,水土流失,总的生态效能应该是负的。内培方是正道。我最近看到您在《中国翻译》发文,就外语学科翻译成果的认定做了呼吁,不拘一格用好人才方是推进我国高等教育和外语学科均衡发展的内在动力。许老师,您认为我的理解对吗?

许:高层次人才的合理流动相对计划经济体制而言,极大地解放了生产力。高层次科研教学人员在高校之间的合理流动,有利于人才的优化配置和人才队伍的做大做强,形成中国高校的核心竞争力,推进高校建设成为一流高校,一流学科,这是有一定的合理性的。人才的合理流动是优化资源配置的方式之一。而国家提出来要不拘一格用人才,不能唯论文、唯学历、唯资历,营造各类人才脱颖而出的氛围也是优化资源配置的重要途径。我到浙江大学不到两年,就开始推动这项有意义的探索。进浙江大学不久,我在调查的基础之上,结合外语学科的实际,对翻译成果的认定提出了一些积极的建议。在各级领导的支持下,打破唯学历、唯论文、唯项目的状况,有的学者在新的评价体系中脱颖而出,比如著名英美文学翻译家郭国良,就被破格提升为教授,担任博士生指导教师,我相信他还有可能会成为浙江省翻译协会会长,成为翻译学科的带头人。我在《中国翻译》上发表的文章《关于外语学科翻译成果认定的几个问题》就举了这个例子,借此希望突破阻力,不仅仅是领导的阻力,还有传统的职称评审要求的阻力,不拘一格用好人才。一个人没有省部级项目,没有博士学位,但其翻译成果非常卓著,对文学有思考,对翻译有研究,对人才培养有探索,对社会贡献很大,这样的人为什么不能评教授?最近中国都在推进中国学术的国际化,我发现浙江大学外语学科有另外一位教师王之光,他每周 16 节课,虽然没有很多的 CSSCI 刊论文,但是他近 8 年来用英语翻译了 12 部中国的学术著作,向国外传播,他的成果虽然没有列入国家社科基金中华学术外译的项目,但他把中国的学术成果真正推介出去了,难道不是成果吗? 现在国家花费巨大的人力、物力、财力把中国学术推向世界,这样的人全心全力做了那么多的成绩,为什么就不能评教授?

我想通过这两个翻译人才的例子说明,国内高校应该真正落实中共中央办公厅、国务院办公厅《关于深化职称制度改革的意见》的精神,尊重外语学科的特殊性,纠正"唯学历、唯资历、唯论文"的倾向,对翻译成果做出客观公正和科学的评价,在高校教师职称的评审中,对"外国语言文学"学科翻译方向的教师予以特别的关注,让在翻译与翻译教学工作中做出贡献的人才有成就感和获得感。

黄:感谢许老师的指教。希望今天的访谈能对当前我国推进一流外语学科建设起到一定的作用,也感谢许老师对江苏省高校青年外语教师培训基地的关心和帮助,通过培训基地"梦溪外语名家讲坛"这个高端访谈环节,让更多的青年外语教师与许老师这样的外语教学名家面对面交流学习。

(原载于《天津外国语大学学报》2020 年第 1 期)

文学的精神引导与开放的写作世界

——勒克莱齐奥访谈录

2015 年 10 月 19 日,2008 年诺贝尔文学奖得主、法国著名作家勒克莱齐奥在北京师范大学大学发表了题为"相遇中国文学"的演讲,演讲由莫言主持。在演讲中,勒克莱齐奥讲述了他和中国文学和中国文化的相遇历程。① 在此基础上,笔者有机会就勒克莱齐奥本人所接受的文学影响问题与他进行了进一步交流与探讨。

一、打开精神世界的英语作家

许钧(以下简称"许"):您是一位法语作家,但是与其他法语作家相比,您似乎更加对英文作品感兴趣。这是不是因为受您父亲的影响? 他对英国很亲近。您对旅行、冒险、别处的喜爱与您阅读的笛福、吉卜林、斯威夫特、康拉德等作家关系密切。您经常提起美国的作家,比如塞林格、凯鲁亚克、福克纳和梅尔维尔。您对拉丁美洲的作家也非常关注,比如马尔克斯、鲁尔福。不同语言文化的作品是否为您的创作带来了不同的元素? 您觉得不同语言的文学之间是否存在分明的界限? 我知道法语作家兰波、洛特雷阿蒙、普鲁斯特、凡尔纳、米肖等作家也很让您倾心,带给您

---

① 勒克莱齐奥. 文学与我们的世界——勒克莱齐奥在华文学演讲录. 许钧,编. 南京:译林出版社,2018:121-134.

许多灵感。但是,我觉得,您好像一直都与巴黎的法语文学圈子保持着一定的距离?

勒克莱齐奥(以下简称"勒"): 在我们家,因为我们祖籍是毛里求斯,所以,家里的文化也是混杂的。在知道英语存在以前,我就很想用英语写作。我觉得,我的母亲——她的父亲也是毛里求斯人,虽然她讲英语不是那么流利,但还是竭尽所能让我和我的哥哥学习这门语言:用英语做祷告,做英语游戏,听英文歌曲,用英语闲聊,还有我父亲寄回来的奇怪的小书:*Nursery Rhymes*(《童谣》)和 *Nonsense*(《怪诞故事》),这些书大概是从他英国的藏书库选出来的。我完全不懂英语拼写:去非洲时,我写了一个小故事,我还记得我把 the 写成了 zi,hungry 写成了 hongri。除了这两种"文学性的"语言,更确切地说,还有我外祖父生我们气时使用的克里奥语。所以,如果我们吃饭吃太久,他就会对我们说:pas fer bour sac(别像猴子那样,把腮帮当成食物袋)。我想,当时我们生活的尼斯(就像生活在一个毛里求斯的泡影中),其他孩子大概也同时会说好几种语言,比如法语、意大利语、尼斯方言。

这样一种培养方式,之后我那位亲近英国的父亲一直都在实行它,父亲将我引向了英国文学。我读了原版的笛福、斯威夫特、康拉德、吉卜林(《原来如此》),之后又读了美国作家的作品,福克纳、奥康纳,尤其是战后的那一代作家,马拉默德、帕索斯、斯坦贝克。20 世纪 60 年代初(我通过了美国文学考试,本科注册进入英语学院学习),我一下子跌进了塞林格的小说世界里,就像别人跌入宗教中那样。我读了《麦田里的守望者》以及短篇小说集《为埃斯米而作——既有爱也有污秽凄苦》,我心潮澎湃,近似于一种痴迷。一切都让我着迷:塞林格的生活(与秘密)。他讲述的与海明威的偶遇,在英国,在一群军官中间,他失望地看到一个男人摆出一副虚荣的英雄姿态。因为塞林格向来远离尘世,对名声一贯十分鄙弃,他对佛教中的禅则十分向往,所有这一切都深深影响了我。曾经我对现实主义文学以及对 19 世纪心理小说的一种孩子气的保留态度都与塞林格的写作态度和方式莫名一致。1961 年夏,我在同一种精神状态中写完了

《诉讼笔录》——截取了士兵塞林格面对海明威虚假的英雄主义时的样子,那时,我刚刚完成入伍准备工作,正要被派到阿尔及利亚去。

的确,我承认曾经很难理解国别文学。我并不否认文化之间的差异——恰恰相反,我认为这些差异十分重要,因为,借助翻译者的工作,这些差异让我变得更加丰富。我认为很难想象大家会满足于唯一的一种声音、唯一的一种歌声,以及对文化有一种偏好。在我看来,作家都是个体,只有当他们开始创造语言时,当他们每个人都以自己的方式成为某个国度、某种文化时,他们才变得重要。您同我说起洛特雷阿蒙。我觉得他就是属于他自己的一个国度,在布宜诺斯艾利斯度过的童年、西班牙词语、听过的故事——比如狼人的故事,他的整个童年时代都在听流传于拉普拉塔河流域的狼孩故事——以及他阅读过的书:拜伦、莎士比亚、雨果、欧也妮·苏,这些都构成了他的国度。这一切造就的不仅仅是一种互文性,而且是一种生命的经纬,一切都交织在一起,相互补充、完善。与兰波一样,他认为英语以及法国东部地区的方言让他受益良多。这就是文学让我热爱的东西,这种能够逃离单一身份的力量,创造超越于学校、陈词与边界的语言的力量。当我开始读西班牙语作品时,那时我还没有读过西班牙语的作品,我倚赖 16 世纪的历史编年史学习语言,这些历史大部分都讲述了攻占美洲的故事。我喜欢这些文章中的质朴、对真理的追求,萨阿贡、莫托里尼亚、门迭塔,他们并不是作家。面对他们所讲述的东西的危机性,他们隐去了自己,因为他们知道在他们之后,不会再有任何关于"印度君主制度"的见证人。但是,他们的语言深深地影响了我,让我满怀兴趣去文学中寻找那些紧迫的、必要的、真理的东西。之后,我读了"文学作品",我更喜欢被思想与生活经历所影响的作家。因此,索尔·胡安娜·伊内斯·德·拉·克鲁斯,这位墨西哥某座修道院的修女,忽然终止书写十四行诗和有节奏的抒情诗,转而书写离开身体的灵魂寻找哲学之真的旅行,这便是 *Primer Sueño*(《第一缕沉思》),这是一首谜语般的长诗,我觉得可以将之与克尔凯郭尔的作品相比,甚至与维特根斯坦的《逻辑哲学论》相媲美。其他作家更加接近我们现在这个时代,比如吉尔贝托·欧文、奥提·德·蒙泰拉诺,尤其是奥克塔维奥·帕斯。我发现了鲁尔福,那时我正好住在他的家乡附近,一开始是因为他为墨西哥人拍的照片,然后是因为他的两本书,他是一位孤独而悲观的作家,对整个拉丁美洲文学都具有重要的意义,比如马尔克斯,他从《佩德罗·帕拉莫》获取了灵感。在我看来,生命太短暂,根本来不及读完所有的文学作品,所以我自己只是凭直觉选择,顺其自然,合适的条件让我遇到了法语翻译作品中的小说家老舍。

至于巴黎的文学圈,我并不关心。在我看来,那个圈子小得就像学校的庭院。

二、具有引导力量的现代主义文学

许:但是,您对好几位法国作家都情有独钟。首先要说的就是被诅咒的诗人、痞子、通灵者兰波。在《隔离》这部小说中,有很多地方与这位伟大的旅行诗人呼应。在许多的访谈中,您从来不会掩饰您对这位诗人的喜爱。他究竟是什么地方打动了您? 在他的诗作中,您是否发现了一种"完整的作品"? 兰波的诗歌,正如"通灵者"书信中所表达的那样,将创作视作"各种感官错乱"的结果,从中可以产生关于诗歌动词的灵感。"通灵者",是真正懂得看的人。您创作之初就着重表现"用各种感官的观看"[1],您笔下的人物,充满了丰富的感觉、感情,不停地想通过感官与世界融为一体。这些看上去有兰波的意味。

勒:我年纪很轻时就读过兰波,大概是受到了影响,因为我祖母为我讲过祖父与兰波短暂的偶遇,当时 Zut 诗社成员[2]正聚在一起。(我祖父当时就站在他未来岳父所开的宗教物品店的旁边)。我读了他的诗歌,他的词语为我创造了一座狂喜的国度。这个年轻的男孩在字典的纸页间旅

---

[1] Le Clézio, J.-M.G. *Le Procès-verbal*. Paris: Gallimard, 1963: 176.
[2] Zut 诗社:由魏尔兰、兰波等诗人组成的诗社。zut 在法语中是感叹词,表示反感、轻蔑、愤恨。诗社成员称作 zutiste。

行——醉舟是诗人形象绝妙的譬喻——充满了欢喜之情,他收集不常见的用法、过时的用法(la flache, l'œil niais des falots, la bonace),甚至臆造词(比如 bombiner),我也曾像他这么做。然后,我发现他的想象中有一种激荡的东西,有时甚至是有毒的东西,我以为他从故土的暴力中汲取了什么来讽刺、攻击布尔乔亚文学圈子(比如魏尔兰)的各种陈规——当然,我最后也明白了他身上存在一种神秘的、毁灭性的东西,就像是中世纪时期基督教徒的神秘主义,比如吕斯布鲁克,或者像是占据尼采思想中心的酒神崇拜。(与尼采一样,兰波也宣称"上帝死了"。)我深受《地狱一季》的影响,是因为那时我把兰波当作引路人——甚至延伸到生活本身,他在某一天忽然决定从此不再写作。后来,因为生活一直在变动,我觉得自己已经远离了这种影响。如今,我觉得自己更加靠近布莱克——*tyger of the night*(黑夜中的老虎),叙事诗的口吻,还有爱伦坡,甚至是波德莱尔——相对保留地说。这就是为什么中国的古典诗歌会吸引我,因为它把神秘与距离、完美的形式与疑问完美地融合在一起。您的问题指出了兰波的"先见之明",更宽泛地说,您将文学视作探寻潜意识或者跨现实的方式。很难回答这个问题,因为文学的这种预见性特征——比如布莱克的诗歌,卡夫卡、达格曼的小说,或者美国女作家奥康纳的小说,当然还有福克纳的小说——毋庸置疑,但是不可能从定义上去讨论它。读兰波的作品时,我经常会感觉到一种"双重的"语言,一种是显性的,另一种则是秘而不宣的,几近晦涩。"如何理解我的话语?"兰波自己问道。我觉得,年纪越来越大,我对这种预见性的理解变了。似乎是我在巴拿马森林的生活经历导致了这一变化。如今,比起"预见"(这个词有一种我所无法触及的神秘含义),我更喜欢用"所见"这个词,并且是从它更为宽泛的意义上来说。至于对我影响最大的人,我认为并不是某位作家,而是一位"通灵者",一个住在恩布拉斯人的森林里的男子,名字叫哥伦比亚。这个男人在那个地区很有名,因为他能借助曼陀罗的汁液看到"幻象",他把这种汁液涂在眼皮上以及手臂肘的弯处,这样他就能与自然的各种力量(即阿伊神,*hai*)接触,帮助治愈病人。这个男人结婚了,是一家之主,他依靠种植车前草生活,并不特别。但是,他有一种"光晕"让我很吃惊。在我的祈求下,他谨慎地让我实现了"视觉"的苏醒。涂上曼陀罗的汁液后,在他的控制下,我看到了自然隐藏的东西、魂魄、幽灵,似乎(旁边一个人告诉我)我甚至预言河流能上涨。我只保留下非常模糊的记忆。我曾经想把这一切写下来,通过好几个声音来表现这个故事,但是,正要付梓出版之时,我放弃了这本书。期刊《道路手册》中留下了些许痕迹,就是那篇《曼陀罗之神》的文章。

我再也没有写那段经历。我再也没有见过哥伦比亚。但是我相信有些人有能力穿过现实的外壳触碰到"原子的"(取尼尔斯·玻尔的意义)真实,它就隐藏在世界的中心。

许:您比较晚才发现了普鲁斯特,对此您觉得遗憾。普鲁斯特最让您震惊的地方是他作品中的节奏,因为在您较为传统的作品中,节奏也一直都是您关注的焦点。您认为普鲁斯特是"一位与词语、句子、意象、目光相关的音乐家"[①],他的确对您"产生了很大的影响"。您能否再明确一下普鲁斯特的深刻影响? 可能不仅仅在于节奏的发现,还有对回忆的发掘? 您在新小说作家克洛德·西蒙的作品中也发现了这种节奏。这两位看似截然不同的作家却有着相似之处,那就是在寻找逝去的时光中获得一种音乐的体验。尤其在您的《沙漠》《奥尼恰》等作品中,这种倾向更加明显。

勒:在其他一些场合,我曾说过,普鲁斯特对于我而言不可接受,并不是因为他写的东西感觉陌生;恰恰相反,而是因为我很熟悉他所描述的世界,自负、冗长、荒诞,无知甚至残酷,自私甚至可笑。这个世界,就是我在尼斯长大的世界(从非洲回来后),周围是各种极其富有、反动的阿姨、"叔叔"(其实是我祖母的朋友)。我花了一段时间才接受并进入这样一个平庸又无聊的圈子。所以让我痴迷的其实是语言——说到这点,就要说到一种紧迫感,并不是揭开一种独特的证据,而是意识到现时的各种复杂

① Cavallero,C. Les marges et l'origine:entretien avec J.-M. G. Le Clézio. *Europe*,2009(1-2):32.

性。并不是记忆,而是归位,事件与动作的音乐,它们的节奏、韵律(反复出现的东西)。我确信写作与音乐这两种艺术具有相似性,不仅仅因为节奏、声韵,而且因为创作过程本身,升向高音(比如拉威尔的《波莱罗》舞曲)或者寻找主旋律,旋律间的应和,旋律大调与小调的变奏。我的母亲是一位热爱音乐、富有才气的音乐家,童年时我经常听到她演奏古典音乐。她不喜欢巴赫或者亨德尔,因为她觉得他们太抽象,她喜欢 19 世纪的印象派音乐,尤其是李斯特与肖邦,当然也包括现代音乐家,比如德彪西、埃里克·萨蒂。在《饥饿间奏曲》中,我曾提到《波莱罗》首演时,她"遇见"了列维-斯特劳斯——她说,当时整个大厅的人都站了起来,反对者吹口哨、大喊着"傻瓜"——我觉得这种教育有助于让我明白音乐与语言相近。并不是 16 分句法、音的组合与安排、节奏或者音符与乐章的修饰——而是因为乐章的行进、结构、旋律的创造与发展,这样一种生动的变化将整部作品带向高潮,继而又转向低处,同样的旋律一个个走向终结,直到最终的静寂。《在斯旺家那边》这部作品让我深深地感受到这一点,它并不是根据一种线性顺序构建了普鲁斯特的世界,而是将之作为一个完整的整体呈现出来,从一开始就可以看出来(睡着的人在做梦,而世界在他周围旋转),所有的元素一点点呈现出来,直到构成了一个关于整体的普遍概念,这个整体就是寻找逝去的时光。我喜欢普鲁斯特是因为他否认了结构主义者形成的观念,即文学与其他艺术之间(比如造型艺术)的关系在于文学是单声部的,此时此刻正在发生,而其他艺术形式是多声部的。这样一种与音乐的关系可以让我们了解小说的丰富性,就像是在天穹下的观星人用目光去追寻路线,一颗星接着一颗星,他永远都置身于整个天空的目光下,各种星座、星星,可见的,不可见的。

许:现在我们来说说洛特雷阿蒙。您关于《马尔罗之歌》的研究具有珍贵的启示意义,您指出洛特雷阿蒙对梦、神话与文学之间微妙的关系非常感兴趣。他让您吃惊的地方"更多的是神奇的色彩,而不是侵略的、挑

衅的特征"①。梦、神话、神奇,您的作品也具有这些特别的存在。在《另一
边的旅行》《沙漠》《寻金者》《奥尼恰》等作品中可以看到它们的存在。此
外,洛特雷阿蒙诗歌"与人类力量、动物力量以及宇宙力量之间的关系"②
也让您印象深刻。而我们也可以在您的作品中发现这样一种宇宙意识。
植物、动物、矿物一直都赋予您的词语以力量。尤其是,您与洛特雷阿蒙
都认为,应当注重梦中的真实与白日意识:醒着的梦,即从一种真实向另
一种真实的转变,也存在于您的创作中。这一灵感或许也来自洛特雷
阿蒙?

勒: 是的,的确如此。洛特雷阿蒙这一"情况"的确存在,正如 20 世纪
初的文学批评家也这样写过——也许,正如艾德蒙·伽鲁(Edmond
Jaloux)的感觉一样,他很嫉妒,因为自己没有预见到这种独特的书写本身
的革命性,直觉地感受到打破传统的可怕的超现实的存在。洛特雷阿蒙
的天才在于他超乎寻常的勇敢。在某种程度上,他打破了直到那时都不
可逾越的诗歌规则。诗歌"应当由力量而不是诗句创造"(《诗歌集》)。他
的文本极其丰富:引用、重复、修饰、文字游戏、蒙太奇、粘贴。这些方法都
是未来诗歌的创作方法,同时,《马尔多罗之歌》又可以称得上一种叙事文
本。关于梦的叙事(通过窗洞看到的梦,通过它,无名的观察者看到了谋
杀、渎圣、变形),关于神话的叙事,从古老的文本(荷马、维吉尔、但丁)或
者地方传奇(毗邻乌拉圭的恩特雷里奥斯流行的狼人故事)获取灵感,从
阅读过的文本(拜伦创造的雪精灵,波里道利创造的吸血鬼——玛丽·雪
莱之后又重新书写了这一形象)或者从他临死之前在巴黎街区观察到的
日常事件中获取灵感。《马尔多罗之歌》的音乐(因为这首诗歌首先是一
首口语化的诗歌)让诗歌本身与最远古的诗歌相联系,将其置于一种抒情
的语境中,与此同时,主题、意象、神话元素彼此作用,试图去除、瓦解任何
一种诗歌的理念。所以,这是一部同时在自我摧毁、自我构建的作品。从

① Le Clézio, J.-M.G. Maldoror et les fées. *Europe*, 2009(1-2): 39.

② Le Clézio, J.-M.G. Le langage des Maîtres Isidore Ducasse, Les poésies à
venir. *Les cahiers du chemin*, 1971(10): 108.

这一角度看,它是关于青春的梦幻表达,夹杂着文学的赘谈与教导的预言,这一青春很快就要坠落到路上、愤怒就要爆炸——这就是巴黎公社运动。兰波圆满结束了这一青春,他终止自己的创作,在殖民地残酷的物质主义中流浪。还有静寂。并不是我选择了洛特雷阿蒙,而是他的诗歌降临于我,因为他的诗歌在一个我需要相信文学无限性的年纪打开了。不是通向艺术,而是通向自由。剩下的,正如他写的那样(《诗》):"哒、哒、哒。"马尔罗打开了阅读洛特雷阿蒙的正确途径,他指出年轻的诗人在最开始几首诗歌中的移情,用"目光如丝的民族"的名字来替代童年时代朋友的名字。我在一张 1867 年流动商贩出售的图片中找到了吃自己孩子的时间之神克洛诺斯(Cronos)的原型(画家戈雅画过这一形象),我想我需要马尔多罗这个原型人物,从而可以自己进行创作,这种互文本也是一种自嘲。寻找神话的源头,追随奇幻的痕迹,这为我在文学史中打开了新的大门。我也需要洛特雷阿蒙的奇幻色彩。我曾在普罗旺斯省的埃克斯学院学习,博士论文研究洛特雷阿蒙与神话的关系,我的导师是研究 19 世纪文学的专家马赛尔·A.鲁夫,大概是出于挑战的心理,我随便选择了语言学家皮埃尔·吉罗作为我博士论文第二阶段的导师,他交代给我的任务是,借助电脑统计《马尔多罗之歌》中的词汇使用频率。我之所以说是挑战,是因为这项研究以失败而告终,因为洛特雷阿蒙在文本中布置了陷阱,他用其他词来替代某些词,而电脑没办法统计任何词的使用频率。因此我确信,这部诗歌根本不可能被整理、归类,我们无法处理它。一次旅行中,我丢失了论文,这就更加印证了我的感觉。

许:您的硕士论文题目是《亨利·米肖作品中的孤独》,您在《向冰山而去》一书中汇集了两篇风格自由的散文,灵感来自米肖的两部作品《冰山》和《伊尼基》。这两篇散文在某种程度上说是不是对米肖作品中孤独意象的一种补充表达?在您自己的创作中是否也经历着这样的孤独?米肖的诗歌让您喜欢的地方在于,"寡言的人发出的声音",简洁而"空旷",给人一种力量,在这种颠覆性的力量中激发、产生了一种行动力。您这样写道:"亨利·米肖的诗歌中让人震惊的是这种力量,它与静寂相融合。"①
所以正是这位诗人对词语的一种保留最触动您、启示您? 是否可以这样
理解,您追随着米肖的步伐,一直都在寻找语言之外的方法,以此从内部
或者从外部改变自我,正如米肖倾向于认为写作能表现出姿态,正如绘画
一样?

勒:亨利·米肖对我而言意味着发现当代诗歌,正如保罗·克利揭示
了当代艺术可以实现的东西。在塞热斯出版社出版的诗歌集(《当代诗人
诗歌集》)中读了几个片段后,我便狂热地陷入了米肖的创作世界,我在那
里发现了我一直在风格与真实等方面孜孜以求的东西。我感觉他写下的
东西不可以被改变、缩减、增加,这种感觉从未被否定。当写作充满了一
切使用过的空间,那么没有什么东西可以被改变。只要这种写作由合适
的词构成,不做作、不自负,也就是说它的意义是绝对的。只要这些文字
有独特的含义,表现出与其他人都不同的句法与词汇,既表现出空又表现
出满,正如某些东方艺术(中国的或者日本的)作品中包含的东西。既有
静寂又有言说。这一切都是随着我阅读的深入慢慢理解的,从《曾经我所
是》到《悲惨奇迹》《羽毛》《大卡拉巴涅国之旅》。每次阅读都是一次新的
历险。诗歌中的力量让作品与哲学相融合,尤其是与辩证结构相联系,正
如维特根斯坦的《逻辑哲学论》。

我在米肖的作品中看到了与"情境"诗人相反的道路,那些诗人利用
超现实主义革命这一跳板,试图创造一种咒语式的语言:布勒东、艾吕雅、
阿拉贡、圣·琼·佩斯、苏波。米肖与这项运动擦肩而过,他只是从中摘
取了与自己相适合的东西,然后继续自己的行程,就像是脱离了引力的天
体去探索星际间的虚空。他的性情、他对陈规的唾弃,甚至包括他怪异的
生活轨迹——出生于比利时的那慕尔,成长于布鲁塞尔,生活在一个布尔
乔亚家庭,一个以做帽子暴富的家庭,有什么比这些更加奇特呢? 从某种
角度说,唯一与他相似的人只有画家马克思·恩斯特,那也是一个边缘

---

① Le Clézio, J.-M.G. *Vers les Iceergs*. Montpellier：Fata Morgana，1978：7.

人。对于我而言,阅读米肖,不间断地阅读他,这是一种追随的方式,这是一种确信,相信不管是小说的、诗歌的还是叙事的语言,都可以极其逼真地表达内在世界。不久之后,奥克塔维奥·帕斯也带给我同样的感受:"内在的树"(El arbol adentro),以另一种不同的语言(西班牙语)、一种漂泊的生活(诗人、外交官、艺术收藏家)表现出来。我强调静寂——这种写作艺术中表现"孤独"的另一个词,因为它实现了不同力量之间的平衡,赋予作品一种完满。我也强调这一话语的紧迫性("我好像一个只能用屁来说话的人"),因为正是这一点决定了语言不是一种装饰、不是一种附属品,而是人类生活的本质。

三、存在主义文学的影响

许:在您早期的作品中,我们发现您与萨特、加缪小说以及散文的互文关系。存在主义哲学为现象主义描写提供了基础,拒绝心理分析,推崇将身体作为认知的工具。这一切似乎都对您早期的创作产生了某种重要的影响,因为您一开始的确对意识的目的性、自由的概念、与他者的关系以及人道主义伦理很感兴趣。您在那段时期是否读了许多关于存在主义的作品? 这一思想是否很触动您或者让您震惊?

勒:我觉得自己只读过一本"存在主义"的作品,那就是短篇小说集《墙》。其中有一篇小说题目是《一个企业主的童年》——这是一篇讽刺而残酷的小说,它完全摧毁了成年人的确信。但是,在此之前,我已经接触过"本体论的现象学"(《存在于虚无》的副标题),因为我读了儒勒·罗曼的《善意的人们》,尤其是另外一本短篇小说,挪威作家乔安·博热(Johan Bojer)的作品《变色龙》,就这一题材而言它独一无二。这些作品都充满了心理描写,作家描写了行为与思想之间的关联,词语之间的关系,这使得它们与萨特的伦理机制很相似。不同之处在于,萨特的介入,他对公众辩论的参与以及他的行动中所包含的真诚,有时是顺从——通常还有偏袒。萨特、马尔罗、加缪提出的问题是政治介入问题,这个概念如今已经从法国的文学辩论中消失了。阿尔及利亚战争结束后法国的社会危机，1968年"五月风暴"后反动力量的上升，都为这一问题提供了答案，当时的经济危机又让这一问题更加恶化。也许我们失去了幻想。但是，我觉得介入文学简单片面的特征(好人与坏人)并不能让新一代人满意。中国近代史极有可能在那次幻灭中发挥了自己的作用。对乌托邦的质疑再次出现了裂痕——另外，一个新的世界已经出现，它不是让无产阶级与雇主(或者财政)相对立，而是让不同的文化遗产彼此对立，也就是说让曾经的殖民国与殖民者政权相对立。这一矛盾建筑的砌角石，我(曾经)在加缪的作品中找到了。有人责怪他缺乏政治勇气(在阿尔及利亚与母亲之间的选择)，而且他英年早逝。而我，我一直都非常喜欢他最优美的作品(比如《婚礼集》)，但是萨特的戏剧(比如《脏手》)已然过时了。而加缪，我喜欢作家本人，也喜欢他作品风格的澄澈与明丽。与圣－埃克絮佩里或者马尔罗不同，加缪的介入首先是人性的。有人曾说，文学不是由好的感情(也不是由坏的感情)构成的——但是，文学的确是与感情相关的事，而不是与思想相关的事。它是呼喊、歌唱、节奏与音乐，是寻找与记忆，是闪光，有时是预言，这就是为什么它可以在它自身的界限之外、在它所表现的语言之外，被人喜欢、理解，直到永远。

思考一下那个时代，正是这种存在主义文学对我影响最深：萨特的《恶心》(这种对厌恶感的描述演变成了一种恐怖)，短篇小说《墙》《一个企业主的童年》，作家并没有要求我们与这些人物一样，但是这些人物在某种程度上的确充当了催化剂，或者有时充当了一种反衬物，让我们认识到自己身上的卑微、可鄙、反英雄主义。我同时代的作家摆脱了英雄主义的模式，即浪漫主义，以及纪德或者贝尔诺斯等基督教徒作家所创作的那些英雄形象。马尔罗创作的形象(《人的境况》《希望》)因为其自身的光鲜、贵族风格可能会吸引大家，但是他的人物可能与战争——或者说与胜利的戴高乐主义——关系过于密切。萨特、加缪，尤其是萨特，以及塞利纳，他们呈现的人物都是反典型的人物。他们没有参加战争，他们不是英雄(而圣-埃克絮佩里就是英雄)，他们慌张、妥协、犹豫、狡诈、滑头，就像我们每个人都可能的样子。他们被卷入革命,比如萨特(与此同时,他们对帕斯卡提出的问题又表现出厌倦),他们为人道主义而斗争(但是又拒绝介入阿尔及利亚战争的问题,比如加缪)。他们看似相似,因为他们与我们一样,都是"迷茫的一代"。我们喜欢他们的反抗,激烈的态度,有些虚无、可笑,像热内的反抗一样具有挑衅意味。对我影响最深的作家也赋予我同样的灵感,安格鲁-萨克逊的幽默让这一灵感得到了重新审视与升华:这就是 J. 大卫·塞林格,一位神秘的作家,著有《麦田里的守望者》以及一部短篇小说集《为埃斯米而作——既有爱也有污秽凄苦》——这部小说集中的第一篇小说与小说集是同一个题目——在我看来就表现了这种反英雄主义,这让我十分喜欢。这部短篇小说的叙述者是二战时一个天真的士兵,他为他的朋友艾斯米讲述了驻守在英国的士兵在做弥撒时,大嗓门的好斗作家海明威不期而至的故事。我在里面读到了对战斗英雄主义的辩证批判,正如战争作家们尤其是马尔罗所表达的那样。另外,塞林格是一位与存在主义非常接近的作家,要求逃离哲学的束缚,回归神性、禅学。这一切都表现出一种轻盈、创造与讽刺,这些特征恰恰是萨特那个时代法国文学缺失的东西——当然也是沉重的"新小说"时期缺少的东西。因为塞林格,我可以相信人道主义,拒绝说教文学的束缚。正是因为这位作家,我才创作了《诉讼笔录》,为了明确这一姿态,我在这部小说前加了一个前言,一封给出版社编辑的信,在信中我宣称同时代人对我并无什么裨益,我最最想要得到的是一个十四岁小女孩朴实无华的喜欢。

(原载于《西北工业大学学报(社会科学版)》2020 年第 4 期)

记忆、想象与现实主义

——关于文学创作的对话

　　自 2011 年以来,法国著名作家、诺贝尔文学奖获得者勒克莱齐奥(Jean-Marie Gustave Le Clézio)先生在南京大学执教,为南京大学本科生开设通识教育课,讲授文学、艺术和文化及其之间的互动关系。在他讲学期间,许钧教授就写作的观念、写作与想象、记忆及旅行的关系等问题与其进行了持续而深入的探讨。①

一、写作、想象与记忆

　　许钧(以下简称"许"):创作就像是现实与虚构之间的游戏。您曾这样说过:生产,而不是再现,这才是一个作家用词语所做的事,如果他能掌握这些词语的话②。您用了"生产"这个词,也许是您想强调纯想象的作用? 同时您拒绝"再现"这个词所含有的模仿之意。所以,您认为作品世界完全独立于现实世界? 您在《诉讼笔录》的前言中写道:"我很少顾忌现实主义(我越来越感到现实并不存在)。"③对作家而言,最重要的是纯想象还是个人的经历? 对于一部作品来说,或者对于您的作品来说,现实与想

---

① 　对话语言为法语,全文由樊艳梅翻译。

② 　Ezine, J.-L. *Ailleurs*. Paris: Arléa, 2006: 24.

③ 　Le Clézio, J.-M. G. *Le Procès-verbal*. Paris: Gallimard, 1963: 12.

象、真实与虚构之间的关系又是怎样的？您认为对于美洲印第安人而言，艺术与生活并没有很大的区别。所以，作品与生活也没有区别吗？

勒克莱齐奥（以下简称"勒"）：亚里士多德的《诗学》第一次提出了这个艺术的核心问题：mimésis（模仿）还是 poïein（创造）？任何一个写作的人（从事艺术创作的人）都必然会问自己这个问题：我要用我的艺术做什么？是想表现现实，将现实与现实相加，解释现实，给现实做个标记使之成为我自己的东西，还是与其他人（读者、观众、演员）分享它，赋予它一种真实性、一种集体性的意义？抑或，相反，臣服于现实之火，进入其内部，与它共舞，在一种本能甚至爱恋的姿态中与它的生命合而为一，好让书写、线条、段落、创作的意象与现实融合在一起，交杂在一起，沉浸在一起，从而产生快乐、力量、故事与和谐？小说创作是从质疑现实（现实的表面）开始的，因此，欧洲最伟大的作家，卡斯蒂利亚人塞万提斯创作的关于"诃德"的史诗是对加西·罗德里格兹·德·蒙塔沃创作的骑士小说《高卢的阿玛迪斯》（*Amadís de Gaula*）中的虚伪性的批判，因为确切地说，这些（诗歌体）小说通过无趣而愚蠢的故事讽刺了现实，他应当像他的主人公那个神情忧伤的骑士那样，将军队从虚假的巨人与真正的风车中解救出来！福楼拜可以说是最具现实主义风格的小说家之一，当他创作《包法利夫人》这部反浪漫主义的伟大作品时，他的做法没什么不同。这一切都说明，我们并不会无知地认同"现实主义""自然主义"或者"真实主义"的概念。贯穿小说历史始终的这一追寻，其结论当然是：任何对现实的描述都以失败告终。现实主义所说的"直到最末节"制造了一种深渊（或者说一种嵌套结构，正如弗拉芒画家一样）：我所说的是真实，但这一真实是目光主观化的结果，是这一目光在无数记忆的表面产生的回声主观化的后果。乔伊斯曾着手这样的探险，他把时刻分解成无数个细小的时间片段，在尤利西斯的追寻中（后来又在《芬尼根的守灵夜》中），加入了历史、神话、音素、内部声音、梦、报刊上读到的句子等各种碎片。至于"新小说"（实在太宽泛了），并没有产生什么伟大的作品，即使《曼哈顿中转站》中的一致主义也没有表现出全部的真实。

与一个"没有历史"(列维-斯特劳斯这么定义"原始人")的民族的相遇让我懂得,他们自在地居住于现实的边缘,因此,他们抹除了一切与生活的距离。艺术便是这一距离,将神话与想象融入现实,美洲印第安人很自然成为艺术家,生活的方方面面都是如此,有点像苏格拉底时期理想化的希腊(或者像孔子、孟子这些伟大的思想家生活的中国),如果不是奴隶制的悲剧性存在或者抢夺战争,任何人都将是哲学家。

许:想象在文学创作中具有十分重要的作用,但它总是与其他存在紧密相关,比如您曾说:"没有回忆、阅读或者他者,想象立不住脚。"①似乎,随着时间的流逝,回忆在您的创作中越来越重要。您的追寻与过往息息相关,您重新构建神奇的童年,不仅仅是您自己的童年,还有您祖先的童年。通过文献资料以及父母的话语中保留下的记忆,您不断地唤起逝去的时光。回忆在您的创作中有何作用? 它们是不是就像一个发动机,激发了您的创作? 写作于您而言是不是就像普鲁斯特那样,是"对逝去时光的追寻"? 在您的创作中,"个人的回忆是神话、故事的开端,而不是某一个单独的故事或者故事的片段"②。回忆在您创作时将您带向了怎样的神话? 是否可以将您作品中的记忆视作一种关系的空间,因为通过记忆的传递,经常可以在作品中看到"过往在现时中得以再现"③,后人与先辈密切相连,个人、家庭与历史合为一体?

勒:记忆是运动的、延展的。对于作家相对幽闭的生活而言,记忆就像是一些洞。他认为属于自己的东西,即与童年相关的感受——鲜奶的味道,花儿的芬芳,植物以及米糕的味道,还有更加隐秘的东西——皮肤的气味,母乳的味道,在母亲肚子里时婴儿所感受到的海浪一般的音乐,等等,这些都是不确定的,无法描述,无法核实。梦是一个王国,因为每个人都在那里远离了清醒的生活、批判的目光所持有的谋杀之刀。这种基本物质(从质素的角度说)仿佛是一片复杂的织布,有时充满谎言,就像是

---

① Ezine, J.-L. *Ailleurs*. Paris:Arléa, 2006:26.

② Ezine, J.-L. *Ailleurs*. Paris:Arléa, 2006:54.

③ Ricœur, P. *Temps et récit III*. Paris:Seuil, 1985:212.

蜘蛛网一样,与我们意想不到的更遥远的东西紧密联系在一起,稍有什么东西经过就会颤动。最纯粹的记忆与最混杂的记忆交织在一起。想象是唯一行动的形式,它可以激发记忆活动,让它分解、重组、发酵,用气泡与火光去浸泡它,就像兰波所说的海洋。在这一变形中,阅读最关键。阅读让情绪与记忆都具象为文字,阅读是创造过往。没有书籍,没有神话、歌曲中的文字,我就只有短暂的记忆,即比鱼儿好不了多少,就像普鲁斯特所说的那样,他每分每秒都执迷于穿透瓶子透明的外壁。也许我投身于文学就像别人跳入大海中! 自以为了解一切,想要重新创造一切,想要在宏伟的文学大厦上再添上自己的一块砖,在那些博学善言者的谎言里再加入几句自己的话。我沉浸于洛特雷阿蒙的世界,尤其是他《诗》(*Poésies*)中的诅咒,您知道,他对"伟大的经典作家"发出攻击:"哒!哒! 哒!"

在很长时间内我都觉得记忆很可疑,因为在我看来,它似乎是简单的物质,一种自我满足,反而替代了创作本身。而且,我所热爱的文学家,那些伟大的"经典"作家,比如莎士比亚、拉辛、歌德,或者雨果、施莱格尔等浪漫主义作家,我觉得他们都拒绝了隐秘的忏悔这一可耻的行为,而向世人展现了英勇的、充满冒险精神的人物,他们才是作家真正的"外衣",用自己的记忆为不体面的裸体穿上的外衣。后来,我明白了,只有小说才能赋予记忆一种合法性,因为小说由某种激烈的东西构成,一种建立在经验基础上的现实主义,这一经验对作家而言意味着要真诚。这一切已经发展到了某种极端程度,我感到不满,因为当代批评显然持有这样一种歧视的态度,即认为叙事似乎应当对读者真诚。所以,我一开始想做的是坚持聆听记忆本身,将其隐藏,将其与文学记忆、历史记忆糅合在一起,就好像是作为"历史"记忆,这一记忆应当是客观的。所以,我会在《诉讼笔录》的最后断然写道:"我(注意我没有过分频繁地使用这个词)认为大家可以给他们以信任。"①

---

① Le Clézio, J.-M.G. *Le Procès-verbal*. Paris: Gallimard, 1963: 315.

　　我与细致的书写决裂,对都市社会进行批判。这一决裂是因为我遇见了与我的原生社会非常不同的社会,先是在墨西哥,后来是在巴拿马,为我打开了家族根系的场域。事实上这个场域一直都在那里,最初,只是像一个秘密的图案,后来,这个图案变成了我写作的动机。但是,正如您强调的那样,这一动机因素只是一个诱饵,一种借口,一种刺激。童年时代的阅读将我与家族历史联系在一起,即我的曾祖父(我的父母拥有同一个祖父),他是一个文化人,他自己建了一个书库,这些书成了家族档案。这些书里包括雨果的《九三年》,巴尔扎克的滑稽故事,朗格费罗的诗歌,吉卜林、狄更斯的小说,以及毛里求斯的故事、诗歌集,这些集子本来出版数量就不多,当时大部分读者都不知道。因为这些书,家族记忆与毛里求斯岛联系在一起,而且还有两个"秘密"的行李箱(直到后来我才能打开这两个箱子,即我父亲快去世时),一个箱子里装着我们家以前一个参加革命的祖先的手稿,他在 1795 年离开法国去了毛里求斯岛;另一个箱子里装着我的祖父雷昂留下的"资料",上面记录着他在 20 世纪 20 年代去罗德里格斯岛寻找宝藏的经历。正是这些"档案"促使我去寻找逝去的时光,从某种程度上说,迫使我沿着过去的痕迹向前走,不是为了美化它,也不是为了自我满足,而是为了在写作中构建一种逻辑关系,因为写作总是在呼唤写作。这一过往对我而言不仅是一种根,对于我这样一个在法国中部地区感觉无所牵绊的人而言,那儿离毛里求斯太远——它还赋予我一种确信感与原型的意象,比如,很早我就知晓了"欧瑞卡"(Euréka)的传说,这是我们家的房子,我的父亲、祖父母、外祖父母,以及我的曾祖父、曾祖父的父亲,他们都在那里出生,这座房子变成了所有(人)的房子。但是这座房子已经不在了(我的父亲是最后一个生活在那里的人),但是我不可能再拥有别的房子。同样,我的祖先所写的 1789 年的革命故事代表了一切的革命,我母亲在德国占领期间的生存斗争也变成了一切的战争故事。我无限夸大家族记忆,这样我就可以在小说写作中使用它,且不用担心所谓的自传。

　　事实上,这是(一直都是如此)一块复杂的织布,家族历史与大历史的各种支线,与阅读过的、听说过的故事,与报刊上的文章、书籍、电影,以及与反复做的梦(在蜜蜂的嗡嗡声中,地震了)、幻想,等等,交织在一起。这一切构成了我所说的想象的"面团",其中,现时与过往不可分离。但是,您说到了交织(enchaînement)(从这个词包含的全部含义说),也很有道理,因为在我看来,写作有时就是一条可见的线,它将每一代人都汇集到我身上,以至于有时我会以为,是记忆之外的手在书写,是另一个声音在我身上说话,是另一个目光在观看。

二、写作的源头与生命历程

许:您很欣赏弗兰纳里·奥康纳说的一句话:"小说家大概倾向于书写自己小时候的生活光景,在那个时候,最重要的东西已经赋予了他。"在阅读您的小说作品时,我觉得您所有的作品,甚至所有的主题都来源于某个特殊的时期,即童年。您的主人公通常都是孩子或者青少年。作品中的这些孩子是否就是您自己呢? 您是否认为,从某种角度看,像作家一样生活有点像一个永远不会老去的少年的生活? 您是否怀念童年? 在这些童年叙事中,您是否想重新找回逝去的乐园或者一种自我的源头?

勒:我觉得自己曾经是一个特别关注周遭世界的孩子。也许因为我出生于战争时期,更加容易养成这种习惯,有时甚至变成了痛苦。并不是因为我看到了暴力的场景(关于战争最残酷的记忆是,我听说一个十五岁的男孩子死了,至今我还记得他,那时我经常和他一起玩耍,他在一次爆炸中丧生,他当时带着炸药去炸一座桥。战争快结束时,我母亲、祖父母躲藏的地方离那座桥不远,最后只找到他的红色头发),而是因为幽闭的生活,那些年,我哥哥与我一直生活在那种状态下。饥饿、寒冷以及危险的感觉反而使我对每一个时刻都特别敏感,就好像每一个时刻都揭示了一个秘密、解开了一个谜语,必须十分仔细地进行辨识。这一注意力,很自然地,我也把它带入了我的写作中,也许因为如此,为了纪念这一切,我才会在小说中特别喜欢描写、分析孩子或者少年。从某种角度说,我好像

感觉自己不再怀念那个初生的年纪,因为与别人相比,这段时间于我持续
时间更长:不是说时间更久,而是说开始的时间更早,而且特别细碎,对于
很多没有经历过战争的人而言,童年意味着幸福时光。但是,我并不认为
我的童年是天堂。

许:任何真实的创作都牢牢扎根于自己的生活这一根基。是否您所
有的创作都有这样一种意识? 1980 年左右,您转而书写私密的生活,小说
的主题都来自家族历史与传奇故事,或者来自您的童年记忆。哪怕在创
作初期,您总是被归于反对在作品中描写个人生活的现代派作家,我们还
是能在亚当、贝松、尚斯拉德、奥冈等人物身上较为清晰地看到您自己的
影子。自传写作、自我书写是否一直让您着迷或者激发您的灵感呢? 正
如您曾坦言的:"我觉得我所有的作品或多或少都与自传有关。我有一个
缺点,也许是缺乏想象力,我无法书写自己没有经历过的事或者别人没有
告诉过我的事。①"但为什么您要拒绝自传书写而转向其他的体裁呢? 小
说创作与自传写作之间有何区别? 以不同形式的小说书写自我是不是更
有利于自传书写?

勒:诚然,这一根基和基础对于作家而言非常重要。但是,我并不觉
得自己与自传文学(它有一个奇怪、混杂但是倒也不那么可怕的名字,即
"自我虚构")有何关系。我并不相信"私密日记"、童年记忆、回忆录、忏悔
录。也许我自己赋予了文学一种道德价值,但是,我觉得,如果文学专注
于附属的、自我满足的不诚实的任务,写作者自身成了他或者她自己的主
人公,并因此而放弃了一种距离感。我觉得这种距离感于艺术而言是必
需的,要不然,文学就会贬值,并且背离自己的使命。并不是因为主人公
被背叛、美化、丑化,或者不真实,而是因为它声称真实,制造了幻象,变成
了一个扁平的形象,没有起伏,缺少文学的第四维度,即创造,而不是模
仿。因为我不相信这一"体裁",所以,我就不能创作它。如果说我的作品

---

① Bollon,P. Entretien sur « Le Clézio retourne aux sources de son œuvre ». *Paris Match*,1991-04-22.

里有自己的生活或者我亲人、邻居的生活,那么这样的书写总是一种重构,就像是,这些素材在成为颜料之前先要涂上松脂,所以还是说记忆像一个"面团"。

如此说来,我依然坚持认为,口头语言(经历)可以创作文学,正如文学记忆可以创作文学。就我个人而言,我需要语言来创造语言。只有把经历装入语言的袋子里,经历对我而言才有意义。福克纳曾说到张牙舞爪的野猫,作家努力要做的事,就是把这野猫装进袋子里去。的确,我渐渐与文学中的这种自我主义之轴越来越远。或许,曾经有过用"他"来替代"我"、用另一个人来替代我自己这样一种需要,在我人生的某个时候。那时候,我正想要逃离城市、街区、街道、房间,去呼吸另一个世界、自然世界、无边无际的世界中新的空气。很大一部分原因是我与我父亲,说得更远一点(无论是地理上还是情感上,都相距遥远),是我和整个毛里求斯家族的关系(或者说关系的缺失)。我发现自己秉持了同一种生活范式:与欧洲文明决裂,喜欢旅行,甚至是个人的经历也一样。与他一样,我拒绝进入体制。与他一样,我在热带美洲坐在独木舟上沿着波涛滚滚的大河前行。与他一样,但并不是在一模一样的情况下(他那时候经历的环境更加艰辛,时间也更加持久),我才想去一个完全不一样、不可穿透、神秘、神奇的社会生活。与他一样,我选择保持沉默。在这一次可以说迟到的相遇(因为我的父亲在我这次旅行之后不久便离开了人世)之后,我身上遗留下来的就可以说是经典的小说之道,人物、情节、对话、心理形象,系上故事的结然后解开,这样才得以继续写作。我知道自己不会再书写"记忆"①,我也知道自己不会再追随家族谱系,更不会再去尝试解开不可解的东西。我将毫不犹豫地去利用我所知道的、见过的、听过的、读过的东西,作为建造我城堡的原料。

我喜欢这样想:我所写的东西更多的像一种探险,而不是简单、纯粹

---

① Ducasse, I. Je ne laisserai pas des Mémoires. In Ezine, J. *Euvres complètes*, *Poésies I*. Paris: Arléa, 2006: 281.

的关系。当我在长篇小说创作或者短篇小说(或者说 nouvella)创作中慢慢前行时,我感觉自己在靠近一颗心灵,靠近一种万有引力的中心,或者说,再做一个比喻,就像是被本能引向我故事中最"热"的那个点,引向那个一切都在不断被强化、被滋养的地方,那个地方让我觉得自己紧贴生命。这就是为何我对所谓的"现实主义"文学(就是如今的心理文学)热情不大,而与诗歌创造的东西联系更加紧密。实际上,我在诗歌中,即一切诗歌,无论是古典的、神秘的还是现代的,都发现了这种紧迫感、这种生命的本能以及物的逼迫。直到最近,因为在此之前条件尚未成熟,我才惊奇地发现了中国古典诗歌,尤其是唐宋时期的诗歌,它们以简洁的方式(通常是四行诗)表达了对这一热点的追寻。我在这些诗歌中发现了经历与梦境、真实与想象尤其是自我与世界之间的联结,这种联结在我看来应当是世界文学的范式。

三、旅行与诗意历险

许:如果追溯您写作的原因,绝对不应该忽视旅行之于您的作用,不仅是地理空间的旅行,还有文学旅行,即阅读。在许多访谈中,您都提到您祖母的大词典、您祖父的书房。阅读为您打开了神奇世界的大门,而且滋养了您的想象力。或许也孕育了您对于创作的渴望?阅读可以让我们远离他者与外部世界。当您谈起您为何写作时,您曾说,孩提时代的您备受各种声音的困扰,陷于一种忧伤而烦恼的状态。那种孤独的状态促使您走上了写作之路?

勒:文学历险陪伴我成长。可以说,从某种角度说,我本来不可能拥有生命,我是说,我作为作家的生命完成了我本来的生命不可能完成的旅程。当然,作为一个出生于二次世界大战后的尼斯、在法语语言环境中长大的作家,我早已读过大部分的西方文学著作,深受它们的浸淫,也对它们进行过比较。我在这里强调西方文学著作,虽然它们并不让我满意。我曾以大仲马、狄更斯的方式,以纪德、瓦雷里的方式,以兰波、苏佩维埃尔的方式写作。以他们的方式,意味着对手法、规范并不清楚,但是深信,每一个阶段都赋予我自己的声音。在尼斯上高中时,我作了几首交响乐诗歌,由好几个声部组成,我试图以"交响诗歌"这个名字来表现这些不协调的声音。这些东西如今在我看来十分荒谬。我曾用英语创作侦探小说,我也曾画过连环画;我曾写过日记,我也曾编造过一种想象的语言,包括语法与词汇——我在《乌拉尼亚》(Ourania)中举过一个简单的例子。总而言之,我曾经历一个学徒期,把文学看作一种乌托邦。

虽然已经过去太久太久了(七十年)! 但是于我而言,我似乎从未忘记过孩童时的那种孤独感。我在战争期间长大,父亲不在身边,恐惧与饥饿充斥着每天的生活,我前面已经提到过,尤其是与人没有沟通。在进行真正的长途旅行之前,我所经历的唯一一次旅行是同我的母亲与哥哥一起坐上从荷兰驶向非洲的货轮,去往尼日利亚,去见我的父亲,去见一个慷慨而充满活力的大陆。对于一个被剥夺了感官愉悦的孩子来说,非洲正是那样一种存在。在此之前,我就有一种直觉,虽然没有什么证据可以证明,我感觉我的生活应当是一场词语的旅行。那是一个饥馑的年代:我从词典开始阅读,从外祖父母公寓走廊里堆叠的报纸开始阅读:其中有最好的报刊也有最坏的报刊。最好的报纸是 19 世纪末的插图报纸,比如《旖旎风光》(Le Magasin Pittoresque)、《旅行报》(Journal des Voyages)。最坏的报纸是我祖父战前经常读的(有趣的)政治报,比如《我在每个地方》(Je suis partout)、《致听众》(Aux Ecoutes),我一点都不明白这些报纸,但是它们为我呈现了一种关于现实带有偏见甚至是谩骂式的景观。在此之后,我怎会去相信报纸,怎会去想象它们所反映的社会现实呢?

这些阅读,开始得未免有些早,强化了我的孤独感,正如在成人堆里被抚养长大的孩子所感受的那样。这种感觉源于无力感,甚至是挫败感:阅读是获得知识,却不是生活。任自己被他人的意志所带走,臣服于他人的法则,忽视个人经历的独特性。我觉得自己很小就理解了"怀旧"的感觉。这是一种既温柔又讨厌的感觉,因为它束缚你、瓦解你,它将你卷入它的旋涡中,让你方寸大乱。在非洲的日子就像一次决裂,使我可以逃离那种情感,但是直到现在我依然能够多多少少感受到它毁灭性的力量。很久之后,等到我发现现代文学,对我而言,是指兰波、洛特里阿蒙、米肖,我相信现代文学可以将我从这种忧伤中治愈。并且,它还让我明白,孤独是写作的一种基本要素(对于我而言)。正如伟大的哲学家伯特兰·罗素所言,"时空中某种程度的孤独对于必要的独立性的产生是不可或缺的,重要工作的开展都需要这种独立性"(他原文中没有写出处)。孩子的孤独曾是我游戏的场所,是我忧伤的骄傲,也是我成功的机遇,虽然(因为)我并不认为自己完成了多伟大的作品。

至于旅行,我只能再一次重复我之前说过的话,那也是我的信念,并不是因为我的阅读或者际遇而想否认,而是一种深刻的、强烈的、很可能是消极的感觉:我没有旅行过,我也不会去旅行。或者,简单来说,这辈子,我只做了一次旅行,那便是我在《奥尼恰》(*Onitsha*)与《非洲人》(*L'Africain*)中提到的旅行,即1948年从法国去向尼日利亚的旅行,去见我的父亲。我很迟才书写了这段经历,这是因为这次旅行于我而言就像第二次出生,无论是身体还是精神。说身体的重生,丝毫不是夸张。在我们所乘坐的人员混杂的船上,穿越热带地区时,我病倒了,因为炎热与潮湿的天气。我们所在的船舱没有空调(那时,空调属于只有游轮上才会出现的奢侈品),我的身体长满了水泡,英国殖民地的人称这个为 prickly heat(痱子)。瘙痒的地方被感染,我开始发高烧,烧了好几天,妈妈用纱布为我敷滑石粉,把我包在绷带里,记忆中,自己又变成了婴孩。精神上我也获得了新生,因为我离开了一直成长于其中的女性世界,去见非洲大地上英国殖民地的那个男子。

许:您一边在书里旅行,一边在生活里旅行,生活里的旅行填补了您阅读中的想象。您的旅行与创作之间的关系非常紧密。可以说,您去过的国家与地方在您的作品中都可以找到对应:与摩洛哥沙漠的旅行相对应的是小说《沙漠》、旅行游记《逐云而居》,与毛里求斯岛旅行对应的是毛里求斯系列叙事,比如《寻金者》《隔离》以及日记《罗德里格斯岛之旅》,与非洲的旅行相对应的是小说《奥尼恰》以及自传《非洲人》,与墨西哥旅行相对应的是《乌拉尼亚》……而在《变革》(*Révolutions*)中几乎可以读到所有这些路线。旅行赋予您的创作两种分明的体裁:小说与自传。在这种交错性的写作中,很难不把您的生活与创作、真实与想象、事实与虚构融合在一起。与阅读相比,旅行为您的创作带来了什么? 如果我们去到您曾去过的地方,是否可以更好地理解您的作品呢? 如果您是定居者,您的写作是不是会不太一样?

勒:刚才我已经说过,我这一生大概只做过一次旅行,就是 1948 年与母亲、哥哥一起去尼日利亚的一个叫作奥高贾的内陆村子见我的军医父亲。我之所以说那是我唯一的一次旅行,是因为,当我离开自己出生的城市尼斯时,我以为自己永远都不会回来了。我坐上了一艘名字叫作"尼日斯特罗姆"的荷兰海船,它从一个海港到另一个海港,直到终点站尼日利亚哈科特港的某个地方(那时叫作河流州,后来改名为比亚法拉)。与祖母的道别撕心裂肺。我们应该永远都不会回法国了:父亲的计划是把我们安顿在南非,我们在那里可以接受英语教育,所以他要求母亲在旅行期间教我们英语。从某种程度说,这次旅行像是非洲人逃向欧洲或者意大利人逃向美国那种情景。这就是为什么我将它与现在的游学或者旅游区分开来。不同之处在于旅程的长度(坐船坐了一个多月)以及母亲与孩子的心理状态,我们的远行是为了改变生活或者说改变身份。但时局改变了父亲的计划:母亲拒绝去南非,因为在那里我们无依无靠。在非洲待了两年,我们没有上学,母亲决定回到尼斯去,回到祖父母身边去。这是不是一个英明的决定呢? 我一直都在想,如果我在南非、约翰内斯堡或者德班(在那里我们有一些毛里求斯的亲戚)长大,我会遇到怎样的事。也许我会成为完全不同的另一个人。我不会接受法语教育,尤其不会接触到意义重大的法语文学。但是,我保留着一种不确定的感觉,就是法语文化与英语文化之间的游移,就像是我不曾成为的那个人、我本应该可以成为的那个人的虚幻的影子。复杂的境遇,充满了各种疑问。

后来,我一个人或者与我建立的家庭(我的妻子杰米娅以及我的女儿们)住在外国。部分是出于经济原因(比如在泰国、美国做教师,在墨西哥做研究员,在巴拿马做探险家),同时也是因为我喜欢别处,喜欢寻找我父亲的影子,他在英属圭亚那、喀麦隆、尼日利亚度过了一生。我喜欢寻找我母亲的理想,在她两个孩子出生前,她与父亲一起过着流浪的生活。当然,我的小说带着喜欢历险的印记。但是,我没有书写我的旅行。我所描写的国家并不存在。它们是内心的,正如亨利·米肖的大卡拉巴涅国。我写了关于沙漠的作品,但那时我其实还没有去过沙漠里(我只是看过父亲穿越撒哈拉沙漠时拍摄的照片)。我在西班牙驻法国巴黎的大使馆读过西撒哈拉的资料。我写毛里求斯岛,利用的是我的祖父留下的文件,他曾在毛里求斯当法官,一辈子都在寻找宝藏,一辈子也因此被毁。

　　《逐云而居》可能是唯一一部游记,它是我与我的妻子杰米娅合著的。这也是一次梦中的旅行,因为我们以这本书来想象我妻子的祖先西迪·阿迈德·艾勒·阿鲁西所过的生活,这是一位圣人,也是 16 世纪时期撒哈拉的一位政治领袖。实际上,我觉得自己写作的东西首先都是想象的,真实的旅行于我而言并不那么重要。但是定居的生活,如巴黎的办公室,朋友圈,休闲活动,这一切从长远看会让我厌倦,就像一种无聊、无味的生活。现在我住在中国,这让我充满创作的欲望,并不是想要描写一个像一整个大陆那么大的国家;而是,这使我用另一种方式去观看现实,以一种意料之外的方式去分享日常生活,让我发现另一种历史的角度、另一种文学的回响。

（原载于《外国文学研究》2021 年第 1 期）

勒克莱齐奥的非洲书写与文明协奏梦

——许钧教授访谈录

一、《沙漠》与勒克莱齐奥眼中的非洲文明

王佳(以下简称"王"):许钧教授,您好! 近年来,对非洲文学的研究一再升温,书写非洲的文学作品备受关注。我们知道,具有法国与毛里求斯双重国籍的勒克莱齐奥先生的文学创作中有着浓郁的非洲情节,他不仅关注非洲,更热爱这片土地,他通过一部部与本人非洲记忆关系密切的文学作品让我们看到了这片土地的富饶与纯净,看到了弱势文明的坚韧与豁达。因为您是最早关注这位诺贝尔文学奖得主的中国学者之一,也与作者有着深厚的友谊,因此,我想向您请教几个关于勒克莱齐奥先生以及他文学创作方面的问题。

许钧(以下简称"许"):好的,很高兴能有这次机会来谈谈勒克莱齐奥与非洲。的确,勒克莱齐奥先生与非洲有着不解之缘,非洲文明对他的文学创作产生了十分重要的影响,勒克莱齐奥虽然出生在法国,且用法语创作,但只要读过他的作品,你就会发现,对非洲的款款深情流淌在他的血液之中。在尼日利亚工作的父亲以及童年时的非洲记忆影响着他一生的文学创作。非洲也是养育他的故乡,是他开启文学创作旅程的第一站。我们研究非洲法语文学,对勒克莱齐奥的作品应该予以关注。

王:记得您说过,1977 年在法国留学时,您就接触过勒克莱齐奥的作

品《诉讼笔录》,回国后也一直对他的作品十分关注。1980 年,您与南京大学钱林森教授一同将他的作品《沙漠》推荐给了湖南人民出版社,后来该作品得以在国内翻译出版。鉴于您对这部作品的喜爱与了解,我们就从《沙漠》说起吧。这部作品写的是一个与撒哈拉沙漠有关的故事,在您看来,这部作品寄托了他怎样的创作思想? 有哪些特别之处让您印象深刻?

许:《沙漠》是一部很有意思的作品,我非常喜欢。它问世当年,就获得了法兰西学院设立的首届保尔·莫朗奖。这部作品由两个独立的故事构成,叙事结构简单而独特,不同于传统小说。其中一个故事讲述了 20 世纪初西撒哈拉沙漠游牧部落在老酋长带领下向北方迁徙而遭遇的种种灾难,而另一则讲述了一个 20 世纪中叶出生在撒哈拉的非洲女孩的故事,她在法国马赛经历了重重困厄,却最终在有可能出人头地时毅然返回故乡。两个故事不仅叙述者不同,且相隔了近半个世纪,看似独立,却相互交织。人物之间的血缘关系被巧妙地隐藏在故事中,有了前面"蓝衣骑士"的失败才有了拉拉后来的流浪之旅。我们在小说中看到的是文明间的冲突带来的集体的痛苦回忆,而族群的过往与个体的命运又有着千丝万缕的联系,这种联系看似偶然,实则必然。这部小说向我们揭示了西方殖民的残暴和西方文明的虚伪。西方人是否真如他们所说代表着文明?从历史的角度看,似乎那些被西方人称为"未开化的野蛮人"的才是真正懂得文明、捍卫文明的人。从某种意义上说,西方殖民政策是西方文明的退步,非洲今天的"落后"与西方的殖民统治是有直接关系的。

《沙漠》这部作品的标题有其象征意义。"沙漠"让我们首先想到的应该是荒芜、贫瘠、没有希望,但小说给了我们不同的体验。故事发生在美丽的撒哈拉沙漠,这片沙漠的美是出生在"钢筋混凝土"中的我们所无法想象的。这一独特自然风光成为孕育人类淳朴文明的摇篮。出生于此的女主人公真实、善良,思想纯净、透亮,是这片沙漠的女儿,也是人类文明的希望。"沙漠"在小说中还象征了自由,虽然看似贫瘠,一无所有,却留给人们具有无限可能的自由空间。它带来的是无拘无束的快乐,这是在所谓的文明都市生活中无法获得的,这也是主人公在经历流浪后返回故土的一个重要原因。

作品中还有许多通过人物之口讲述的极具地域特征的小故事,引人
入胜。例如,渔夫老纳曼所讲的一些传奇故事和寓言性故事。这都得益
于作者小时候在毛里求斯与外婆共同生活的经历。记得勒克莱齐奥在诺
贝尔文学奖获奖感言说过,她外婆会讲很多充满想象力的故事,而这些故
事或许就发生在非洲大陆,甚至就发生在毛里求斯的玛伽贝森林里。这
些故事是具有异域特色的种子,在他的作品中开花、结果,延伸到读者的
世界。将这些童年听过的故事放进自己的小说中,说明勒克莱齐奥对这
些弱势文明的情感是发自内心的。他早已经扎根于这些文明之中,被它
们丰富的内涵所感染。而这些故事的流传也说明了它们的魅力是值得被
长久记忆的。

勒克莱齐奥在非洲留下了许多童年的回忆。在作者眼中,书写蒙受
过几百年殖民苦难的非洲文明就是对地球上所有被边缘化的弱势文明的
关注。这些弱势文明没有在工业革命后的几个世纪里得到公正的对待,
他们只能站在边缘的位置发出微弱的呐喊,这是作者希望通过作品传达
给读者的。记得在《沙漠》的汉译本出版之前,勒克莱齐奥专门致信我们,
希望告诉中国读者,作品"描写了一位老人在信仰的激励下,在人民力量
的支持下,与殖民主义灭绝人性的侵略进行了双方实力不相等的斗争,同
时也描写了一位年轻姑娘在当今西方世界与不公正和贫困所进行的力量
悬殊的孤立斗争"。我们注意到作者两次用到"斗争"一词。从这部作品
问世至今已经过去了 40 多年,但它一点都没过时,当今世界的不公正还
在以一些隐蔽的方式继续着,《沙漠》所讴歌的斗争还远没到终点。这部
作品在精神层面带给我们的震撼是强烈的,能够激发共鸣。

二、"毛里求斯系列"中的童年回忆与文化身份

王:我们知道,毛里求斯作为文学意象,频繁出现在 20 世纪 80 年代
中期以后勒克莱齐奥先生的作品之中,包括《寻金者》《隔离》《变革》在内

的三部作品被评论者归为"毛里求斯系列"。这一系列作品都以作家本人的家族故事为原型,描写了家族后代寻找家园、回归家园的经历。您怎么看待这三部作品与作家童年回忆的关系?是否童年的过往影响着我们这一生的文化身份?

许:文学作品中的毛里求斯当然不能等同于现实中的毛里求斯,但无疑是以勒克莱齐奥的童年故乡为原型的。勒克莱齐奥在获得诺贝尔文学奖后的一次采访中曾表示,法国是接受他的文化与语言之乡,而毛里求斯是他小小的故国。毛里求斯虽然是非洲的一个小国,不论从哪个方面比较,可能都无法和法国相提并论,但它对作者的童年的影响是深刻且无法替代的。几部作品中关于岛屿的回忆几乎都与作者的童年有关。以作品《寻金者》为例。出生于殖民统治下的毛里求斯的主人公在失去童年美好生活后踏上寻金之旅。小说由主人公寻金开始,到寻找乌托邦,再到寻找失去的童年时的天堂,寻找曾经幸福快乐的自我。贯穿整部小说的关键词看似"寻金",实为"寻我"。童年记忆对人生的影响是潜移默化的,在毛里求斯的童年已经为主人公穿上了文化身份的外衣。金子并不是主人公童年幸福的来源,也不是他寻找的终点。童年在毛里求斯经历的那些人和事,让主人公产生了文化归属感,主人公远行与回归的轮回不断地在叩问幸福的意义以及"自我"的意义。在寻金的过程中的精神启蒙、思想转变,实际上都是主人公寻回固有文化身份的必经之路。

三部作品中反映出的故土情结,实际上是关于弱势文明中成长的个体自我认同的问题。在这些土地上出生的人们滋生"逃离"愿望是难以避免的。而当他们离开故土进入西方主流文明后,获得认同却是一件极为困难的事情。在不断观察世界并与这个世界接触的过程中,对于"我究竟应该是怎样的"的思考会反复缠绕着主人公。文化的不认同不仅带来内心痛苦,更让"我应该去哪里"成为主人公另一个必须面对且极为迫切地想要解决的难题。我想,如果不是勒克莱齐奥先生特殊的童年经历,他是难以在故事中为主人公的回归给出充分而坚决的理据的。"回归"既是精神层面的,也是文化层面的,而毛里求斯既是地理意义上的家园,也是精神及文化意义上的家园。作品人物在一直探索的,是自我在世界上的真正位置。求而不得的文化认同感最终使得"追寻"的终点成为"回归"。

王:个体的文化身份的确与回忆密切相关,您也提到离开故土的过程是不断反思和自省的过程,个体的最终文化身份的形成是否会因前行途中与外部世界的交流、接触而发生改变呢?

许:改变当然会有。回忆在这些作品中是主人公生命旅途的伴侣,是他们自我保护、自我安慰的方式。回归是回忆驱使的,而回忆是身份构建的基石,回忆使得人物表现出对故乡的怀念以及对陌生环境与社会的疏离。不过回忆会不断累积和丰富,不止童年。我们应该看到,在"毛里求斯系列"中,回忆并不完全是排他性的。选择远离西方文化,并不是完全拒绝西方,而是一种收纳性改变。将诸多不同的文化元素纳入自我的内部,最终构建一种包容的身份属性。因此,并不存在一种绝对的放弃与排斥,而只存在重新构建与选择性融合。这种对于身份的重新界定也是与岛屿自有的文化属性息息相关的。毛里求斯是多种文化的汇集地。法国文化、英国文化、印度文化以及其他少数族裔的文化都在此交汇。从个体的身份到家族的命运,再到文化间的相互关系,自我的回归不是简单地回到童年或最初,也不是简单的地理意义的回归,而是构建一个以固有文化为中心的,具有包容性的新的统一体。《寻金者》中的亚力克西最后离开了布康,《隔离》中的雷昂最后离开了自己的哥哥雅克及自己的家族。成年的个体需要重新认识自己在世界上的共时及历时位置,才最终寻找到那个"原来的我"。这种再认识不同于一般意义上的人与社会关系的认知,而是更深刻的人与世界关系的认知。毛里求斯作为文学意象,只是勒克莱齐奥关于文化身份思考的引子,它带领我们通达的形而上的哲学思考是需要跳出它本身地理意义的限制,并以世界与人类文明为尺度才能完成的。

当然,这三部作品并不是作者的回忆录,记忆与想象是相互渗透的。作品中的毛里求斯也有许多虚构的成分。在作者看来,毛里求斯代表的远不止作者的故乡,它与其他作品中的马格里布、奥尼恰、巴拿马一样,都是我们共同拥有的世界的一个部分,属于人类共有的不应该被忽视的文明。毛里求斯因作者童年的经历而成为他作品中的偏爱,但作者最终是通过毛里求斯这个"小小的故国",让读者关注人在文明中的存在方式,以及主观世界与客观世界的相互关系的。勒克莱齐奥关于落后文明与文化身份的思考在其他作品中也是一以贯之的,只是每部作品的侧重点会略有不同。

王:如您所说,勒克莱齐奥先生的创作理念在他的文学创作中是具有延续性的。很多学者也都认为,他的作品中有某种一脉相承的东西,而这种连贯性从他第一次创作时就已经开始了。我们知道,勒克莱齐奥先生的非洲记忆大多是童年时留下的,其中不得不提到的是他第一次前往非洲的寻父之旅。在您看来,这第一次非洲之行,对他日后的文学创作产生了怎样的影响呢?

许:如果说勒克莱齐奥在毛里求斯的童年记忆形成了他文学创作的源泉,那么第一次去非洲的寻父之旅则是泉水的源头。他曾说过:"就我而言,我对西方文明之外的那些不同文明,一直都怀有一种兴趣。这种兴趣和关注与我父亲有关,他在非洲生活了很长时间,在尼日利亚。"勒克莱齐奥的出生地虽然是法国尼斯,但他的父母都来自非洲。所以,一般我们认为他既是法国的也是非洲的。不过,继续追溯我们会发现,勒克莱齐奥的祖先都来自法国西北部的布列塔尼,18世纪才移民到毛里求斯。因此,他的文化背景远比履历上看到的更为复杂。7岁时从法国前往非洲寻找生活在非洲却又不属于非洲的父亲,成为作者一个重要的身份构建的起点。

对于童年缺失父爱的人,寻找父亲是一个无法逃避的人生使命,是人生意义的一部分,它对每个人的人生都会产生深远影响。记得勒克莱齐奥曾说过:"我跟母亲乘了船,一起去非洲,持续了一个月,但我感觉比一年还长,对我来说,这次旅行很神奇,是无限的。我总想起非洲,尽管没有看到过什么东西。"我想,对危险的恐惧与对非洲大陆的好奇都是在寻父渴望中酝酿的,能激发灵感、触动心灵的情绪也在这一背景中形成。这次旅行开启了他的文学创作之旅，带着种种复杂的情绪与真实的体验，他在作业簿上写下了小说《环球旅行》。而后来的第二部小说《黑色的奥拉蒂》与旅行及寻父主题关系更为紧密。在创作这部作品时他还并不是十分了解非洲大陆，但写作行为本身让他可以将自己从不安与危险的境地中拯救出来，让他想到了慢吞吞的货船将自己带到父亲的身边。勒克莱齐奥是十分喜爱这两部作品的，他甚至表示过，自己之后的创作中没有任何一部可以与这两部非洲小说相提并论。大多数作家或者是文学爱好者，小时候都有可能随性写点诗、散文什么的，作为兴趣爱好，也不会太当真。勒克莱齐奥则不同，他对自己小时候的这段创作经历非常看重。

寻父从某种意义上来说也是寻根。童年时父爱的缺失也激发了作者对父亲与父爱的想象。1991 年出版的《奥尼恰》也是一部寻找历史踪迹的自传式小说。儿子寻找父亲，而父亲远行寻找消失的文明。非洲人与殖民者无望但勇敢的斗争揭示非洲真正的文明史。作者对樊当抵达非洲那一刻的心理变化把握十分细腻，在波尔图太太"瞧啊，非洲人！"喊叫声响起的时候，樊当的心脏因为快乐而加速跳动。而"他不知疲倦地盯着映入眼帘的非洲大陆"，望着"那奇特而遥远的土地，仿佛他们永远也无法到达"。那种对于未知的憧憬与急不可耐只有深刻体会过的人才能如此生动地加以表达。樊当的寻父之旅与非洲探索之旅融为一体。有趣的是，主人公在没有窗户的船舱里，点燃了夜灯，在一本带图案的作业簿上写下 *UN LONG VOYAGE*（《一次漫长的旅行》）。仔细想想，这不就是勒克莱齐奥 7 岁时创作的《环球旅行》吗？童年的第一次非洲之行的记忆在几十年后的作品中依然生动、清晰。2004 年，勒克莱齐奥创作了小说《非洲人》。这是一部关于非洲的小说，也是一部公认可以让读者感受到勒克莱齐奥与父亲真正相遇的作品。在《非洲人》中，作者试图以一个孩童的视角，以电影回放般的画面叙事和场景描述还原那段在非洲土地上发酵的关于父亲的记忆。父子生活的土地上有和毛里求斯一样的红色土地，一样的从海上吹来的风，一样的微笑和脸庞，一样的无忧无虑。作品中，勒克莱齐奥书写了这样一种遗憾："有种东西被交给了我，有种东西从我这儿被拿走。我童年里缺失的东西：有一位父亲，在他的身边、在温馨的家庭中成长。"勒克莱齐奥承认了自己的毛里求斯父亲，也毫不避讳对自己非洲裔后代的身份，最重要的是他所表现出的那种无法掩饰的对童年时父爱缺失的遗憾。

勒克莱齐奥为《当代法语作家词典》撰写有关自己的介绍时，在短短的千字条目中，用近乎一半的篇幅讲述了这次经历及其对他的重要影响。他特别写道："对于我来说，写作行为一直与我的第一次旅行紧密相连。"在诺贝尔文学奖颁奖仪式上，勒克莱齐奥在获奖演说中也再一次强调了儿时的这次远行。他说，儿时正逢战争，他没有书读，于是就读祖母的词典。词典中"那些插图、地图和不熟悉的词条，就像一道向我开启的大门，召唤我踏上探索世界的旅程，去徜徉，去梦想。在六七岁的时候，我写了第一本书，名字叫《环球旅行》"。从这些话语中，我们能够看到第一次非洲寻父之旅在作者心中埋下了怎样的种子，开启了多么宏大的文学想象空间。这次旅行的影响是伴随一生的，那个带着好奇、彷徨、期待、疑惑情绪的孩童用之后几十年的创作把那些关于非洲的记忆与情绪带给了读者。

有些学者认为，应该把他的创作分为两个阶段。1963 年到 1975 年是他创作的第一阶段，这一阶段他的创作内容是以革命、反叛的形象揭露西方都市文明的野蛮；而第二阶段是 20 世纪七八十年代，他开始探讨个性化、自传性质的主题，转向对落后民族、文化身份等问题的关注。但实际上这两个阶段的思想内核是一脉相承的，特殊的文化背景让"文化身份"的问题很早就在作者的思想深处扎根，有了西方文明的蛮横，才带来了弱势文明被边缘化的结果。如果我们跳出文化背景的局限，将人类文明视作一个整体，也就自然会感知到这种连贯性。我想，关于文明及文化身份的思考，在勒克莱齐奥的第一次寻父旅途中应该就已经开始了。

三、不止于非洲的文明协奏梦

王：确实，非洲既是勒克莱齐奥先生的故土，也代表了当今世界的弱势文明，他对非洲的关注也容易理解。但与许多书写非洲的作家不同，他除了关注非洲外，还十分关注南美洲，小说《乌拉尼亚》写的就是与印第安人有关的故事。从非洲转向南美，显而易见的相似之处是，非洲与南美都是被殖民统治过的地区，当地文明也都有被边缘化的趋势。您觉得作者后来开始关注南美洲是出于怎样的考量呢？

许：非洲的许多特质在南美也有，优美的自然风光、广阔的沙漠、比较原始的生活方式、不为大众了解的地方文化等。我个人觉得，关注非洲文学的学者们应该把目光投向历史，投向世界。就此而言，勒克莱齐奥的历险具有特别的意义。20 世纪 70 年代，他就到了墨西哥，并喜欢上了印第安人。他的远行不是逃离，而是在寻觅与世界和谐的平衡点。他既不是盲目地流浪，也不是被迫地流浪，而是主动地流浪。这种流浪使他的思考更为完善、创作热情更为饱满。我们看到，包括昆德拉在内的一些著名作家都是被动流亡，最后就不得不面临身份认同的问题，而勒克莱齐奥不存在这个问题，因为他是主动流浪。1970 年，他自愿远赴墨西哥的法国拉丁美洲研究所工作，便有了机会与印第安人接触。他和恩贝拉部落印第安人、沃纳纳部族印第安人一起生活。之后，他又到了墨西哥中部的米却肯州，与生活在那里的惠考尔部族印第安人往来。在墨西哥城大学，他还学会了玛雅语、纳瓦特尔语等几种当地语言。这些与墨西哥印第安人一起生活的经历在他的作品中留下了深刻的印记。他觉得这一体验改变了他的生活，他对世界和艺术的看法以及他与人相处、走路、吃饭以及睡觉的方法，甚至深入他的梦中。主动流浪使得他看待这些文明时的心态是公正且满含热忱的，也正是这样，他的作品才让读者看到了一个只属于他本人的看待所谓落后文明的独特视角。

勒克莱齐奥先生表达过，自己的文学思想受到了列维-斯特劳斯的影响。我们知道,列维-斯特劳斯对西方文明的看法是有所保留的。他虽然觉得西方文明很重要,但南美印第安文明也同样重要,很可惜,这些古老文明在现代社会中没有太多表达自身的空间。勒克莱齐奥十分认同列维-斯特劳斯的这一观点,也将这种感受放在了自己的作品中。在20世纪种族理论流行的时候,文化之间的某些差异被放大,等级理论蛊惑人心。殖民主义者将经济成就与所谓的文化优越性等同起来。这些本质上带有种族歧视性的理论,在很长时间内被用来佐证殖民主义者们的合法性。那些经济落后的国家或民族无法获得话语权。但是,仔细想想,世界上所有的民族,不管他们在哪里,有怎样的发展水平,都应该有权力使用属于他们自己的语言。每一种语言都是逻辑复杂、具有结构和可分析性的整体,可以用来解释世界,可以讲述科学或者创造神话。非洲和南美所面临的困境是一样的,勒克莱齐奥先生并不希望我们只关注最为落后的非洲,而忽视了美洲,这是他后来持续关注这一地区的一个重要原因。

西方殖民者的傲慢并没有随着殖民活动的结束而消散。即便是今天,活动在世界舞台上的人物依然操持着主流语言与世界交流。从本质上看,关注南美是关注非洲的延续。而意识到世界是多元的,并重视那些正在消亡且弥足珍贵的弱势文明是十分重要的事情。

王:如您所说,主流文明的声音依然主宰着世界舞台。那么在当今世界,全球化与反全球化的浪潮相互交织,东西方文明冲突也愈演愈烈,中国正与包括非洲国家在内的发展中国家艰难地向世界舞台中心靠拢,您认为这一时代背景是否有利于我们更为关注勒克莱齐奥的文学作品?

许:我想,在当今时代,读勒克莱齐奥的作品,会有一种别样的感觉。勒克莱齐奥先生的作品,可以帮助我们从更深刻的层面对人性和人类文明加以反思。人类数千年的文明史,一直都是主流文化活跃于聚光灯下,不论时代如何更迭,总会有中心与边缘。而当今这个时代,具有包容精神的中华文明从舞台边缘,开始走向舞台中央。我在想,我们是要把西方文明赶出聚光灯吗?当然不是,我们所期望的,是舞台给每一个文明以表达的权利和展示的空间,舞台是属于全人类的。在这样的时代背景下,他的作品就更能引起我们的共鸣与反思。文明不应该有主次，相互尊重、共同发展是最重要的。

鸦片战争之后，中国文明就开始被西方文明超越，西方文明在近几百年中成为聚光灯下的宠儿，随着西方工业革命创造的巨大生产力，他们的文明顺理成章地成为人类文明的代表。全球化本身并不是坏事。交流促使科学技术更快、更好地发展。但全球化加快了弱势文化的衰弱与解体，这让我们感到遗憾，也值得警惕。尽管我们不愿承认，但常常还是会随波逐流。想起勒克莱齐奥曾提及的那些作家：马提尼克人艾梅·塞泽尔，马达加斯加人拉哈里马纳纳，魁北克印第安蒙塔涅人丽塔·梅斯托科休，毛里求斯人阿南达·德威，美国新墨西哥州印第安人斯科特·莫马代，拉克塔苏人谢尔曼·阿莱克西，等等。这些文学家都有自己独特的魅力，他们对文化和对文明的思考，值得我们特别关注。

您访谈开始时提到了勒克莱齐奥的代表作《诉讼笔录》。它讲述的是一个纯朴的人物在现代文明中寻找方向、寻找心灵归宿的故事。当今的世界，那些大都市，它们仍然在快速扩张，也许将来它们会覆盖这个星球上所能居住的大部分地方，侵吞掉那些没有力量与之抗争的村落。这一天真的会到来吗？每一种文明都是人类的孩子，它们都有生存的权利，不能让它们找不到归宿，这是勒克莱齐奥让我们意识到的责任。

王：的确，捍卫人类文明的多样性是我们的责任，但个体是渺小的，能产生的影响力微不足道。在您看来，我们该以怎样的方式来履行自己的责任呢？

许：在当今世界，文学是我们这个时代文化人表达自我身份的一种方式，也是要求话语权、维护多样性的方式。文学的传播载体是语言。近几个世纪形成的语言霸权令人心寒，让舞台中心感知来自边缘的呐喊也的确是不容易的。加拿大北部的印第安人为了让人们听到自己的声音，不得不用征服者的语言——法语或英语来创作，这是不公平却也是没有办法的。毛里求斯或安的列斯群岛的克雷奥语，能有一天会像现在媒体上占绝对统治地位的语言那样，被轻易听到，被世界倾听吗？毛里求斯是一个政治上、文化上都很边缘的小国,如果勒克莱齐奥没有法国人的身份,不用法语写作,我们应该不可能听到这么掷地有声地为弱势文明的呐喊吧。这里就不得不说翻译的重要性了。在语言霸权的世界里,要让全世界都能听到弱势文化发出的声音,看到那些新的事物,感受某种乐观向上的东西,就需要翻译。文学交流,因其多样性,借助翻译的力量,可以让我们听到来自不同世界的声音,翻译是实现跨文化交流的更好途径,而跨文化交流正是世界和平的关键。在我看来,文学的使命在于超越它自身的边界。塞万提斯、莎士比亚或鲁迅与全世界人民进行对话,能给每个人,无论其性别、出身和信仰,带来他们批判性的财富和生命之活力。

虽然在近现代文明史中,文化经常被政治工具化,成为政治的幌子,但是走向他者,走向世界,是任何现代人都不能错过的一种历险,不然就会封闭或僵化。任何人类创造的文明,都是我们的共同财富,是属于整个人类的东西。翻译开辟了交流的途径,让封闭的村落具有抵达世界中心的可能。译者的幸福在于,可以让不同文明的思想以平等的方式交流和沟通,而自己也为文学舞台构建文明协奏的乐章贡献绵薄之力。

想起 2009 年,我在访谈勒克莱齐奥时,请他为中国读者写几句话。记得大致内容是:“我对中国怀着友好的情谊与兴趣,我希望国家间的友好关系能够增进,我在中华文化中发现给人以希望的新的理由所在。”勒克莱齐奥特别关注不同民族文化间的对话。对话应该建立在理解各种差异的基础之上。这一切的动机,正是对人文关怀和精神认知的共同追求与渴望。我想,不论中华文明是否将来能走到人类文明舞台的中央,只要我们懂得包容,愿意对话,对其他文化平等相待,我想那一定会带给人类文明更美好的明天,那也是勒克莱齐奥所期望看到的。

王:谢谢您接受这次采访,也感谢您与我们分享的经验与智慧,令我们受益匪浅!

(原载于《外国语文研究》2021 年第 2 期)

第三辑

翻译与文学散论

中华译学:拓展思想疆域

——"中华译学馆·中华翻译家代表性译文库"总序

考察中华文化发展与演变的历史,我们会清楚地看到翻译所起到的特殊作用。梁启超在谈及佛经翻译时曾有过一段很深刻的论述:"凡一民族之文化,其容纳性愈富者,其增展力愈强,此定理也。我民族对于外来文化之容纳性,惟佛学输入时代最能发挥。故不惟思想界生莫大之变化,即文学界亦然。"①

以梁启超的这一观点去审视五四运动前后的翻译,我们会有更多的发现。五四运动前后,通过翻译这条开放之路,中国的有识之士得以了解域外的新思潮、新观念,使走出封闭的自我有了可能。在中国,无论是在五四运动这一思想运动中,还是自 1978 年改革开放以来,翻译活动都显示出了独特的活力。其最重要的意义之一,就在于通过敞开自身,以他者为明镜,进一步解放自己,认识自己,改造自己,丰富自己,恰如周桂笙所言,经由翻译,取人之长,补己之短,收"相互发明之效"②。如果打开视野,以历史发展的眼光,从精神深处去探寻五四运动前后的翻译,我们会看到,翻译不是盲目的,而是在自觉地、不断地拓展思想的疆界。根据目前所掌握的资料,我们发现,在 20 世纪初,中国对社会主义思潮有着持续不断的译介,而这种译介活动,对社会主义学说、马克思主义思想在中国的

---

① 梁启超. 翻译文学与佛典//罗新璋. 翻译论集. 北京:商务印书馆,1984:63.
② 陈福康. 中国译学理论史稿. 上海:上海外语教育出版社,1992:162.

传播及其与中国实践的结合具有重要的意义。在我看来,从社会主义思想的翻译,到马克思主义的译介,再到结合中国的社会和革命实践之后中国共产党的诞生,这是一条思想疆域的拓展之路,更是一条马克思主义与中国革命相结合的创造之路。

开放的精神与创造的力量,构成了我们认识翻译、理解翻译的两个基点。在这个意义上,我们可以说,中国的翻译史,就是一部中外文化交流、互学互鉴的历史,也是一部中外思想不断拓展、不断创新、不断丰富的历史。而在这一历史进程中,一位位伟大的翻译家,不仅仅以他们精心阐释、用心传译的文本为国人打开异域的世界,引入新思想、新观念,更以他们的开放性与先锋性,在中外思想、文化、文学交流史上立下了一个个具有引领价值的精神坐标。

对于翻译之功,我们都知道季羡林先生有过精辟的论述。确实如他所言,中华文化之所以能永葆青春,"翻译之为用大矣哉"。中国历史上的每一次翻译高潮,都会生发社会、文化、思想之变。佛经翻译,深刻影响了国人的精神生活,丰富了中国的语言,也拓宽了中国的文学创作之路,在这方面,鸠摩罗什、玄奘功不可没。西学东渐,开辟了新的思想之路;五四运动前后的翻译,更是在思想、语言、文学、文化各个层面产生了革命性的影响。严复的翻译之于思想、林纾的翻译之于文学的作用无须赘言,而鲁迅作为新文化运动的旗手,其翻译动机、翻译立场、翻译选择和翻译方法,与其文学主张、文化革新思想别无二致,其翻译起着先锋性的作用,引导着广大民众掌握新语言、接受新思想、表达自己的精神诉求。这条道路,是通向民主的道路,也是人民大众借助掌握的新语言创造新文化、新思想的道路。

回望中国的翻译历史,陈望道的《共产党宣言》的翻译,傅雷的文学翻译,朱生豪的莎士比亚戏剧翻译……一位位伟大的翻译家创造了经典,更创造了永恒的精神价值。基于这样的认识,浙江大学中华译学馆为弘扬翻译精神,促进中外文明互学互鉴,郑重推出"中华译学馆·中华翻译家代表性译文库"。以我之见,向伟大的翻译家致敬的最好方式莫过于(重)

读他们的经典译文,而弘扬翻译家精神的最好方式也莫过于对其进行研究,通过他们的代表性译文进入其精神世界。鉴于此,"文库"有着明确的追求:展现中华翻译家的经典译文,塑造中华翻译家的精神形象,深化翻译之本质的认识。该文库为开放性文库,入选对象系为中外文化交流做出了杰出贡献的翻译家,每位翻译家独立成卷。每卷的内容主要分三大部分:一为学术性导言,梳理翻译家的翻译历程,聚焦其翻译思想、译事特点与翻译贡献,并扼要说明译文遴选的原则;二为代表性译文选编,篇幅较长的摘选其中的部分译文;三为翻译家的译事年表。

需要说明的是,为了更加真实地再现翻译家的翻译历程和语言的发展轨迹,我们选编代表性译文时会尽可能保持其历史风貌,原本译文中有些字词的书写、词语的搭配、语句的表达,也许与今日的要求不尽相同,但保留原貌更有助于读者了解彼时的文化,对于历史文献的存留也有特殊的意义。

(原载于《中华读书报》2020 年 12 月 16 日第 8 版)

有思考才会有质疑，有探索才会有发现

——从《译道与文心》谈翻译问题

　　大学毕业至今已有 45 年，多年来渐渐地养成了习惯，喜欢每天读一点书，思考一点问题，写一点文字或译一点东西。前些日子，与浙江大学外语学院的年轻学者探讨学术问题，我谈了自己关于学术研究与自身成长的一些看法：大学不仅是知识传授，更是知识生产和知识创新的场所。一个学者，应该一直处于读书、思考和写作的自觉状态，这是一种常态。前段时间，我把这些文字结集出版，献给学界同仁和广大读者。《译道与文心》所收录的文字，在某种意义上说，都与书有关，是写书、译书、编书、读书留下的一些记录。这是一条翻译之路，寻求的是翻译之道。

　　其间，我想到了故去的林煌天老先生，他对改革开放后的中国翻译事业的贡献是翻译界有目共睹的，对青年翻译人才与青年翻译学者的帮助是巨大的，他主编的《中国翻译词典》(湖北教育出版社，1997)更是中国翻译建设的一项基础工程，可谓译家、译事、译论，三位一体；学术性、知识性、实用性，熔于一炉；系统、开放、创新，三头并进。我也想到了沈苏儒老先生，记得他在 80 多岁高龄给我写信，信我一直珍藏着，他在信中表达了对中国翻译研究的深刻思考，提出中国的翻译研究不能一味照搬西方的译论，应该有自己的思考，尤其要重视对中国传统翻译思想的挖掘。基于此，他身体力行，撰写了《论信达雅——严复翻译理论研究》(商务印书馆，1998)，此书的价值是多重的，因为在我看来，当我们冷静地回顾、思考、检点中国译学百年来所做的种种努力,梳理其发展的脉络,探索其成败的奥秘,总结其建设的得失时;当我们试图追寻中国译学探索的百年踪迹,对21 世纪的译学发展提出自己的想法、观点或构建真正意义上的译学体系时,我们不能不把目光投向近代意义上的译学开创者——严复,不能不去探究严复所提出的"信达雅"之说何以具有永久生命力,不能不去思考他为我们的译学发展所建立的奠基性的功勋。

改革开放后中国的翻译研究,对于西方的借鉴很多,模仿也很明显,创新较少。对此,我们应有清醒的认识。其实,人文学科的创新特别不容易,需要继承、积累、探求与交流,也需要质疑,需要思想的交锋。鉴于此,我一直特别关注中国翻译学界的同行在翻译探索之路上所取得的进展,对翻译学界所出现的不同想法、不同观点、不同意见持开放态度。对于翻译学界同仁提出的一些具有争议性的观点,我们更应持鼓励、肯定、支持的态度,通过学术争鸣,导向新观点、新发现、新收获。

对谭载喜的《翻译学》(湖北教育出版社,2005),我的立场是坚定的,在为该书所写的序中,我想表明的就是对翻译学建设的"认识、立场和观点"。翻译学是研究翻译的学科,应当享有独立的学科地位。对胡庚申的生态翻译学探索,虽然学界一开始就有较大的反对声,但我仍然为他的著作写了序,还写了书评。生态翻译学基于(西方)生态整体主义的基本原则,又受惠于中国传统的生态智慧,是一项翻译学和生态学的跨学科研究,是中西结合、古今结合、文理结合的产物。当然,生态翻译学理论并非完美,但我们应当鼓励这种探索的精神。对黄忠廉的"变译说"、奚永吉的"翻译比较美学"、顾正阳就中国古诗词曲英译展开的系统研究、周领顺的"译者行为批评"等,我一直予以关注和支持。对于学术探索,这些新观点的萌芽是特别可贵的。

读书与思考是互为促进的。这部小书所记录的文字,是我读书与思考的印迹。读书要有思考,有思考才会有质疑,有探索才可能有所发现,提出自己的看法或新见。在思考中,我们力求思想是开放的,目光是探寻的,胸怀是开阔的。就翻译而论,在新的历史时期,翻译的对象、路径、方式、工具与手段,都发生了许多大的变化,有的学者对翻译的"忠实"观提出了否定的主张,认为翻译无须忠实。特别是随着中国文化"走出去"进程的加快,中国文学外译受到社会普遍关注,对中国文学是否要主动"走出去"、翻译是否要恪守伦理原则等重大问题,学界有很多模糊观点。面对翻译的新现象和不同观点,我们需要不断学习,不断思考,更新观念。

我觉得,首先,翻译需要重新定位,要对翻译有本质的认识,从翻译与语言、文学、文化、社会的互动关系上去考察翻译的本质性特征,正确认识翻译在人类社会中的地位及其对于人类自身发展、社会进步与文化创造的重要贡献;其次,要树立动态的历史发展观,认识翻译在中外文化交流中、在不同历史阶段所起的积极作用;三是翻译要坚持其伦理价值,不要把功利性的一时变通之策当作永恒的价值追求;四是研究翻译与理解翻译,应该有对现实重大问题的观照,尤其要重视翻译服务国家需求所起的特殊作用;五是应站在跨文化交流的高度进行思考,以维护文化多样性、促进人类命运共同体构建为目标来考察翻译活动的丰富性、复杂性与创造性。翻译界应在探讨"如何译"的基础上,突破传统的认识,在"何为译""为何译""译何为"三个层面进一步思考。

作为翻译学者,对书,我有特别的感情。《译道与文心》记录的就是一个翻译人的书缘,一个爱书人珍贵的收获。我学习季羡林的论述,对翻译的重要价值有了新认识;读好友王克非的《翻译文化史论》,对翻译的历史观有了新理解;读许渊冲有关翻译的思考,知道了何为翻译家的担当和"美"之于文学翻译家的意义。就为学为人而言,从《红与黑》第一位译家赵瑞蕻的书里,我看到了不灭的"诗魂年年放歌"的"天真与激情";在外国文学界领军人物柳鸣九先生的书里,发现了"朴素的存在与真性的光芒";在亦师亦友的翻译学者兼翻译家金圣华教授的书里,悟到了"少一分虚假的伟大,多一分真实的平凡"的重要性;在法国友人郁白大使的书里,感受到了"中国古代文人的悲秋情怀"。正是在读书、思考与写作的漫长历程中,我知道了"求真"的艰难与意义,也知道了一个知识分子的责任,更坚定了自己继续前行的决心:探索无止境,永远在路上。心在,文才有生命。

(原载于《文汇报》2021 年 3 月 7 日第 12 版)

深耕文学翻译　增进文化交流

核心阅读

文学经典的翻译往往不是一"本"定音,而要经过不同译本的持续推进,以不同的侧重来丰富和完善对原作的转化。

文学翻译应尽可能地呼应读者接受的精神诉求与审美期待,既融入易于沟通中西文化、拉近审美距离的时代元素,也不能忽视文化底蕴和美学精神的转化表达。

对"翻译"这两个字要有更深入的理解,把握翻译在文化、思想、社会和创造意义上的多元价值,让文字、文化与思想形成合力。

近些年来,形态丰富、特质鲜明的中国文学及作家作品陆续走出国门。"经典中国""丝路书香"等国际出版工程稳步推进,对外翻译推广力度不断加入,传统文学经典接连推出完整新译本,参与国际文学交流的中国作家身影日渐增多,科幻小说、网络文学等"出海"成果显著。总结梳理文学翻译与海外传播的经验启示,对进一步推动中国文学"走出去"、推动创造性转化和创新性发展有深远意义。

翻译往往不是一"本"定音,好的意译与直译各擅胜场

传统文学经典是一个国家和民族精神创造的结晶,也是文学译介备

受瞩目的内容之一。由于文学经典文化内涵深厚,对翻译要求极高,同时,读者对译本的接受也有一个动态过程,不同历史时期有不同接受需求,凸显不同时代的精神诉求与审美期待,因此,文学经典的翻译往往不是一"本"定音,而要经过不同译本的持续推进,以不同的侧重来丰富和完善对原作的转化。

以古典文学名著《红楼梦》为例,目前最著名的是杨宪益、戴乃迭的译本和英国人大卫·霍克思的译本。如果根据印刷数目、再版数目、被引用率这些指标来看,霍克思译本在英语世界的接受和影响要远胜于前者。究其原因,霍译本立足英语读者的认知与审美观念,考量英语读者的阅读习惯,在翻译中挪用了英语文学文化中丰厚的典故、风俗与语言特征去替代汉语原文中特有的修辞、文化与审美意象。中国传统文化中的"萍踪浪迹",在霍译本中成了"滚石无苔";"凤翥龙翔"的中华传统意象,也被译成更具西方文化特色的"神鸟在天"。某种程度上说,霍克思通过向目的语靠拢的归化式的翻译方法重构了《红楼梦》。

相比之下,杨戴译本则以原著为中心,立足于原著的汉语文化传统、审美习惯和修辞特色,试图让西方读者尽量靠近原著所呈现的文化世界。因此不难预料,外国读者会在杨戴译本阅读过程中遇到理解困难,接受效果自然受到一定程度的影响。

然而,从动态的历史文化观来看,这两部译著并无优与劣的差别,而是互为补充。霍译充分考虑到跨文化接受的问题,在翻译过程中有意识地减少阅读障碍,增强作品可读性,起到吸引受众、打开市场的作用;而随着中国文化的国际影响力越来越大,世界对中国文化的兴趣日渐浓厚、了解日渐深入,海外读者对杨戴译本的接受程度也随之提升。如今,杨戴译本的优势日渐凸显出来:它从内容到文体风格更为忠实完整地呈现原著,较好地保留并传递出汉语文化独有的文学魅力、审美理念和艺术价值,展示文学和文化的本真面貌和深刻意义。

《红楼梦》两个译本的翻译、传播与接受经历,让我们领会到文学对外翻译与传播的多重意义。在主题、故事的再现之外,译本还要传递思想与文化内涵,传达文学和美学上的特质。文学译介往往会经历一个迂回曲折的历程,要放在不断发展的文化交流史视域中进行整体性考量。文学翻译应尽可能地呼应读者接受的精神诉求与审美期待,既融入易于沟通中西文化、拉近审美距离的时代元素,也不能忽视文化底蕴和美学精神的转化表达,从而促进中国文学作品在新的历史与文化空间中焕发新的光彩。

翻译始于语言,成于思想,目的是沟通心灵,引发共鸣

傅雷的翻译是中国翻译史上的一座里程碑。他翻译的《约翰·克利斯朵夫》影响了几代人。其翻译成功的重要因素之一,就在于找到了《约翰·克利斯朵夫》中的英雄主义主题与当时中国社会的精神契合点。傅译《约翰·克利斯朵夫》以"江声浩荡"四个字开头,震撼人心。译作与原作不只是词句的转换,更是精神的契合。傅雷选择翻译罗曼·罗兰的《巨人三传》《约翰·克利斯朵夫》等,出于他对民族命运的关切,出于他希望将激情和光明带给读者的拳拳爱国之心。他的翻译不仅具有文学价值,更具有深厚文化思想价值。

傅雷的翻译启示我们,对"翻译"这两个字要有更深入的理解,把握翻译在文化、思想、社会和创造意义上的多元价值,让文字、文化与思想形成合力。事实上,文学翻译一直和文化"走出去"紧密相连。一个民族的思想和文化走出去了,有国际影响力了,它的文学才会更为国际读者所关注。同样,真正"走出去"且能"走进去"的文学作品,一定也能给人以思想启迪和精神感染。我们在文学译介的作品选择上也要注重这种思想性。无论译介思想典籍还是文学作品,根本目的是要沟通人类心灵,引发精神共鸣,互学互鉴,相互丰富。

中华文化所蕴含的价值观与智慧越来越受到世界关注与接受。以《老子》为例,据统计,目前《老子》已被译成 94 种语言文字,共 1927 种译本,英文本近 600 部(篇),其中,21 世纪以来问世的英文本就有 373 部

(篇),除纸质本外,还有网络本、漫画图文等多种形式。越来越多的外国读者关注《老子》,结合各自的社会历史境遇赋予道家思想以世界性意义。

看看金庸作品《射雕英雄传》的英译传播。翻译生动再现武林世界的刀光剑影、快意恩仇,对海外读者来说很有吸引力,这正是《射雕英雄传》被称作"中国的《指环王》""中国的《哈利·波特》"而深受海外读者期待的地方。除此之外,我们判断其翻译得成功与否,还要看它是否传递出侠肝义胆的武侠文化和"侠之大者,为国为民"的武侠精神,看这种武侠文化和武侠精神能否引起海外读者对中国历史文化的进一步兴趣。只有文字、文化与思想形成合力,才能最大限度地发挥翻译的价值作用。

多元参与,让文化交流更具生机与活力

近些年来,通过中国图书对外推广计划、经典中国国际出版工程、丝路书香出版工程、中国当代作品翻译工程、亚洲经典著作互译计划等,我国主动译出的作品越来越多。与此同时,国外译者和出版方对中国作品的按需选译也日渐突出。主动译出与按需选译互为补充,带来更具生机与活力的文学交流生态。

其中,科幻小说《三体》在海外的走红最为引人注目。目前,《三体》三部曲在全球范围内已有20余种语言的译介,全球销量突破2100万册,成为中国当代科幻的代名词,是中国文学在世界范围内获得广泛赞誉的代表作之一。

分析其成功原因,首先是科幻文学作为一种成熟的类型模式,深受海外读者了解和喜爱,作品接受的渠道畅通;其次,《三体》继承中国传统文学基因,又颠覆海外读者对中国传统"纯文学"的刻板印象,"有趣""独特""奇妙""超乎想象""发人深思"等成为海外读者评价的高频词;再次,小说故事背景在中国,但关注全球人类共同境遇,获得广泛共情。当然,更少不了"中国元素",中国人如何想象未来,如何看待科技与人类的关系,等等,这些都给海外读者带来新鲜感。除此之外,《三体》海外传播的成功更

得益于一系列自觉开展的海内外交流合作,得益于日渐完善的对外翻译、推广、营销方式。译者的翻译水准、版权经纪人的眼光、出版方的市场推广能力起到重要作用。

《三体》让我们看到文学对外译介的更多可能性。从一本书到另一本书的翻译过程中,除了译者之外,还隐藏着作者、读者、出版者、研究者、评论者等多重力量。只有将这些因素和力量综合联系起来,形成互动,译介的世界才能真正打开。为一部文学作品找到它的目标受众,译介可为的空间还很大,需要联合各方力量,在翻译主体、合作模式、翻译策略、传播渠道、推介方式等多方面加以探索。新媒体时代,更是增加了推广与抵达的途径选择,更多《三体》的"走出去"值得期待。

中国文学译介正有源有流有活力地蓬勃展开,为国外读者走近中国文学与文化架设了桥梁,推动文化交流互鉴更加频繁、深入。

(原载于《人民日报》2021 年 4 月 13 日第 20 版)

匿名的共同体与"回家的召唤"

——关于"文明互鉴之文化巨匠解读丛书"

24 年前，费孝通先生首次提出文化自觉，包含着两层意思：首先，要对自己的文化追根溯源、把握规律、预示未来；其次，不断与异文化交流并尊重差异，携手共同发展。这一概念的提出时值全球一体化之初，借由他者体认自我的意识不可谓不高瞻远瞩。

今时今日，我们说不同文明之间要平等对话、交流互鉴、相互启迪，前提便是高度的文化自觉：知自我从何而来，到何处去，知不同于我者为差异及补充。但具体来说自我体认如何与他者相关？可试从我熟悉的翻译说起。

几近 100 年前，1923 年，自称"在土星的标志下来到这个世界"的本雅明将法国诗人波德莱尔的《巴黎风貌》译为德文，并撰写了译序，题为《译者的任务》。在这篇译序中，本雅明谈翻译，实际上也在谈认知及语言。明面上，本雅明主要阐述了三个问题：其一，文学作品是否可译；其二，如果原作者不为读者而存在，我们又如何理解不为读者而存在的译作；其三，翻译的本质为何。

为此，本雅明打了一个比方。他将文字比作树木，将作者看作入林的行路者，而译者则是林外综观全局、闻语言回声之人。文学作品如若绕圈打转，所及无非枯木，向上无以萌芽刺破天空，向下无根系网织土壤、吸收营养、含蓄水分，又何来可译的空间？可译不可译的问题便化为有无翻译的空间及价值的判断。深林呼唤作者入内，作者受了文林的吸引而非读者的呼唤,而文林又非无动于衷的死物,始终在生长、变化,身于林外的译者眼见这一错综复杂的变迁,所领略的只能是变化的共同体——原作"生命的延续",也非读者的期待。翻译,便是无可奈何地眼见原作的变化、语言间的差异,"在自身诞生的阵痛中照看原作语言的成熟过程",真正的翻译,因为表现出语言的变化以及不同语言之间的互补关系,自然流露出交流的渴望。

若非差异,若非差异构建的空间广阔,若非差异空间的变化与生长之永恒,何来交流之必要,又何谈翻译?

40 多年后,法国作家布朗肖批判性地阅读了本雅明的《译者的任务》,写下了《翻译》一文。布朗肖说,翻译确实可贵,文学作品之所以可译,也的确因为语言本身的不稳定性与差异,"所有的翻译栖息于语言的差异,翻译基于这一差异性,虽然从表面看似乎消除了差异"。但是,作为母语的他者,外语唤醒的不仅仅是我们对差异的感知,更重要的,还有陌生感。对于我们早已习以为常的母语,因为外语的比对,我们竟有如身临境外偶然听到母语一般,忽然之间竟有一种陌生的感觉,仿佛回到了语言创造之初,触及创造的土壤。

20 世纪 20 年代,德国作家本雅明阅读、译介法国作家波德莱尔的作品,写下了世界范围内影响至深的《译者的任务》;70 年代,法国作家布朗肖批判性阅读德国作家兼翻译家本雅明的《译者的任务》,写下《翻译》,影响了一代又一代后现代主义的代表人物。可见,翻译不仅从理论上,更是在有血有肉的实践中解释并促进着跨文化的交流与不同文明的互鉴。

文之根本,在于"物相杂"而变化、生长,文化之根本在于合乎人类所需又能形成精神符号,既可供族群身份认同,又可以遗产的方式薪火相传。简单说,文化更似一国之风格。"文明互鉴之文化巨匠解读丛书"具有启迪性的力量,首辑选取了 11 国 11 位作家,有荷马(希腊语)、塞万提斯(西班牙语)、但丁(意大利语)、莎士比亚(英语)、卡蒙斯(葡萄牙语)、歌德(德语)、雨果(法语)、普希金(俄语)、泰戈尔(孟加拉语)、马哈福兹(阿拉伯语)、夏目漱石(日语),一个个具有精神坐标价值的名字,撑得起"文化巨匠"的名头,不仅仅因为国民度——每一位都被誉为其母语之父,更因为跨时空的国际影响,我们的孩子从小便从人手一本的教科书或课外阅读中熟悉他们的名字与代表性作品,从某种程度上来说,他们的风格似乎代表了各国的风格。哈罗德·布鲁姆谈文学经典所带来的焦虑时,同时表达着文化基因的不可抗拒。进入经典殿堂的作品及作家,表现、唤醒并呼唤的正是典型的文化基因。当我们比对莎士比亚、歌德、夏目漱石、泰戈尔及其作品时,比对的更像是英国、德国、日本、印度及其精神、文化与风骨。伟大的作品往往没有自己的姓名,匿名于一国的文化基因,似乎将我们推向文化的诞生之初,让我们更接近孕育的丰富与创造的可能。在这一基础上,如上文所说,作为文化的他者,他国的文化巨匠将唤醒我们对于自身文化的陌生感,让我们离文化的诞生之地又近了一步。

至于文明,则是社会实践对文化作用的结果,作为一国制度及社会生活成熟与否的尺度及标准,不同文明有着各自更为具体的历史、人文因素与前行的目标。尊重文化间的差异,鼓励不同文化的平等对话与交流互鉴,既是文明的表现,更是文明进一步繁荣的条件。差异构建的多元文明相互间没有冲突,引发冲突的是向外扩张的殖民制度与阶级利益,极力宣扬自我姓名甚至让其成为法令的也是殖民制度与阶级利益,而非文明。24 年前,费孝通先生所畅想的美美与共的人类共同体,便是基于文明互鉴的匿名的共同体。

差异与陌生引领我们步入的并非妥协与殖民扩张之地,而是匿名于"世界"与"国际"的共同体。

我们试图从翻译说起,谈他者之于文化自觉与文明互鉴的重要性,也谈经典之必要,翻译之必要,因为正如本雅明所说,"一切伟大的文本都在字里行间包含着它的潜在的译文;这在神圣的作品中具有最高的真实性。《圣经》不同文字的逐行对照本是所有译作的原型和理想"。而今,摆在我们面前的这套丛书,集翻译、阐释、文化交流与文明互鉴为一体,因为更立体的差异与更强烈的陌生感,或许可以成为作品、文化与文明创造性的强大"生命的延续"。

最后,仍然以本雅明的这句话致敬翻译、文化交流与文明互鉴的努力:有时候远方唤起的渴望并非引向陌生之地,而是一种回家的召唤。

(原载于《文汇报》2021 年 8 月 13 日第 6 版)

清醒而拒不回归的昆德拉

——读《米兰·昆德拉：一种作家人生》

春节前后，就在国内新冠肺炎疫情越来越严重的那个时期，每天打开法文版的《米兰·昆德拉：一种作家人生》，尽可能静下心来，坚持翻译两三页，一步步走近昆德拉常被误解的精神世界。

《米兰·昆德拉：一种作家人生》由法国写作出版社于 2019 年 3 月推出，作者是让-多米尼克·布里埃。我们都知道，昆德拉不喜欢在公众场合露面，不喜欢与读者面对面交流，更不喜欢谈论自己，也特别注意不留下与他的文学文本无关的材料。要写昆德拉的传记，困难可想而知。布里埃迎难而上，以昆德拉的理论性随笔与文学文本为基础，将昆德拉个人的艺术、文学、政治与精神历程置于大写的历史进程中加以考察，同时借助与昆德拉有直接交往的作家、翻译家、评论家提供的一些公开的和迄今尚未发表的资料和谈话内容，深入探寻昆德拉的写作人生。

布里埃喜欢写传记，他出版过多部艺术家传记：有写电影艺术家的《鲁奇尼之谜》(*Le mystère Luchini*, 2007)；有写音乐家的《莱昂纳德·科恩传》(*Leonard Cohen par lui-même*, 2014)；还有写音乐人、作家的《鲍勃·迪伦传》(*Bob Dylan, Poète de sa vie*, 2015)，这部传记出版的第二年 10 月，鲍勃·迪伦获得了诺贝尔文学奖，这部传记产生了广泛的影响。布里埃写这部《米兰·昆德拉：一种作家人生》，除了有写作传记的丰富经验外，还具有多重优势。他是记者，对公众关心的问题，对有价值的新闻与材料有一种特殊的敏感性和捕捉能力；他是作家，对文学有自己的认识，有进入文本的独特方式；他是音乐家，对艺术有自己的追求，有助于更为深刻地剖析昆德拉的艺术观念，以及音乐对于昆德拉文学创作和美学追求的深刻影响。

昆德拉生于 1929 年 4 月 1 日。昆德拉说："我出生于 4 月 1 日。这在形而上层面并非毫无影响。"4 月 1 日是愚人节。仿佛命中注定，昆德拉的写作人生，像是上帝与他开的一个玩笑，充满了误解："误解，意味着其他人可能以错误的方式感知或理解他的书。误解，出现在他的小说的人物之间，但有时也荒诞地主宰他们的命运。因此，昆德拉不仅是误解的受害者，也是误解的制造者。"①有评论者说，"人们几乎总是将他的成功归因于受到误解"②。读布里埃的《米兰·昆德拉：一种作家人生》，我们发现，对昆德拉的种种误解，源于昆德拉所遭遇的特殊历史境遇，也源于昆德拉不妥协的精神品格和反抗媚俗、坚持独立性的文学追求。

一、"清醒、觉悟的目光"

作为作家，昆德拉是成功的。在他 82 岁的生日时，久负盛名的伽利玛"七星文库"隆重推出了他的两卷本作品集，共收录昆德拉的 15 部作品：1 部短篇小说集、9 部长篇小说、4 部随笔集和 1 部剧作。他在生前，就进入了文学界的'先贤祠'，这是法国的大作家也很难得到的殊荣。然而，一个饮誉世界的大作家却在自己出生的国家被长时间地冷落，甚至唾弃。这到底是什么原因呢？其中自然有政治的因素，有历史的因素，更有昆德拉个人的原因。

读《米兰·昆德拉：一种作家人生》，我们可以看到，出于种种难以理解的原因，他先后两次被开除出党，本来已经是捷克斯洛伐克作家协会主

---

① 让-多米尼克·布里埃. 米兰·昆德拉：一种作家人生. 刘云虹，许钧，译. 南京：南京大学出版社，2021：181.

② 让-多米尼克·布里埃. 米兰·昆德拉：一种作家人生. 刘云虹，许钧，译. 南京：南京大学出版社，2021：66.

席团成员的他,因立场问题,受到了普遍的谴责;后来他又在精神的层面主动出走,离开捷克斯洛伐克,移居法国。按照捷克斯洛伐克的传统,一个文人放弃了他的祖国,那就是背叛。昆德拉的作品早期用捷克文写成,有诗歌,有剧作,有小说,还有随笔,到了法国之后,昆德拉又放弃了母语,用法语写作,可以说在某种意义上,主动割断了与祖国的文化之根和精神血脉的联系。在特殊的历史时期,出于政治的原因,他的捷克文作品在捷克斯洛伐克遭禁,这可以理解。可是在"天鹅绒革命"之后,为什么他用捷克文写的那些重要作品,比如《生活在别处》《告别圆舞曲》《笑忘录》和《不能承受的生命之轻》,在捷克还是没有出版呢? 如果仅仅从政治和意识形态的角度去追究原因,恐怕很难做出令人信服的解释。《米兰·昆德拉:一种作家人生》的作者,以昆德拉的精神诉求与身份认同为出发点,分析了其中的深刻原因。1989 年"天鹅绒革命"之后,昆德拉没有迎合政治与制度的变化,也不顾捷克境内出版商和读者的要求,一直犹豫不决,不同意他那些用捷克文写的作品在捷克出版。捷克有著名导演想把他用捷克文创作的重要剧作《愚蠢》(*Ptákovina*)搬上舞台,也同样遭到了他的拒绝。至于那些用法文创作的作品,虽然捷克有越来越强烈的需求,希望能在捷克出版捷克文的翻译版,可昆德拉坚持他的作品唯有他自己有能力译成捷克文,不同意其他译者翻译他的作品。对昆德拉的这种立场与做法,捷克文学界的同行也罢,普通读者也罢,不仅仅不理解,更表现出了误解、反感,甚至敌意。如所言,昆德拉的做法"在捷克共和国常常被看作任性,或者某种傲慢的表示,有损于他的形象。众人被辜负的仰慕往往会被一种强烈的怨恨所取代"[①]。有人认为昆德拉的所作所为是一种报复,更是一种背叛。昆德拉对这样的反应没有在意,因为他知道,对于一个作家来说,他应该对历史的发展有着清醒的认识,应该有自己的精神追求。他清醒地看到,1989 年之后的布拉格,政治让位给了市场,意识形态的控制

---

① 让-多米尼克·布里埃. 米兰·昆德拉:一种作家人生. 刘云虹,许钧,译. 南京:南京大学出版社,2021:260.

让位给了大众传媒的无孔不入。据布里埃所说,昆德拉说过,"20 世纪 60 年代的捷克文化是 20 世纪欧洲文化的丰碑。1990 年后,全都被清除了。他们非但没有保护这些传统,而是说这根本没有存在过,凡是 1990 年前存在的都是坏的。他们想创造完全不同的东西,没有了传统,没有了几百年里一直未中断的血脉的搏动。捷克文化隔断了过去的辉煌,这让一切都变得艰难"①。清醒的认识,坚定了他的立场与选择:他不想让他的作品成为政治的注脚,也不想他的作品成为他个人经历的附录。在根本的意义上,他不愿"七星文库"收录他的全部作品,坚持"剔除了应时之作或他认为没有完成的作品。其中看不到一点诗歌创作(早于其小说创作的阶段)的痕迹,找不到有关万楚拉的随笔集,看不到他创作的三部剧作中的另两部:《愚蠢》和《钥匙的主人》(*Propriétaires des clefs*,该剧用法文出版,且在法国已经排演),也找不到 20 世纪 80 年代他在《辩论》(*Le Débat*)杂志发表的那些文章",这也是基于他自己的这一立场。他不愿自己作品的阐释过于政治化,过于意识形态化,因为这样的阐释完全背离了他写作的初衷与身份认同:他是作家,作品的生命高于一切。如他在《被背叛的遗嘱》所说,"我深深渴望的唯一东西就是清醒、觉悟的目光。终于,我在小说艺术中找到了他。所以,对我来说,成为小说家不仅仅是实践某一种'文学体裁':这也是一种态度,一种睿智,一种立场;一种排除了任何同化于某种政治、某种宗教、某种意识形态、某种伦理道德、某个集体的立场;一种有意识的、固执的、狂怒的不同化,不是作为逃逸或被动,而是作为抵抗、反叛、挑战"②。历史上,司汤达不在乎自己的作品在生前得到承认,相信 50 年之后,会有幸福的少数能真正领悟他作品的意义与价值。如今已经 91 岁高龄的昆德拉,有着清醒、觉悟的目光,他希望身后由他自己认可的作品替他说话,随着时间的推移,历史事件的消退,闪现出具有内在统一性和普遍性的艺术之光。

---

① 让-多米尼克·布里埃. 米兰·昆德拉:一种作家人生. 刘云虹,许钧,译. 南京:南京大学出版社,2021:253.
② 昆德拉. 被背叛的遗嘱. 余中先,译. 上海:上海译文出版社,2003:164.

二、"不可能的回归"

昆德拉的清醒与不妥协，不仅仅表现在他对自己作品的态度上，更表现在他对人类存在与个人境遇的思考。读过昆德拉作品的人，大都有一种突出的感觉，即他的作品有一个显著的特点：诗意的叙述与哲学的思考兼而有之。然而，昆德拉所关注并思考的存在，它并不完全等同于海德格尔所说的存在，更不同于萨特所言的存在，具有独特而深刻的指向，如他在《小说的艺术》中所指出的那样："存在，就是'在世界之中'。世界构成人的一部分，它是人的维度。存在，并非已发生之事，存在是人类可能性的场域，一切人可能成为的，一切他能够做到的。"

在《米兰·昆德拉：一种作家人生》中，作者用了很多的笔墨，辟了多个章节，描述昆德拉所处的历史时代，分析昆德拉的存在境遇以及他遭遇的误解乃至敌意，追踪昆德拉的心路历程，其中特别涉及不仅仅与他，也与众多艺术家、小说家、知识分子的存在息息相关的流亡与回归的问题。昆德拉是在 1975 年离开捷克斯洛伐克的，后来一直在法国生活，如今已经有 40 多个年头。对于捷克的传统精神而言，昆德拉离开祖国，如上文所论及的，是一种"大背叛"；而他一直在法国生活，即使在 1989 年"天鹅绒革命"之后，也没有"回归"，回到捷克去，这在捷克的同行看来，更是难以饶恕。

所谓的"回归"，对于昆德拉而言，不仅仅是地理意义上的回归，更是时间意义上和精神意义上的回归。读《米兰·昆德拉：一种作家人生》，我们可以看到昆德拉青年时代所走过的路。昆德拉在布里埃的笔下渐渐揭开了神秘的面纱。"自幼年时起，米兰·昆德拉就目睹他的父亲演奏钢琴。透过房门，他听见父亲一遍又一遍地练习，尤其是现代音乐家的乐曲：斯特拉文斯基、巴托克、勋伯格、雅纳切克。"对于他父亲来说，"音乐远远不是社会风俗，而是一种生活方式，一种与世界的联系。因此，自然而然，当其他孩子还在结结巴巴地背字母表时，他很早就开始把这种高级语言教给他的儿子"①。就这样,5 岁的昆德拉就跟着父亲学钢琴,后来又师从多位著名音乐家学乐理,学作曲,不仅弹得一手好钢琴,还吹小号。昆德拉爱音乐,更爱诗歌。昆德拉与诗歌的最初接触,要追溯到童年时期。他曾回忆道:"第一次听到捷克最伟大的超现实主义诗人维捷斯拉夫·内兹瓦尔的诗句时,我还是个 10 岁的孩子,正在摩拉维亚的一个村子里过夏天。那时的大学生一放假,都回到务农的父辈家里,他们像着了魔似的背诵他的诗。傍晚,在麦田间散步时,他们教我念《复数女人》(*La Femme au pluriel*)里所有的诗。"②布里埃在昆德拉的这段回忆里,看到了"故乡摩拉维亚的田园风光与先锋派诗歌的旋律交织在一起,已经表明这位未来作家对故土之根的依恋,以及现代性对他的巨大吸引力"③。

出于种种原因,无论是学界,还是普通读者,对昆德拉的过去都了解甚少。而布里埃的这部传记,将我们了解昆德拉的家庭、昆德拉所处的历史境况、昆德拉的创作历程,尤其是昆德拉的存在状态,提供了珍贵的资料,开启了多种认识和理解的可能性。昆德拉从小热爱音乐,也热爱诗歌,但他没有坚持下去,没有去当音乐家,去当诗人,而是坚定地去走小说家的路。如果说昆德拉从小爱上音乐,完全是家庭的影响,那么昆德拉被诗歌所吸引,其原因则要复杂得多,有捷克文化传统所起的作用,也有西方超现实主义诗歌的精神召唤,但最为根本的原因,则源于昆德拉本身:青年时代的昆德拉,有着革命的理想,而诗歌是激情的诗意表达,是理想的抒情之歌。在《米兰·昆德拉:一种作家人生》中,我们可以看到与我们脑中的昆德拉形象完全不同的昆德拉,了解到昆德拉在他早期的诗歌创作中有着明显的抒情倾向。在昆德拉晚年不愿公开再版的一些他早期写

---

① 让-多米尼克·布里埃. 米兰·昆德拉:一种作家人生. 刘云虹,许钧,译. 南京:南京大学出版社,2021:8.

② 让-多米尼克·布里埃. 米兰·昆德拉:一种作家人生. 刘云虹,许钧,译. 南京:南京大学出版社,2021:34.

③ 让-多米尼克·布里埃. 米兰·昆德拉:一种作家人生. 刘云虹,许钧,译. 南京:南京大学出版社,2021:34.

的诗歌中,如在《人,这一座广阔的花园》(*L'Homme, un vaste jardin*)《最后的五月》(*Le Dernier Mai*)等诗集中,我们看到了年轻时充满理想的昆德拉,用诗歌赞颂共产主义的昆德拉,向共产党抵抗运动的英雄致敬的昆德拉,如在 1955 年出版的《最后的五月》这部长篇史诗中,"共产主义抵抗运动的英雄与盖世太保警察、警长博姆作斗争。纳粹警察以安全脱险来引诱他放弃共产主义。但英雄宁死也不愿背叛自己的理想。诗人立刻向他的勇敢致以敬意,称赞它预示着灿烂的未来"①。一个曾经激情澎湃的诗人,后来为何要断然放弃诗歌呢? 布里埃在书中向我们说明:这与捷克斯洛伐克的历史、命运有深刻的关联,与斯大林时期的残酷现实有直接的关系,但昆德拉的觉醒是最为主要的原因:"昆德拉变得清醒,摆脱了自己的革命幻想,于是便逐步放弃了与前一时期紧密相连的抒情性,转向疑惑和怀疑主义,在他看来,怀疑主义不会与虚无主义混为一谈:'怀疑主义不会把世界变得虚无,而是把世界变为一系列问题。正因为如此,怀疑主义是我所经历的最丰富的状态。'"②放弃诗歌,对于昆德拉而言,在某种意义上是放弃幻想,但并不放弃思索。他对自己追求与坚信的东西产生了怀疑,他要反思,要把世界"变为一系列问题",要对人类的存在进行思考。为此,他要告别过去。在这个意义上,我们可以理解,昆德拉不愿意再版他的诗歌作品,其深层的意义在于,昆德拉不愿意也不可能"回归"过去。对此,里卡尔有明确的看法:"他之所以背弃了青年时代的诗歌,这首先不是因为他不再喜欢自己写下的诗句,而是因为他不再喜欢写出这些诗句的那个人。他和这位诗人不再是同一个人。"

走小说家之路,对昆德拉来说,有着别样的意义。就他个人的存在而言,这是一条新生之道。他从幻灭、怀疑,到提出问题,并去寻找答案。他坚持认为,小说家的任务是勘察人的存在状况,是拓展人的存在的可能

---

① 让-多米尼克·布里埃. 米兰·昆德拉:一种作家人生. 刘云虹,许钧,译. 南京:南京大学出版社,2021:49.

② 让-多米尼克·布里埃. 米兰·昆德拉:一种作家人生. 刘云虹,许钧,译. 南京:南京大学出版社,2021:63.

性。作为小说家,他的任务不是去拯救人类,而是去探寻人的本性,人的境况,人的行动,人的命运。基于此,昆德拉一直声称自己不是一个知识分子,而是一个作家。他多次说过,文学不是"介入"性的,不应该服从于某种政治的、宗教的或道德的需要。但从昆德拉的小说创作看,无论是他用捷克文创作的《玩笑》《好笑的爱》《不能承受的生命之轻》,还是用法文创作的《无知》等作品,读者都可以感受到这些作品具有强烈的批判色彩和深刻的反思性。就内容而言,昆德拉的小说,似乎特别喜欢写性,写爱情,以至于有一种说法:除了性与政治,昆德拉的小说没有别的。在某种意义上,性与政治构成了人类私人生活与公共生活的两极。昆德拉写性是超越性的,不是通往下半身的写作,而是导向形而上的思考,是勘察人类存在的一种途径。布里埃说,"昆德拉对欲望这出戏投去一种清醒的,甚至是玩世不恭的目光。他揭露了误解、恐惧、复杂情感及自恋谎言,它们构成人类的性的基础"①。昆德拉写性,"似乎浓缩了昆德拉对人性的全部观察,不无残酷地揭露出人类关系机制中的所有组成部分"②。昆德拉写政治,也同样是超乎政治的。法国著名作家萨特是法国最早介绍昆德拉小说的人,阿拉贡则给昆德拉的小说写过序,二人给予了其小说很高的评价,但昆德拉似乎并不完全领情,其重要原因之一,就是他们对昆德拉的小说做了政治性的解读,而这恰恰违背了昆德拉创作小说的初衷。他的小说涉及政治,也涉及历史,但对于昆德拉来说,他可以"把历史用于小说创作,而不必遭遇沦为历史囚犯的危险";他可以涉及政治,但并不沦为政治的俘虏。"正如他一贯所解释的那样,只有当一种历史情境能促使小说家考察人的生存、对抗(大卫和歌利亚的争战)与进退两难(顺从还是反

① 让-多米尼克 · 布里埃. 米兰 · 昆德拉:一种作家人生. 刘云虹,许钧,译. 南京:南京大学出版社,2021:74.
② 让-多米尼克 · 布里埃. 米兰 · 昆德拉:一种作家人生. 刘云虹,许钧,译. 南京:南京大学出版社,2021:74.

抗？留下还是逃亡？)时,它才会令小说家感兴趣。"①于是,我们在昆德拉的小说中,可以读到对人类存在的反思,以对抗历史的遗忘;可以读到对罪与罚的拷问,以唤醒人类的良知;可以感觉到一种具有特质的幽默,以不严肃的玩笑去化解过于沉重的理想面具。我们也就不难理解,为何昆德拉要向拉伯雷、塞万提斯、卡夫卡致敬。如果再深入一步,我们也许还可以大胆地说,昆德拉放弃诗歌,放弃用捷克语写作,离开捷克,而留在法国,不愿再回到捷克,是因为昆德拉的出走具有深刻的精神层面的因素,他不愿回归的,是那个断了传统血脉的捷克,那个再也没有了自主性的捷克,那个被扼杀了灵魂的捷克。

对于昆德拉,有各种矛盾的说法与评价;对他的小说,也有各种具有悖论性的解读。对于刻意回避公众、"遮掩"个人历史的昆德拉,读者还存在不少的谜团:昆德拉为什么不愿公开他早期的一些作品？他真的做过告密者吗？他为什么把"流亡"看成一种"解放"？他对"媚俗"到底有何见解？他为什么对翻译有近乎苛刻的要求？带着这一个个疑问,去读布里埃奉献给我们的这部《米兰·昆德拉:一种作家人生》,我们也许能够找到属于自己的某些答案。

（原载于《米兰·昆德拉——一种作家人生》,让-多米尼克·布里埃著,刘云虹、许钧译,南京:南京大学出版社,2021 年）

---

① 让-多米尼克·布里埃. 米兰·昆德拉:一种作家人生. 刘云虹,许钧,译. 南京:南京大学出版社,2021:128.

师者,勒克莱齐奥:南大学生的勒爷爷

  老友勒克莱齐奥,在南京大学任教已经近 9 个年头了。新冠肺炎疫情出现以来,他一直困在法国。我隔段时间就给他电话,想了解他和家人的状况。可是每一次,不及我开口,他都迫不及待地先问我,问我中国疫情如何,生活是否正常,问得最多的,还是南京大学的学生。他在电话中不止一次地表示遗憾,疫情之下无法与往年一样来南京大学给本科生开课。他说,他很想念他的学生。

  勒克莱齐奥是诺贝尔文学奖得主,2011 年被南京大学授予名誉教授称号,后来又被聘为南京大学法语语言文学专业博士生导师和南大人文社会科学高级研究院驻院本科生导师。他每年都会在南京大学开设为期 3 个月的通识课程,面向全校的本科生。学生选他的课,实在是太踊跃了,能选上他的课,都说是"中奖"了。学生从开始慕名而来,到后来真心喜欢:南京大学的学子都亲切地称他为"勒爷爷"。

  南京大学仙林校园内外,经常能看到勒爷爷的身影:他是和园水果小店的常客,总是笑眯眯的样子;他喜欢骑着自行车去学生食堂吃饭,两个菜,一碗米饭,吃得美滋滋的;学生到他办公室,他总是马上起身,身高 1.9 米的他,深深地一弯腰,请学生坐下细谈。

  课堂上的勒爷爷,更是可亲、可爱与可敬。从 2013 年开课至今,勒克莱齐奥形成了自己一套独特的课堂风格。他的上课时间通常在傍晚,学生们刚吃完晚饭,陆陆续续走进教室里落座。临近上课时,他会在一片交谈声中缓缓起身,清清嗓子,微笑着用中文说一声"你好",于是师生相视默契一笑,教室安静下来,课程便就开始了。

这句雷打不动的开场白宣告着一场精神盛宴的开启。课堂上的勒克莱齐奥是一位热情的分享者,毫无保留地将自己的所读所见所思与学生们共享。8 年多来,他主持的这门通识课程,没有任何的重复,课程名称有"艺术与文化的非线性阐释""文学与电影:艺术之互动""守常与流变——世界诗歌欣赏与阐释""叙事的艺术:小说的诞生与演变"等,主题涵盖小说、诗歌、绘画、电影、神话,涉及欧洲的古希腊罗马文明、南美洲的印加文明、亚洲的古波斯文明等,论及的作品从古印度的《摩诃婆罗多》到中国的《红楼梦》,从维吉尔的《埃涅阿斯纪》到普鲁斯特的《追忆似水年华》,可谓五光十色,兼容并包。

准确来说,勒克莱齐奥并不只是在"教授"这些知识。诚然,他会结合自己的阅读经验,生动地讲述一部作品的主要内容,简要地介绍一种艺术的面貌、精髓与神韵,但他更希望通过他开启的路径,学生们能构建起对这些文化感性直观的个性体验。为此,他会邀请学生走上讲台朗读诗歌选段,会为大家展示胡旋舞的视频,也会同大家一样为某部电影里的有趣桥段会心一笑。在他的课堂上,无论众所周知的主流文化,还是鲜为人晓的边缘文化,无论所谓阳春白雪的艺术经典,还是下里巴人的大众创作,统统鲜活起来,跳出它本来的历史时空,重新与当下的人相连接。不仅如此,作为老师的勒克莱齐奥结合作家的天马行空与旅行者的博闻强识,不断在不同历史、不同地域的文化实践中寻找呼应、联系,将它们连为一体。在他看来,重要的并不是尝试在这些文化之间构建出某种等级体系,相反,应该让这些生命相互对话、彼此交流。或许,勒克莱齐奥在课堂上真正分享的,正是他的视野与视角,是他观看世界的独特方式。他是个讲述者,也是个启发者,他希望学生能够通过课堂,拥抱一个更广阔的世界。

课堂之外,勒爷爷更像一位慷慨的帮助者,会尽己所能给予学生所需。他会拍下学生们想要阅读的书籍章目,与学生分享;甚至有时,当某段文章没有中译本或英译本时,还会亲自翻译出书中的片段,供学生阅读。对于上过自己课,有一定了解的同学,当他们计划参加国际交流或是出国深造项目,需要推荐信与推荐意见时,勒克莱齐奥也会欣然接受,并亲笔撰写相关材料。对于笔耕不辍的勒克莱齐奥来说,这些事情当然会占用他不少时间,不过他总是乐意为之。有时我会想起他曾经说过的自己年轻时的一段经历。20多岁的时候,勒克莱齐奥曾想通过一个法国民事合作项目到中国交流。意愿之强烈,甚至看到尼斯傍晚橙色的天空都觉得是个好兆头。不过最终他落选了,为此大失所望。或许是这段亲身经历让他格外乐于成全学生们的追求?归根结底,勒克莱齐奥给予学生的支持不仅是物质上的,更是精神上的。他鼓励学生拥抱世界,鼓励他们表达自我;遇到独特的观点,则引导学生深入思考,形成成熟的论述;遇到出彩的文章,便鼓励对方寻找机会发表,甚至会建议适合的期刊与平台;至于那些就人生选择向他提出疑问的青年,勒克莱齐奥则会鼓励他们勇敢尝试,走出一条属于自己的独特道路。

勒克莱齐奥对学生们精神层面的影响,不仅仅是通过他与学生间的言语交流而实现的。举手投足间,他所展现出的诸多品质,也潜移默化地改变着学生。我认为,他与学生相处过程中表现出的种种特质都可以被概括为一位真正的"交流者"的品质。

首先,真正的交流者常怀谦逊的好奇心。他坦然承认自己知识的边界,并以恒常的热情关注未知。这方面有个例子颇为经典。一次上课时,勒克莱齐奥讲到玛雅文化中的羽蛇神,认为他与中国的龙不乏相似之处。立刻有同学举手反驳,认为中国的龙与羽蛇神并无干系,并大致介绍了龙在中国文化中的含义与渊源。这个出乎意料的回复立刻引起了勒克莱齐奥的兴趣。他解释说自己的对比只建立在外形相似之上,接着便殷切地希望对方能带来更多关于中国龙形象演进、传播的信息。这件事为勒克莱齐奥自己津津乐道,甚至他在某次采访中还专门提起,借此感谢学生们对他授课过程中所犯错误的宽容。"三人行,必有我师焉",与中国颇有渊源的勒克莱齐奥似乎在有意无意间践行了中国的古老智慧。他曾经说,对南京大学,他最满意的地方之一,便是这所大学给予不同专业背景的学生互相交流的平台。他对自己所开课程颇为欣喜的一点,同样在于选课学生专业多样,不仅有专攻文史哲的学生,还有来自天文、物理、金融、数学、医学等方向的学生。对他而言,未知既充满吸引力,也富有创造性,以谦逊之心走入未知之地,便是求得真交流的第一步。

其次,真正的交流者,因他满怀好奇期待"出其不意",必然会尊重他人的能动性与独特性。勒克莱齐奥坚信教学相长,故而在他眼中,学生是平等的对话者,而非被动的接受者。他善于发现每位学生发言中的独到之处。而每一届学生精彩的见解与观点,往往就成为启发下一年课程主题的契机,又或者作为阅读材料,加入下一年的教学计划中去。课上他常问的问题是:你是否愿意将这段讲解拟成文字,授权于我,好让我在之后的课程中与其他同学分享?于是,今年某位同学关于《红楼梦》的介绍,促成了来年专门针对《红楼梦》中真实与虚幻的一堂讨论课。而今年某位同学关于《春秋公羊传》的解读文章,来年也成了课程延展阅读的一部分。回顾历年勒克莱齐奥在课堂内外与学生的交流活动,便能清晰地看到知识的藤蔓如何在相遇与思维激荡中不断延伸、不断丰富。

或许最终,勒克莱齐奥真正打动学生的,正是他在"不同""相异"面前所持的这种开放包容的态度、这种尊重理解的精神。他让学生们明白了投向他者的目光的丰富之处。尊重他人、学会倾听、学会接纳相异的观点,并以此丰富自己的思维。不仅对人如此,对待文化也是一样。无论式盛式微,不妄加评判,而首先学习它、体验它,看到世界文化之林的种种联系,并张开怀抱去拥抱它。这一点上,作为老师的勒克莱齐奥与作为作家的勒克莱齐奥彼此呼应,共同展现出一种跨文化视野与交流精神。或许,每次课前的那声"你好",也因此有了不一样的含义。用中文说出的这句问候,难道不正是走向对话者、走向交流的第一步,是拉近距离、实现互动的第一步吗?

疫情出现后,线下课程一度中断。勒爷爷也因为客观条件限制迟迟无法来中国开课。不过,这一困难并未切断他与学生们的交流。2020年秋,一年一度的通识课程在线上如期展开,勒爷爷作为高研院本科生导师而开设的研讨课也被一并搬到了线上。这当然颇费了一番工夫,常常自嘲对电子产品"一窍不通"的勒爷爷,虽然已经 80 多岁高龄,却兢兢业业,从头学起,安装会议软件、架设摄像头与话筒、优化网络信号的流程一步步练习,最终在虚拟空间与学生们见面。是的,课程还在继续,与中国学生的交流也不会停止,无论是在教室里还是在线上,无论以哪种语言、哪种形式呈现,作为老师的勒克莱齐奥永远与他的中国学生们在一起。

(原载于《文汇报》2021 年 8 月 7 日第 8 版)

探索精神与人格力量

——我心中的谢天振

春天到了,希望一切好起来,一直挂念着的病中的老谢也快快好起来。2020 年 4 月 22 日早上 10 点,电话铃声骤然响起,显示的是上海外国语大学柴明颎教授的来电,一种沉重的不祥之感刹那间压迫着我的胸口。电话那头传来了一个哽咽着的声音:"老谢走了。"不祥化成了无边的悲痛。

老谢走了,我不愿相信。

一

老谢,就是谢天振,我认识他已经 30 多年了。眼前闪现出我们彻夜长谈的情景。那是在 20 世纪 90 年代中期,在北京的一个文学翻译讨论会上,我和老谢同住一个房间。会议报到后,一起吃过晚饭,回到房间,我们迫不及待地聊了起来。那次和我们一起聊的,还有法国文学翻译家、时任花城出版社副总编辑的罗国林先生。老谢和罗国林差不多的年龄,比我年长十来岁。他们都是翻译家,我也喜欢翻译,话题自然是外国文学的翻译。那天晚上,我们聊到了老谢从俄文翻译的《普希金散文选》、从英文翻译的《狄更斯传》;聊到了罗国林翻译的吉奥诺的小说、兰波的诗歌,还有福楼拜的经典之作《包法利夫人》;也聊到了我参与翻译的普鲁斯特的《追忆似水年华》,还有勒克莱齐奥的《诉讼笔录》。老谢是比较文学专家,罗国林是出版家,两位有特别感兴趣的共同话题,比如当代外国文学。那个时期,名著复译成风,其中有一种很不好的倾向,那就是有一些所谓的复译明目张胆地变成了抄译,变成了抄袭,对此,他们深恶痛绝。作为出版家,罗国林特别强调,翻译界应该关注当代社会与文化,多向读者推荐当代文学佳作。老谢深有同感,认为要把握当代社会的脉搏,必须多读当代文学作品。那天聊得很多,半夜时分,罗国林回房间休息,可老谢毫无睡意,和我谈起了翻译学科的建设、文学的翻译与接受、翻译文学的地位,还谈起了几年前法语翻译界发起的那次产生了广泛影响的《红与黑》汉译讨论。他的观点很新颖,也很尖锐,在有的问题上与我的看法不同,我也很直率地发表自己的观点。两人一直聊到了清晨。这次交谈,对于我而言,不仅记忆深刻,更重要的是在我的心中,觉得老谢是可以结交一生的挚友,可以与他交心,与他畅谈自己的观点,甚至可以毫无顾忌地与他论争。

这次交谈后没有多久,老谢给我来电话,说那天晚上交流很有成效,他和花城出版社的罗国林先生建立了联系,准备深度合作,推出一套丛书,聚焦当代外国文学名家的翻译,丛书的名字就叫"当代名家小说译丛"。电话里,他就这套丛书的设想、选择原则与我进行了交流,还嘱托我为这套译丛推荐法国当代文学佳作和合适的翻译人选。作为在心底已经认定他是我一生挚友的同路人,我对这套译丛的价值与意义表达了我的看法,给予了积极的评价,也毫无保留地向他推荐了我认可的两部当代法国文学名作与两位我特别着重的翻译家。两部作品,一部是出生于俄罗斯西伯利亚的法国籍作家安德烈·马奇诺(一译安德烈·马金)的《法兰西遗嘱》,该书于 1995 年获得法国龚古尔文学奖,还获得过美第奇文学奖;另一部是法国作家勒克莱齐奥的《流浪的星星》,这本小说于 1992 年由伽利玛出版社出版,是作家本人寄给我的,我清楚地记得勒克莱齐奥先生在书的扉页上画了一颗小星星。这部书,我认真读过,特别喜欢。两位翻译家,一位是已经有多部译著问世的老翻译家、我的法语老师王殿忠先生,另一位是具有特别天赋的青年翻译家,当时在跟我读博士的袁筱一。

很快,两年零四个月后,花城出版社就推出了"当代名家小说译丛"第一辑六部。在书的封底,我看到了这样的标注:丛书主编谢天振,策划编辑罗国林。在该丛书的总序"主编的话"中,谢天振写道:"进入(二十世纪)九十年代以来,由于'版权''成本'等诸多因素的困扰,国内出版界曾片面热衷于外国古典文学名著的重译,而忽略了对当代优秀外国文学作品的译介,从而一度造成了国内读书界与当代世界文学发展进程之间的脱节。这不仅影响了当代中外文学的正常交流,对于渴望及时了解和欣赏当代优秀外国文学作品的读者来说,也是一个很大的遗憾。有鉴于此,在花城出版社的支持下,我们策划编辑了这套'当代名家小说译丛',其目的就是要从当代世界浩如烟海的文学作品中撷取优秀的有代表性的作品,并组织优秀的译者把它们迅速翻译出来,介绍给外国读者,以满足人们渴望及时了解和欣赏当代优秀外国文学作品的需求。"①细读这段话,我回想起了两年多前那次交谈,我强烈地感觉到老谢是一个有心人,一个善于把他的学术观点与学术理念转化为行动的人,一个坚持不断探索、具有介入立场的学者。我特别注意到他在总序中再一次重申了对复译问题的立场,也很关心他如何在"浩如烟海的文学作品中"选择出具有代表性的当代外国文学优秀作品。作为一个比较文学学者,他的选择有其立场,有其标准,更体现了他对翻译文学的生成与传播具有新见的学术思考。为此,他强调这套译丛要具有"当代性",而"当代性",指的是"作品主题的时代性,即入选本套丛书的作品反映的都是当代国际社会关注的热点问题,诸如对人生的终极关怀,对两性关系中女性价值的探究,以及对传统伦理道德观念的肯定",等等。除了"当代性",他还提出了高品位的文学性和可读性原则。选入这一译丛第一辑的共有六位作家的六部作品,作品问世后的事实说明,老谢的选择是独具目光的,六位作家中,后来有两位获得了诺贝尔文学奖,一位是 2007 年荣膺诺贝尔文学奖的英国女作家多丽丝·莱

---

① 谢天振. 总序//让-马里·古斯塔夫·勒克莱齐奥. 流浪的星星. 袁筱一,译. 广州:花城出版社,1998:2.

辛,另一位是 2008 年获得诺奖的法国作家勒克莱齐奥。我想,老谢有此选择,有此眼界,并不是偶然的。我由此想到了老谢为"21 世纪中国文学大系"编写的年度"翻译文学卷",想到了他为"翻译文学卷"所写的序言,想到了他所推荐的一部部具有独特价值的作品,如他在《文景》2009 年 12 月号做了特别推荐的阿尔巴尼亚作家伊·卡达莱的《魔幻宫殿》、越南作家武氏春霞的短篇小说《风仍吹过田野》、日本作家井乔的小说《狐狸出嫁》、意大利作家路易·马莱巴的《尾巴》等作品,我惊异于他开阔的眼界和锐利的目光。我在想,这一切,都源于老谢在理论层面的大胆探索,源于他对翻译文学的定位,源于他对优秀的翻译文学特质的界定。学术探索在他的身上,生成了清醒且具有引领性的实践力量。

二

　　说起老谢,翻译学界都会想到他努力创建的译介学,想到他为中国翻译学科的建设所做的开创性的贡献。无论是我个人的学术探索,还是我指导的博士研究生的研究,可以说在多个方面都直接受益于老谢的学术思想。就译介学而言,我和宋学智博士合作撰写了《20 世纪法国文学在中国的译介与接受》,其中不少观点,都源于老谢的译介学的启发。我指导的多位博士生都做文学译介研究,如宋学智的博士学位论文《翻译文学经典的影响与接受——傅译〈约翰·克里斯朵夫〉研究》,高方的《中国现代文学在法国的译介与接受》,杭零的《中国当代文学在法国的译介与接受》。单从题目看,大家就不难发现,老谢的学术观点对这些研究的影响是显而易见的。如今回忆起宋学智的博士论文选题的选择过程,深感老谢提出的翻译文学这一概念起到了支点性的作用。从理论的层面,要回答何为翻译文学这一问题,就要界定何为翻译文学经典,继而还要探讨翻译文学经典的生成、影响与接受。从实践的层面,傅雷的《约翰·克里斯朵夫》构成了一个很有代表性与很有说服力的个案,需要有读者接受历史的梳理与翻译文学经典特征的分析。这是一个很有价值的博士学位论文选题,这篇论文后来成为全国百篇优秀博士学位论文之一。应该说,如果没有老谢的译介学理论的指导,这篇博士学位论文就很难展开研究,不可能达到这样的学术高度。确实,如老谢在《译介学导论》中所说:"译介学把研究者的目光真正地引向了翻译的结果,提出了翻译文学这个概念,并对翻译文学的性质、归宿等问题进行了全面、深入、富有说服力的研究,对拓展比较文学研究领域、丰富中外文学关系研究、提升文学翻译和文学翻译家的地位与价值,等等,做出了重要的贡献。"

如果说老谢创建的译介学对中外文学译介与接受的研究起到了重要的指导作用,那么,他对中国翻译学科的建设所做的贡献则对中国翻译教育起到了全面的推动作用。老谢是比较文学的专家,他介入翻译学科的时间并不是很早,但由于他具有极其敏锐的学术意识和宽阔的学术视野,他对翻译学科的性质、目标、建设重点与路径,都有自己明确的观点。他和柴明颎教授带领的上海外国语大学翻译学科在人才培养、学术研究与社会影响方面都有出色的表现。我清楚地记得老谢邀请我参加上外高翻2008年首届翻译学博士学位论文答辩的情景。老谢是学术带头人,他身体力行,指导了多名博士研究生,但他的指导并不限于他门下的博士生,对其他导师所带的博士生,他也同样关心,给予悉心指导。我当时作为答辩委员会主席,主持了吴赟、陈浪、张莹、侯靖靖等四位候选人的博士学位论文答辩。前前后后,老谢对每一位候选人的选题与价值向我做了很详细的介绍,对这些翻译学科的青年才俊寄予了热切的期望,给予了无私的帮助。我知道,吴赟并不是他门下的博士生,但无论在她就学期间,还是在她毕业之后,他都给予了一贯的关注、关心与指导。如今她已经成长为新一代翻译学科的带头人,我相信她对谢老师在她翻译研究与探索中所起到的指引性作用一定深有体会。而我的学生,也是几乎每一位都得到过他的帮助与提携。

翻译学科建设,有理论与学术的建设、体制的建设、师资队伍的建设,还有课程与教材的建设,当然,最根本的,是人才的培养。这每一项,老谢都倾注了心血,做出了宝贵的贡献。别的不论,就翻译学科体制的建设而言,我知道老谢把翻译学科的建设方案提交给了国务院学位委员会。在翻译理论与翻译研究教材建设方面,老谢更是做出了表率。在理论上,他不断探索,他的《译介学》《译介学导论》《译介学概论》先后问世,给我们留下了学术思想发展与创新之道。在翻译学教材编写方面,他主编的《当代国外翻译理论导读》,为拓展翻译学人的视野,聚焦翻译理论的基本问题,起到了真正的导向作用。

<h1 style="text-align:center">三</h1>

作为老谢几十年的朋友,我特别喜欢他身上的三点:一是激情;二是敏感;三是宽容。与老谢在一起,你会发现他总是精神焕发,神采奕奕。翻译界开会,他若不在场,仿佛会少几分光芒。老谢论起翻译,会透出一种难以抑制的情感,他的激情源自他对翻译、对翻译研究、对翻译人才培养的热爱。而这份爱,又源自他对翻译、对翻译精神、对翻译价值的深刻认识与理解。老谢很敏感,这是学术的敏感,对理论问题的敏感,对翻译现实问题的敏感。而敏感源自他的勤于思考、善于思考。近 30 年来,在中国的翻译与翻译理论界,有不少话题都是老谢领头先说,诸如给翻译文学这个孤儿定位,给翻译重新定位,重写翻译史,等等。老谢的很多观点,不仅在翻译学界产生了深刻的影响,在社会上也激起了广泛的回应。老谢的激情,特别具有感染力,会强烈地吸引着你与他一起讨论,与他一起探索;而他的敏感,具有一种难得的激发思考的力量。他的许多观点,在翻译学界引起了讨论;他探索的许多问题,成了学术热点。对一个学者而言,激情与敏感非常重要,但在我看来,最难能可贵的,还是他的宽容。作为中国翻译学界的领军学者之一,老谢在对待不同的学术观点上却有着难得的宽容。我和老谢是好朋友,但是在有些问题的看法上,并不完全一致。比如,老谢密切关注时代的发展与翻译活动的新变化,提出了重新定位与定义翻译的问题,撰写了文章《现行翻译定义已落后于时代的发展——对重新定位和定义翻译的几点反思》。老谢提出对翻译重新定位,

基本观点有二:一是现行的翻译定义已经落后于时代的发展;二是翻译发生了重大变化,翻译应该重新定位。[①] 对老谢的有关判断,比如对现行的翻译定义的判断,我并不完全认同,为此,我在广州的一次学术会议上,当面向老谢提出了我的不同观点,并在公开发表的文章《当下翻译研究中值得思考的几个问题》中明确指出:"谢天振列举的所谓的'现行'定义,就是从形式入手,对翻译活动加以定位,这样的定义是狭义的,也是不充分的。三十多年来,中外翻译学界对翻译不断探索,不断深化对翻译的认识。如果我们以这样的定义作为学界讨论翻译重新定位的基础,既不符合翻译学界的研究实际,也无益于推动对翻译的进一步探索。"[②]学界都知道老谢待我如兄弟,两人关系很好,但大家也知道,在不少问题上,我和老谢都有不同的观点。老谢对"忠实性"的批评反思,对"读者接受"的强调,在我看来都有值得商榷的地方。我针对他的译介变通说,曾提出"不要把一时的策略性变通,当作永恒的价值追求"。面对我的一次次质疑,老谢非但没有表现出一点不满或者排斥的情绪,而是一再向我表示,争鸣有助于推动学术发展。我们私下对翻译的伦理、翻译的价值,有过深入的探讨。我们两人曾商定,选择国内几所翻译学科发展较好的学校,去做一个系列的争鸣性对话,就当下翻译与翻译研究中的一些基本问题与热点问题进行深入探讨,公开论争。对我们而言,学术争鸣,不仅有助于推动学术思考,而且还增强了我们的学术合作。老谢与王宁合作主编"中国当代翻译研究文库",老谢先就想到了我,把我的《从翻译出发——翻译与翻译研究》收入该文库的第一辑。老谢在该文库第一辑中也收录了他自己的一本书,书名叫《超越文本 超越翻译》。单就书名,就可以看到我与老谢的思考有着不一样的出发点,也可以从中看到他的学术胸怀之宽广。商务印书馆邀我主编"故译新编",我觉得这一重要的工作不能少了老谢的支持,于是我们俩共同主编,2019 年 8 月在上海国际书展推出了首辑 10 部,第二

---

① 谢天振. 现行翻译定义已落后于时代的发展——对重新定位和定义翻译的几点反思. 中国翻译,2015(3):14-15.
② 许钧. 当下翻译研究中值得思考的几个问题. 当代外语研究. 2017(3):2.

辑 10 部原计划在 2020 年暑假推出,我们相约要组织一次读者见面会。我还约老谢,为我主持的"中华译学馆·中华翻译研究文库"主编《重写翻译史》一书,病中的老谢一直挂记着这件事,他在 3 月底我们通话时告诉我,书稿快编好了,很快可以寄给我。

可是,老谢走了,走得太早了。

老谢走了,我不愿相信:我分明感觉到他的存在,他的探索精神与人格力量永在。

(原载于《东方翻译》2020 年纪念谢天振教授专刊)

第四辑

序　言

文学,拓展思想疆域

——《文学与我们的世界
——勒克莱齐奥在华文学演讲录》代序

  2017 年 12 月 11 日,勒克莱齐奥先生结束在南京大学近 3 个月的讲学,离开南京回法国,那天我应邀在北京大学讲学,没有能够送他去机场。他行前给我来电话,说给我留了一封长信,手写的,有整整 8 页;还说他开始写有关中国的文字了,不是小说,是随笔风格的,题目都定好了,接受我的建议,就叫《历险中国》。我明白,"历险"一词,对勒克莱齐奥来说,具有特别的含义:克服认知的重重障碍,一步步加深对中国的认识与理解,历险之路,便是走进中国之路,也是中国"探胜"之路。他把一生都看成历险,是诗意的历险,不断探索,不断超越:生命不息,历险不止。

  在很多场合,勒克莱齐奥都谈到他年轻时就向往中国。在给我的长信中,他写到我们的相遇与中国的必然联系:"对我而言,是少时起对中国文化与文明的兴趣将我引向这场相逢的。但这更是一场人与人的相逢,它能领我走进中国文化,完全得益于我们自初识起便进行的友好交流——书信的、言语的交流让我们相互理解。正是在许先生的建议与引导下,我才能在阅读中,在不断发现这个文化的现实的过程中,认识到真实、复杂而独特的中国。我们共同探险,我们彼此交流——有时在公众场合,更多时候是私下展开——过程总是和谐的,换句话说,就是我的错误判断与无知也不会引起我们的冲突。"勒克莱齐奥的这番话,让我感动,体现的是珍贵的友情。我深知,在与勒克莱齐奥的 40 年的交往中,我学到了很多,真切地感受到了一个文学大家的开阔胸怀、不懈的探索精神和充满激情的人生追求。

2008 年获得诺贝尔文学奖后,勒克莱齐奥与中国的联系越来越紧密了。自 2011 年起,他年年来中国,在南京大学任教,为学生开设了多门通识教育课,而且任法语语言文学专业的博士生指导教师,指导法国文学方向的博士研究生。我陪他一起去食堂吃饭,与他一起和学生交流,与同事一起聊天,谈文学,谈教育,谈人生,我们成了"自家人"。

到中国,勒克莱齐奥有个愿望,就是要在中国多走走,多见些人,多交流,目的就是多了解中国。作为好朋友,我一直陪着他,陪他去学校,去历史名城,去文学之乡,去朋友的老家。我忘不了在施耐庵的墓前,我们一起虔诚地拜了三拜,向伟大的文学先辈致敬。我记得在丝绸之路的起点西安古城,勒克莱齐奥与莫言这两位诺贝尔文学奖得主在大唐西市的广场上象征性地从东西两边相向而行,紧紧握手的那一刻,见证着中西文化的交流与互鉴。

勒克莱齐奥重情义,在一个阴雨连绵的下午,驱车数小时,去苏北看望毕飞宇的父母;也在一个寒冷的冬日,去山东高密看望莫言 90 多岁的老父亲;还与夫人杰米娅、好友毕飞宇,去我的家乡,浙西的一个小乡村看望我的父母和家人。勒克莱齐奥爱孩子,我先后陪他去过南京和上海的三所中学,与中学生倾心交流,还陪他去过武汉的小弗米幼儿园,给几十个三四岁的小朋友讲故事,讲他写的《树国之旅》,并为他们写下了美丽的诗句。勒克莱齐奥重教育,他先后到华东师范大学、南京艺术学院、武汉大学、北京师范大学、北京大学、浙江大学、武汉科技大学、广东外语外贸大学、扬州大学、黑龙江大学访问,与师生交流文学创作与人生理想的经验。勒克莱齐奥重文化交流,他与莫言、毕飞宇、余华等著名作家有过深入的对话,先后参加过上海书展、扬子江作家周、南京青年文化周、大益文学节和《大家》杂志社组织的活动,与中国的广大读者近距离接触,身体力行,积极推进中外文学与文化交流。

勒克莱齐奥每到一处,每参加一个活动,都带着真心,带着激情,带着探索的眼光。他在各种活动中发表的演讲,就是一个有力的证明。这次结集献给读者朋友的演讲,收录了勒克莱齐奥在中国各地发表的重要演讲。好友毕飞宇说,听勒克莱齐奥的演讲,感觉世界在不断拓展。他说,勒克莱齐奥的为文之认真,学养之丰富,视野之开阔,见解之深刻,让他知道了何为大家之风范。毕飞宇的评价,我是完全认同的,也有着深刻的体会,因为勒克莱齐奥的每次演讲,我都是见证人,也是参与者。勒克莱齐奥对我说:"你翻译我的作品,就参与了创造。"这份鼓励与信任,对我来说弥足珍贵。每次写演讲稿,他都谦逊地征询我的意见,甚至让我给他的演讲命名;每次演讲,他都要我同台;他演讲的每一句话,每一个声调,我都希望能传神地予以表达。听他的演讲,我知道了一个作家的担当,一个文学大家的情怀,更体会到了诗学历险之于勒克莱齐奥的人生意义与价值。

我相信,读勒克莱齐奥的演讲,一定有助于加深对文学的认识,拓展世界,丰富人生。

2018 年元旦于南京朗诗钟山绿郡

《译学探索》序

　　中国英汉语比较研究会拟出版"英华学者文库","一群忠诚的麦田守望者——英汉语与翻译研究知名学者论文精选",在入选的 30 位优秀学者的自选集中,有穆雷的《译学探索》。读此选集,心中涌起一份感动,让我再次回忆起我们一起走过的 30 多年学科建设之路。

　　前不久,"中华译学馆·中华翻译研究文库"出版了穆雷的《中国翻译硕士教育研究》一书,在那部著作的序中,我回顾了我们在全国第一次翻译理论研讨会上相识,后来一起为翻译学科建设合作的经历。那部书收录的都是穆雷关于翻译硕士专业学位教育的思考,展现了她对翻译教育的关注、思考、探索与贡献。

　　在《译学探索》这部自选集中,我们看到穆雷选择的都是跟翻译学学科建设相关的论文,一部分是她自己对于翻译学之概念、翻译学学科建设的任务等主题的讨论,另一部分是对翻译理论的一些基本问题的探讨。最早一篇《关于翻译学的问题》发表于 1989 年,那一年她刚刚硕士毕业,这篇文章写作的时间,就是在我们一起参加了全国第一次翻译理论研讨会之后那段时间。我知道,30 多年来,她一直没有停止对翻译教育与翻译学科建设问题的理论探索。自选集有统一要求,收入的是独立署名的文章,且篇幅有限。实际上,我还特别关注到她和她的弟子发表的有关文章,这些文章,选题往往具有前沿性,而且有着特殊的目的,那就是出于培养的考虑,是她带着研究生一起前行、一起探索的结晶,有着特殊的价值。

　　在博士生培养方面,我比穆雷要早十来年。我历届的博士生都对她非常尊重，也经常在一起交流。对于翻译学的学科建设和翻译理论研究，我们有很多共识，我的很多想法她都非常认可。当她开始招收博士生的时候，我的一些博士已经取得了一些研究成果，我们有机会一起交流，探讨。我们一致认为，担任博士生导师，教授个人的研究固然需要继续，但更加重要的任务是培养年轻一代，为他们的成长铺路架桥，很多时间精力要用在青年学者的身上，让他们成为学术薪火相传的火炬手。

在研究生的成长过程中，我们不仅仅要培养学生文献搜集、价值判断、方法选择与问题分析的能力，更重要的任务是育人，导师要重视培养研究生的家国情怀和社会担当，关注国家发展战略的需求，侧重培养研究生的学科意识、理论意识、方法论意识、批判性思维和学术规范等意识，避免成为"精致的利己主义者"，用自己的智慧和学识去为学科、为国家、为社会做更多的贡献。导师自然要以身作则，成为榜样。

我觉得穆雷很早就有这些意识。从我们一起见证了有关翻译理论研究的第一次学术盛会之后，她就对翻译理论和翻译学科产生了浓厚的兴趣，30余年来持续不断地带领学生一起开展相关研究。她要求研究生做到的，自己率先做到，对翻译理论中的重要问题有自己的深刻认识，从不人云亦云。从这本文集中，我们可以看到《"中国科技翻译学"的提法是否合适》《翻译学：一个难圆的梦？》《翻译学专著述评》《走向跨学科的翻译学》和《翻译学学科建设的探索》等重要文章；还有对于翻译学科建设与翻译教学关系的探索，如《翻译学与翻译教学》《翻译教学与翻译学学科发展》《翻译事业何以发展——翻译教学及其研究》《从翻译教学看译学研究的前沿》等；更有对翻译理论本身的讨论，如《中国翻译理论研究现状及展望》《也论翻译研究之用》《我国少数民族语言翻译研究现状分析》《翻译学研究生教学探讨》《从博士生培养看翻译学的理论建设》《翻译理论在翻译教学中的作用》等。我读过她带着博士们一起研究、共同发表的一些文章，如《翻译学的学科身份：现状与建设》《中国翻译学研究现状的文献计量分析(1992—2013)》《翻译理论建构的原则与途径》《翻译学跨学科研究之路径》等文章，虽然没有收入这本文集，但他们共同研究、一起探索的历程和不断思考的印迹清晰可辨。

　　对于翻译学的学科建设,穆雷不仅有自己的见解和探索,而且身体力行。30 多年来,她在陕西省、海南省和广东省翻译协会以及中国翻译协会做了大量工作,甘愿做一名学术志愿者,不为名利,只求奉献。她多年来整理、保存了大量跟学科建设相关的珍贵文字和资料,常有领导或学者向她咨询一些数据,一旦有需要,她总是慷慨提供给大家。记得在 2012 年和 2017 年,我们纪念第一次翻译理论研讨会召开 25 周年和学科建设 30 周年,她用各种数据与图片制作了视频,提供中国翻译协会秘书处,那是非常珍贵的史料,见证了翻译学的学科建设在中国的发展历程。她带领研究生团队,十余年来不断收集整理各种相关数据,研究生们也从中受益,领略了译界前辈的风采,同时加深了对翻译学学科和翻译理论的认识。在她培养的研究生中,王斌华、蓝红军、郑晔、王巍巍、邹兵和许艺等人都为翻译理论和翻译教育的发展承担了大量工作,做出了很多奉献,同时也成长为翻译学科的优秀青年学者。穆雷和她的弟子这种不断探索与甘于奉献的精神,尤其值得我们学习。

　　此为序。

2021 年 1 月 4 日于南京黄埔花园

《改革开放以来中国当代小说英译研究》序

读吴赟的《改革开放以来中国当代小说英译研究》,想起了 12 年前主持她博士论文答辩的情景。在 2008 年 5 月 31 日和 6 月 1 日,上海外国语大学高级翻译学院组织了三场翻译学博士论文答辩会,共 6 位博士生参加答辩。差不多两个星期后,《光明日报》发布了有关消息,题目为《我国首批翻译学博士从上外"出炉"》。我清楚地记得,吴赟的博士学位论文答辩是在 5 月 31 日下午进行的,上外的谢天振、史志康、柴明颎等教授和很多研究生都在场。吴赟提交的论文系有关英国浪漫主义诗歌在中国译介与接受的研究。我对诗歌译介研究不多,她的论文题目引起了我的特别关注。她是那天下午最后一位答辩的,我注意到她一直在静静地听,神情专注。轮到她答辩时,她不慌不忙,显得很冷静,无论是陈述,还是回答评委的问题;她声音不高,但思路清晰,反应敏捷,语言准确,观点独到。作为答辩主席,我对她的表现很为欣赏,觉得她理论功底厚实,有思想,有观点,以后在学术上定会有大的发展。答辩后,我们联系虽不多,但我一直密切关注着她的研究进展,每次她发表文章或著作,我都会仔细阅读。2012 年,她出版了两部专著:一部在北京大学出版社,叫《翻译·构建·影响——英国浪漫主义诗歌在中国》;一部在复旦大学出版社,叫《文学操纵与时代阐释——英美诗歌译介研究》。之后,她把目光投向了在新的历史时期出现的"中译外"活动,聚焦中国文学外译问题,主持了国家社科基金项目,这次奉献给学界的《改革开放以来中国当代小说英译研究》就是这一研究的结项成果。

作为当今中国翻译学界具有重要影响力的优秀青年学者，吴赟多年来一直潜心于翻译理论、文学翻译与翻译史研究，取得了令人欣喜的成就。我发现，近几年来，她有着更高的理论追求，积极思考学术研究应当如何呼应国家战略发展需求这一问题，展现出强烈的学术使命与担当意识，在深入思考和不断探索中明晰了翻译研究与国家形象构建两者之间的内在驱动机制。在我看来，这是她突破性的思路转变。她开展的有关对外话语的研究有锋芒、有创见、有意义，在学界碰撞出一系列思想火花，引起学界对翻译与国家对外话语之间深层关联的关注。

吴赟的这一思想变化，对她的研究产生了重要的影响。就文学外译而言，无论是整体把握、价值判断，还是文本分析，她都提出了不少颇具见地的新观点，丰富了现有的研究路径与方法，在一定程度上为中国文学外译研究拓宽了视野，提供了重要的理论参照。

中国当代小说英译研究，可看作译介史研究领域的课题。译介史研究横跨中外语言、政治、经济、文化与历史等不同领域，是翻译史研究的一个重要方面，亦是推动翻译学学科发展的关键维度。在传播中国声音、塑造国家形象的时代语境下，展开我国对外译介史的梳理、归纳与整合，无疑会为未来的译介之路提供可资借鉴的思路与经验，这是非常值得译界进一步深入挖掘与探索的课题。其实，较长时期以来，中国文学的译介史研究颇受学界关注，不少学者针对中国文学译介史课题进行了较为深入的横向与纵向思考，相关的研究成果也为研究工作的进一步开展提供了重要的历史参考。然而，我们依然可以看到这些研究在路径、方法以及理论层面贡献的不足与缺憾。如今，随着科学技术的演变更迭及网络新媒体生态的多样化发展，网络文学应运而生，正以一种在当下更具表现力、感染力、吸引力的形式传达着这个时代的价值取向。相应地，译介实践的样态也在悄然变化，最明显的特征就是译介内容的多模态趋向，这一路径融合了文字、图像、声音、表情等多种符号资源，为译介史的研究增添了崭新内容。面对这一系列崭新现象，如何展现中国文学创作与翻译新的特点与活力，日益成为驱动译介史研究创新发展的现实需求。《改革开放以来中国当代小说英译研究》便是吴赟在这一语境下勇于探索、奉献给学界的重要成果。

改革开放以来,世界开始以积极的姿态与中国开展交流,中国的国际形象与国家形象都处在一个不断被塑造、被定义的过程之中,而中国小说作为映射中国国家形象的载体,在国际社会塑造中国形象的过程中扮演着特殊的角色。中国当代小说的翻译是塑造中国形象,让世界了解中国的重要窗口。有关中国当代小说的外译研究中,学界不可避免地会遇到如下核心性问题:中国当代小说在海外的翻译与传播具体存在哪些障碍?应该如何真正推动中国文学走向世界文学? 这注定是一次挑战大于机遇、困境多于坦途的对话之旅。针对这一对外传播现实,吴赟指出,对这一命题的研究必须从空间、时间与实践三个维度去思索,探究中国当代小说英译本在传播过程中的地位演变及其与中国文学、英语世界文学的联动,解析四十余年间中国当代小说英译的变革与启示,反思中国当代小说英译的模式与效果。这一论述可谓立意深远,既有探微发幽之涵泳,又有高屋建瓴之气势,基本确定了全书的基调与框架。

一部文学翻译史,不仅是一部文化交流史,亦是一部文化接受史。若想将这部意蕴丰富而厚重的史书写好,就要在主题、路径、方法、视角、内涵、影响等方面有深入的思考和学术的拓展,既能有益于译学研究,提供参照,亦可引导读者思索,推动研究。《改革开放以来中国当代小说英译研究》一书以改革开放以来的文学翻译现实为基础,勾勒了这一时期中国当代文学融入世界的路线图景,不仅结构合理,语言精巧而不失内涵,选题立意、论证思路更是独到、绵密而富有洞见,有三个方面尤为值得关注。

一是结构缜密,选材内容多元新颖。全书由 9 章 24 节组成,除绪论与结论之外,主体部分依照文本传播规律,为读者细述了中国当代小说对外译介的多种文本类型、各方驱动力量、数个经典案例、不同传播模式等,缜密有序,环环相扣,一气呵成。读者不仅可以通过《活着》《浮躁》《解密》,感知余华、贾平凹、麦家的作品在英语世界的译介效果,亦能借助《红高粱》《三体》《马桥词典》,体会中国当代文学走向世界、融入世界文学之路的建构过程,更可阅览《长恨歌》《大浴女》《苍老的浮云》《天堂里的对话》等,领略女性书写在英语视域下的建构与认同。网络文学作为中国现当代文学的重要构成部分,已成为影响海外的新兴文学形态。网络时代的文学翻译新景——网络文学的英译也是本书的重要内容。它为我们展现了一个多元新颖的传播景观,能够改变我们对中国当代文学英译传播的固有认知。

二是研究视域宏阔,分析路径独到。著作着眼于改革开放以来的中国当代小说对外译介实践,为读者阐明了在政治、经济、文化以及国家权力等各种场域影响下,文学和文学译介开始回归审美与思想解放时期(1978—1991 年)、改革开放步伐加快时期(1992—2000 年)、小说创作与译介观念不断更新时期(2001—2012 年)以及对外翻译活动进入新模式时期(2013 年至今)等四大历史阶段文学翻译活动及所涉行为主体的复杂性与多维性,学术视野宏阔。该书较为注重对理论与实践知识的梳理与归纳。在第三章,吴赟为读者诠释了"国家翻译规划"的概念内涵,介绍了国家翻译规划项目的历时演进过程;在第四章,吴赟从汉学家的翻译理念与策略、译本传播的海外出版路径、译本内副文本的全面构建三大方面,剖析了中国当代文学英译过程中促进译本形成与传播的多方力量。这些分析路径,为后几章的书写奠定了厚实的理论基础。

三是史实梳理清晰到位,实证评析钩索深入。翻译史实是否梳理得细致清晰是衡量译史著作成功与否的关键维度。吴赟在梳理中国文学走向世界和融入世界文学的历史进程时,并非笼统地按照时间发展顺序介绍中国当代小说对外译介的情况,而是以中国对外开放进程的大事件为关键时间节点,辅之小说对外译介的历史脉络,以单行本和选集这两种作品形态勾画了四十余年来中国当代小说译介的总貌。另外,在考察译介效果时,吴赟从译本的馆藏量、图书销量、读者评论三个维度出发,深入分析了读者视角下的中国当代小说在英语世界的译介与传播现状,颇具说服力。由于时间跨度大、译介书籍繁多等因素,统计改革开放以来中国当代小说在英语世界的馆藏量、图书销量以及读者评论情况相当艰难且任务繁重,不仅关系到跨国图书查阅难的问题,更涉及一些文本挖掘技术的运用等,这些都是研究开展较难克服的障碍。这部著作为读者提供了一手的实证数据与信息,这对译介史研究而言难能可贵。

值得一提的是,翻译史研究旨在追溯、穿缀与翻译实践相关的散落的史料资源,是翻译学研究的主要组成部分。这部著作不仅详细地考察记录了中国当代小说的对外翻译实践活动,而且对于翻译学学科发展研究具有积极的推进作用,更可服务于文化传播的国家战略需求。就其学术价值和贡献而言,主要体现在以下几方面。

一、划分中国当代文学译介的阶段,提出"国家对外翻译规划"的概念。改革开放以来,中国当代文学,尤其是小说文本的对外译介实践已有四十余年。四十余年间,大量中国小说被译介到英语世界,"80年代小说""90年代小说""新世纪小说""新时代小说"等是学者惯常表示相关时期小说对外译介阶段的标签。这本著作并没有沿用已有的阶段划分,而是以中国对外开放进程的大事件为关键时间节点,将改革开放以来的小说译介划分为四大历史阶段,展示了翻译史实的多元面貌,充分考虑了国家政策及战略思想在译介过程中扮演的角色,能为相关研究者带来不少有益启示。此外,该著作提出"国家对外翻译规划"的概念,阐述了其内涵意义及实践类型,将中国当代小说的对外译介与国家对外翻译规划有机结合,使得中国当代小说的英译实践上升到文化外交层面,赋予了中国当代小说英译实践更多的责任与使命,也为今后的小说英译研究拓展了路径。

二、拓宽译介学理论研究的探索空间,推进中国翻译学学科的创新发展。国内翻译研究的多学科、跨学科趋势日趋明显,翻译学跨学科研究已成为翻译学学术创新的重要增长点,译介学理论就是跨学科研究的产物。这一理论使得翻译研究,尤其是文学翻译研究,具有更深刻的文学与文化内涵。译介学理论贯穿该书的始终,夯实了该书的深度与厚度。与此同时,在译介学理论的基础上,作者巧妙地吸纳并融合了传播学、国际政治与公共外交领域的概念工具,为译介学理论的创新发展提供了可能性。在"讲好中国故事"的目标下,翻译研究直接对接国家发展战略需求,翻译学学科发展进入难得的机遇期,这也意味着新局面的开端。另外,该书将翻译学学科发展与国家发展紧密相连,注重小说译介与国家形象以及国际话语权之间的内在联动机制,赋予了翻译研究更多的担当与责任,有助于中国翻译学学科建设的创新发展。

三、实现译介史书写思路的革新,促进翻译史特色叙述话语的构建。文学翻译史是翻译史研究的核心。如何挖掘、考据、钩沉、呈现特定历史时期隐逸的翻译史料,实现翻译史书写思路与模式的转变与创新,进而加快翻译史叙述话语构建,是现今译学界特别关注与重视的研究方面。从现有的文献来看,国内学界在翻译史书写方面的创新性仍有待提升,现存的书写方式取向主要是通史与断代史,且大多是按照时间推移的线性逻辑编排宏大叙事,精耕细作、扎实深入的非线性史料深描不多见。《改革开放以来中国当代小说英译研究》从译介对象、译本形成、译介效果、经典建构等译本传播规律视角书写改革开放以来中国当代小说的英译史,为我国翻译史的书写开拓了崭新的跨学科思路。此外,该书的附录"改革开放以来中国当代小说英译文本总览"是非常珍贵的文献资料,夯实了文学外译研究的史料基础,增强了叙述话语的说服力与可信度。书写思路与模式的革新也会引发叙述话语结构的变化,从而能够衍生出多样化的翻译史叙述话语表达,有益于翻译史特色叙述话语体系的构建。

四、丰富中国外译研究的路径与方法,提升文学外译研究的理论自觉。中国文学在域外的译介、传播与接受研究是近些年译学界大力开展的研究课题。一系列文学外译研究的文章与著作相继涌现,而研究方法单一、理论厚度不足等问题普遍存在。大多数著述仅探讨中国文学外译与国家战略需求之间的关系,忽略了从理论视角出发对中国当代文学的特质加以剖析、思考其与世界文学的联动等方面。这部著作一改以往纲要式、纯线性的研究路径,从译介学理论出发,从不同维度为读者叙述了改革开放以来中国当代文学的译介图景;同时,将语料数据构建用于译介效果的考察,实现了研究方法的某种创新。另外,贯穿全书的理论自觉也是其特色之一。该著作没有止于阐述小说译介对于文化交流及国家发展战略的意义,还将目光转向小说本身,指出了作品自身的样貌形态对翻译文本能否被英语世界受众接受的关键性的形塑作用。例如,以多模态形式呈现的网络文学英译,不仅颠覆了传统翻译运作模式,更以超越历史情境与地域局限的情怀与理想,为异域读者所认同和接受。这一观点给予中国文学外译研究颇多启示。

《改革开放以来中国当代小说英译研究》一书是吴赟多年研究成果的集中体现,凝聚了其对中国当代小说英译研究的心血与感悟,其中不乏对今后中国当代小说对外译介的创见与思路,也兼有对中国小说创作之于世界文学格局的思考与探索,实为研究中国当代文学英译的精品力作。我特别希望译学界的同仁、翻译学习者、文学翻译爱好者能够关注此书,关注中国当代文学的多元化发展以及对外译介的最新进展,重视中国文学发展的理论问题。

在当今文学类型日益涌现的时代,中国当代小说译介史的书写更要注重多元化,不仅要涵盖传统的严肃文学,通俗文学、科幻文学、网络文学等也应纳入研究的范畴;研究方法应根据文本研究的需要,突破研究方法单一、研究模式雷同的桎梏,实现创新性与多样化发展;研究路径也要打破固有的思维套路,促进多元、新颖、交叉、科学路径的产生;同时,还应关注理论建设。如此,方能推动中国当代文学英译史研究的整体发展,促进中国文学翻译研究取得突破性成绩,加快翻译学学科发展进程。

是为序。

2021 年初于黄埔花园

《当望气的人遇见西方
——柏桦诗歌在海外的译介研究》序

　　前些日子,老友傅勇林教授给我来电,说他的弟子杨安文完成了一部著作,题目为《当望气的人遇见西方——柏桦诗歌在海外的译介研究》,请我看看,如果认可其价值,能否作个序。该书涉及中国当代文学译介,是我近年来特别关注的领域,而且研究的是中国当代诗人的海外译介问题,我一直觉得诗歌外译,是目前中国文学外译中需要加强的重要方面,所以,我没有多加考虑,就应允了。

　　当代中国诗歌,和大多数读者一样,我比较熟悉的,自然是北岛、顾城、舒婷、杨炼,我在南京大学主持中法翻译课程时,专门安排有中国诗歌法译的内容,对上述当代诗人的代表性诗歌的法译,有过介绍,也指导过学生进行相关诗歌的翻译练习。应该说,欧阳江河的诗歌,是我很喜欢的,他有思想,诗锋直抵生命的深处。对于中国当代诗坛十分活跃的几位女诗人,我和勒克莱齐奥先生有过交流,他很关注翟永明的创作,而我对海男的诗歌则有些偏爱。诚实地说,我对于柏桦,了解不是很多,只零散地读过他的几首诗。杨安文选柏桦诗歌的海外译介为研究课题,引起了我的好奇,书稿还没有打开,先通过互联网,读了一些他的诗歌。我发现,柏桦的诗有一种特别的气质。

　　杨安文选择柏桦诗歌海外译介进行研究,我想他应该有充分的理由。柏桦是西南交通大学中文系的教授,杨安文在外语学院工作,是英语教师,我相信,安文对柏桦的创作一定有比较系统的阅读,也有不断加深的理解。在他看来,柏桦是"'后朦胧'诗人的杰出代表,是国内最优秀的抒情诗人之一,也是自 20 世纪 80 年代以来最早被译介到国外并得到关注的当代诗人之一。柏桦诗歌语言具有创新性,其诗歌话语的独创性和诗歌美学的'自成高格'显示出其巨大的诗学价值"。这样的一位独具特质的优秀诗人,他在海外的译介情况如何? 海外读者对他的诗歌有怎样的理解? 柏桦的诗歌在海外的阐释有怎样的路径? 他的诗歌英译中又会遭遇怎样的障碍? 译者如何跨越? 这些问题,构成了一个具有内在关联的问题系,也构成了一个个杨安文课题研究需要直接面对的基本问题。

从上述问题出发,杨安文在译介学、文学变异学以及翻译学的理论框架下,运用跨学科的研究方法,从跨民族、跨语言、跨文化的视角展开柏桦诗歌在海外的译介、传播与接受研究。从全书的内容看,该研究可以说是首次全面深入地考察分析柏桦诗歌在海外的译介、传播与接受现状及特征,并借以系统梳理和考察中国当代诗歌在海外译介与接受的总体现状,探究其在海外的传播途径、影响模式及接受规律,进而提出了具有一定参照性的中国当代诗歌对外译介模式、方法与策略。我看到,作者从翻译研究和比较文学变异学的研究视角出发,着力探究跨文化翻译过程及翻译文本背后所隐含的文化交融与碰撞情况,试图揭示文学翻译背后文化之间的深层互动与交流机制,而且采用文本细读和对比研究方法,以柏桦诗歌英译文本为考察对象,展开诗歌翻译对比研究和诗歌翻译变异研究,从语言学层面分析诗歌翻译的策略运用,探究国内外诗歌译者在文本解读和翻译策略选择上的差异,寻求既能保留中国当代诗歌本真和特色又能为英语世界所接受的翻译策略。作者的这些思考、追求与探索,在我看来,不仅构成了该书的研究特色,更重要的是,他的这一个案研究,对于当下中国诗歌外译与接受研究,具有重要的参照价值。我想,通过杨安文的基础性的工作,中国译学界可以不断拓展中国诗歌外译与接受的研究领域。

读杨安文的著作,我有一个突出的感受,觉得作者下了很多功夫,尤其是资料的搜集给我留下了突出的印象。我有针对性地细读了我尤感兴趣的柏桦诗歌在法国的译介与接受状况,发现柏桦诗歌的几位译者和研究者,大都是我比较熟悉的,他们出色的译介与阐释,在杨安文的书稿中得到了深刻的呈现。毫不夸张地说,该研究几乎穷尽式搜集、整理了国内外以各种语言出版、发表的柏桦作品译介研究资料,建立了较为完整的柏桦诗歌译介研究资源库,为国内外柏桦研究奠定了珍贵的文献基础。

我一直认为,诗歌是灵魂的呈现,是生命的拓展。在当下,无论是中外文化交流,还是中外文明互学互鉴,诗歌的译介与传播具有特别的意义。杨安文的研究适逢其时,亦独具特色,我很乐意向读者朋友做一推荐。

是为序。

2020 年 7 月 8 日于南京黄埔花园

《中国文学外译的价值取向
与文化立场研究》序

  翻译学界,我有几位很看重的学者,其中有南京师范大学的吕俊教授。他学养丰厚、视野开阔、善于思辨,指导的多位博士都取得了不俗的学术成就,获得过江苏省优秀博士学位论文奖的周晓梅博士就是其中一位。她就中华文化与文学经典外译展开的持续研究,引起了我的关注,我曾有机会向她约稿,请她为《小说评论》杂志《小说译介与传播研究》栏目撰写了多篇专题论文。后来,我得知她在前期丰厚的研究成果基础上,申请主持了国家社科基金项目"汉籍外译的价值取向与文化立场研究",并就此课题发表了一系列重要的学术论文。这次周晓梅奉献给学界的,就是该项目的最终研究成果。

  世界文化之所以能够绵延至今,正是因其兼容并蓄的特征,可以说,包容性和差异性在很大程度上造就了文化的多元性。在新的历史时期,中国文化主动"走出去",既是时代的呼唤,是对世界各国了解中华文化的积极回应,又是丰富世界文化的实际行动。周晓梅选取的中国文学外译是一个很好的切入点,因为文学作品承载着中华民族特有的认知方式和价值观,是展现中国文化精神与特征的重要载体,其对外译介有助于发掘和重现我国经典著作的独特价值。翻译不仅给予中国文学著作一个与世界对话的机会,还将它们置于更加广阔的世界舞台,有助于异域读者了解中国的历史、社会、文化与文学,多角度认识中国文学作品的价值,从而对中华文明有更为深刻的理解。

通读全书,可以看到周晓梅聚焦中国文学外译活动,力图透过译者的策略选择和细节选择行为,从不同层面发掘中国文学作品的意义和价值。在书中,我欣喜地发现,她触及了翻译研究中两个非常重要的概念——价值取向和文化立场,并进行了深入的探讨。这两个概念为何如此重要?因为它们与译者的整个翻译过程密切相关:价值常常暗含着个人或群体特征,因而总是带有倾向性,这种倾向性就是价值取向。价值取向不仅影响着译者对文本价值的认知和评价,直接决定了"译什么"和"怎样译",更代表了译者的价值观、信念和态度,决定了他在翻译过程中遵从什么样的规范。毋庸置疑,价值取向对于理解中国文学外译中主体的选择行为具有重要意义:译者的价值取向决定了其选择作品和翻译策略时的倾向性,影响着他对认知、道德、审美、文化等因素的处理方式;读者的价值取向同样暗含了评价标准,并会进而影响译者的选择行为。

再来看看文化立场。立场是指主体"认识和处理问题时所处的地位和所抱的态度"①。文化立场则体现了主体对于知识或理论体系的看法,影响并决定其采取相应的言语行为。中国文学外译中,文化立场彰显了译者对于本族语文化和目标语文化的认同感,不仅会影响他对作品的理解,更会影响其价值判断;而读者的文化立场也与其对作品的态度、认识和评价密切相关。更为复杂的是,译者的文化立场不仅会影响其个人的选择,还会受到社会、文化、历史、政治等外部因素的制约。因此,价值取向和文化立场是翻译研究中两个绕不开的重要问题,对于它们进行深入研究非常有必要而且是必须的。

这部书稿,很有特色。我特别欣赏周晓梅在理论把握的基础上,对具体的翻译案例进行细致深入的文本分析,并始终围绕"价值取向"和"文化立场"两大主题展开研究。对价值取向的研究主要依据评价理论和叙事学相关理论,以《狼图腾》的英译本为翻译个案,通过分析译者的翻译策

---

① 中国社会科学院语言研究所词典编辑室. 现代汉语词典. 7 版. 北京:商务印书馆,2016:802.

略,对比译者和作者在传递作品价值方式上的异同。对文化立场的解读则主要基于文化人类学的文化认同理论,以《无风之树》的英译本为例,着重考察文学外译中译者的文化认同过程。

周晓梅在书中提出了一些重要观点,值得我们充分关注:

第一,在文学外译中,一部译作要获得异域读者的认同,需要遵循一种或多种价值取向。首先是知识价值,指作品要展现真实的社会、历史和生活场景;其次是道德价值,要求用伦理道德影响和感化读者;再次是审美价值,要让读者体验到真挚动人的情感。

第二,中国文学外译关涉不同的文化语境,因而身处其中的作者、译者和读者均具有双重文化身份:一种是对于本族语文化的认同;另一种则是对于目标语文化的认同。这两种文化身份决定了主体的态度、立场和价值取向,并直接影响着作品传播和文化交流的效果。当译者自身的文化认同与作者的文化认同存在明显差异时,文本会对译者形成一定的限制和约束;而当两种文化认同出现剧烈冲突时,译者往往会采取文化协调的方式,避免读者对他者的文化身份产生抵触心理。

第三,周晓梅发现,在翻译理论研究中,研究者更加重视显化翻译策略,因为这一策略能够突显文化差异,更加全面地呈现作品信息;但在文学外译的实际操作层面,由于篇幅限制,译者往往会采取隐化策略,保证作品简洁明了、清晰易懂。因而她建议加大翻译本体研究的力度,回到文本层面,重视具体翻译案例的分析。这些讨论和建议可以启发现阶段的中国文学外译活动,对于深化我们的翻译研究同样意义深远。

值得肯定的是,相关研究有助于我们理解和评价经典作品,因为不同的价值取向决定了我们评价的角度和向度,不同的文化立场更影响着我们的思维和理念。毛泽东主席曾经指出,"文艺批评有两个标准,一个是政治标准,一个是艺术标准"①。这实质上就是说,应当用综合全面的标准

---

① 毛泽东. 在延安文艺座谈会上的讲话//毛泽东. 毛泽东选集(第三卷). 北京:人民出版社,1966:869.

去看待和评价一部作品,既要关注文本内部的价值因素,也要看到影响文本的外部社会因素;既要认识真善美,也要考虑经济、历史、宗教、文化等社会因素。唯其如此,广大读者才能感悟到翻译家深厚的爱国情怀,加深对中华优秀传统文化的历史自豪感,从而更加坚定道路自信、理论自信、制度自信和文化自信。

中国文学的外译研究已经开展了一段时日,其间不断有新的观点和思想涌现,已然形成了一大研究热点。相信这部书会给学界同行耳目一新的感觉,给我们带来新的思路和启发。

2022 年 8 月于黄埔花园

文学经典翻译与翻译文学经典

——《杨武能译德语文学经典》序

近读乔治·斯坦纳的《巴比塔之后——语言与翻译面面观》,书中有这么一段话:"为了接近古人,得到精确的回响,每一代人都会出于这样强烈的冲动重译经典,所以每一代人都会用语言构筑起与自己和谐的过去。"[①]重译经典,在我看来,绝不仅仅是为了接近古人,构筑过去,而更是赋予古人以新的生命。文学经典的重译,就其根本意义而言,是文学经典重构与生成的过程。我一直认为,一部好的文学作品,一定呼唤翻译,呼唤着"被赋予生命的解读"。没有阐释与翻译,作品的生命便会枯萎。是翻译,不断拓展作品生命的空间,延续作品生命的时间。以此观照商务印书馆即将推出的《杨武能译德语文学经典》(25卷),我想向德语文学经典新生命在中国的创造者、杰出的翻译家杨武能先生致以崇高的敬意。

一个杰出的翻译家,需要具有发现经典的目光。我和杨武能先生相识,已经快35个年头了。1987年,我在南京大学读研究生,主攻文学翻译与研究,那时杨武能先生因为重译了郭沫若先生翻译过的《少年维特之烦恼》,在国内文学翻译界声名鹊起,影响很大。时年月,南京大学召开中国首届研究生翻译研讨会,南京大学研究生翻译学会让我与杨武能先生联系,我便向他发出了诚挚的邀请,恭请他出席研讨会,做主旨报告,指导后

---

① 乔治·斯坦纳.巴别塔之后——语言与翻译面面观.孟醒,译.杭州:浙江大学出版社,2020:34.

学。那次报告的具体内容，我已经记不清了，但我永远忘不了在会议期间的交谈中他叮嘱我的一句话："做文学翻译，要选择经典作家。"选择，意味着目光与立场。梁启超曾在《变法通义》中专辟一章，详论翻译，把译书提高到"强国第一义"的地位。而就译书本身，他明确指出："故今日而言译书，当首立三义：一曰，择当译之本；二曰，定公译之例；三曰，养能译之才。"①梁启超所言"择当译之本"，便是"译什么书"的问题。他把"择当译之本"列为译书三义之首义，可以说是抓住了译事之根本。回望杨武能先生60余个春秋的文学翻译历程，我们发现从一开始，他就把择当译之本当成其翻译人生的起点与基点。选择经典，首先要对何为经典有深刻的理解。文学经典，是靠阅读、阐释与翻译，不断生成的。一个好的翻译家，不仅要对经典有自己独到的理解与领悟，更要在准确把握原文意义的基础上，把原文的精神与风貌生动地表现出来，让文学经典成为翻译经典。60余年来，杨武能先生翻译了近千万字的德语文学作品，无论是古典主义的《浮士德》，浪漫主义的《格林童话全集》，现实主义的《茵梦湖》，还是现代主义的《魔山》，每一部都堪称双重的经典：文学的经典与翻译的经典。首创性的翻译，是一种发现；成功的重译，是一种超越。我曾在多个场合说过，翻译，是历史的奇遇。一部好的作品，能遇到像杨先生这样好的译家，那是作家的幸运，也是读者的幸运。

一个杰出的翻译家，需要具有创造的能力。发现经典、选择经典是文学翻译的起点，而要让原作在异域获得新的生命，则需要译者付出创造性的劳动。莫言在诺贝尔颁奖典礼上发表感言时说："我还要感谢那些把我的作品翻译成世界很多语言的翻译家们，没有他们创造性的劳动，文学只是各种语言的文学，正是有了他们的劳动，文学才可以成为世界的文学。"创造性，是翻译应具有的一种精神，也是历代的译家所追求的一种境界。杨武能先生深谙翻译之道，他知道，一部文学佳作要在异域重生，需要翻译家发挥主体性，不仅译经典，更要还它以经典。早在1990年，他就撰写

---

① 郭延礼. 中国近代翻译文学概论. 武汉：湖北教育出版社，1998：227.

了《文学翻译与翻译文学:兼论翻译即阐释》一文,在文中明确区分了文学翻译与翻译文学的概念,指出:"要成为翻译文学,译本就必须和原著一样,具备文学一样的美质和特性,也即除了传递信息和完成交际任务,还要具备诸如审美功能、教育感化功能等多种功能,在可以实际把握的语言文字背后,还会有丰富的言外之意,弦外之音,以及意境、意象等难以言传、只可意会的玄妙的东西。"①基于这样的认识,他对文学翻译应达到的高度有着自觉和积极的追求。他认为,"面对复杂、繁难、意蕴丰富、情志流动变换的原文",译者不能"消极地、机械地转换和传达或者反映",应该主动"深入地发掘、发扬和揭示"。为此,他调遣各种可能,去创造性地重现《少年维特之烦恼》中蕴涵的多重情致与格调,传达《魔山》独特的哲理性与思辨性,"再现大师所表达的丰富深刻的思想、精神、感受,再创杰作所散发的巨大强烈的艺术魅力"。②

一个优秀的翻译家,应该具有不懈求真的精神。杨武能先生译文学经典,有一个明确的目标,就是要"创造传之久远的、能纳入本民族文学宝库的翻译文学,要创造美的翻译和美玉、美文"③。文学翻译,要具有文学性,具有审美特质,具有美的感染力。作为一个优秀的翻译家,杨武能先生清醒地知道,当下的文学翻译界,对于"美"的认识存在着不少误区,甚至有的把翻译之"美",简单地等同于辞藻华丽。他强调说明:"我翻译理念中的'美',指的是尽可能充分、完美地再创原著所拥有的种种文学美质。而非译者随心所欲地想怎么美就怎么美,更不是眼下一些人津津乐道的所谓'唯美'。"④换言之,追求翻译之美,在于追求翻译之真,需要有求真的精神。再现美,首先要把握原作的美学价值与审美特征,为此必须对原作有深刻的理解。杨武能先生在文学翻译中始终秉承科学求真的精神,对拟译的文本、作家有深入的研究、不懈的探索,坚持在把握原文的精

① 杨武能. 译翁译话. 杭州:浙江大学出版社,2020:279.
② 杨武能. 译翁译话. 杭州:浙江大学出版社,2020:82.
③ 杨武能. 译翁译话. 杭州:浙江大学出版社,2020:19.
④ 杨武能. 译翁译话. 杭州:浙江大学出版社,2020:19.

神、风格与特质的基础上再现原作之美,以达到形神兼备。其次,翻译与研究互动,求真与求美融通,构成了杨武能先生文学翻译的一大特色,也因此铸就了杨武能先生翻译的伦理品格。

发现经典、阐释经典、再创经典,这便是杨武能先生的文学翻译之道。杨武能先生的译文,数量之巨、涉及流派之多、品质之高、影响之广,难有与之比肩者。开风气之先、以翻译不断拓展思想疆域的商务印书馆陆续推出 25 卷的《杨武能译德语文学经典》,这在中国的文学翻译出版史上,是件大事,可喜可贺。在《杨武能译德语文学经典》即将与读者见面之际,杨先生嘱我写序,我欣然从命。一是因为我们有特殊的校友之情,在南京大学建校 110 周年之际,我曾写过一篇文章,题目叫《一直引着我前行——我心中的杰出校友杨武能先生》,对这位前辈校友,我心存感激:在我的翻译与翻译研究之路上,在我前行的每一个重要的路段,在我收获的每一个重要的时刻,都有他留下的指引的闪光。南京大学有幸有杨武能先生这样杰出的校友,他的杰出不仅仅在于他卓越的学术建树、他在国际日耳曼学界广泛的影响,更在于他在与后学的交往中所体现出的一种榜样的力量。二是因为我深知这是一份重托:前辈的文学翻译之路,需要一代代新人继续走下去;前辈的翻译精神,需要后辈继承与发扬。让我们从阅读《杨武能译德语文学经典》开始,追随杨武能先生,以我们用心的细读和深刻的领悟,参与经典的重构,让外国文学经典在中国的新生命之花更加灿烂。

2021 年 8 月 1 日于南京黄埔花园

《宋词五百首英译》序

　　2018 年 10 月,我在浙江大学出版社出版了《译道与文心——论译品文录》一书,为"中华译学馆·中华翻译研究文库"首辑所收录。书中有不少文章是我为翻译学界同行的优秀探索成果写的序或评。在这部书的自序中,我强调指出:"改革开放后中国的翻译研究,与其他人文学科的发展有相似之处,对于西方的借鉴很多,模仿也很明显,少有创新。对此,我一直有清醒的认识。我知道,人文学科的创新特别不容易,需要继承、积累、探求与交流,也需要质疑,需要思想的交锋。鉴于此,我一直特别关注中国翻译学界的同行在翻译探索之路上所取得的进展,对翻译学界所出现的不同的想法、不同的观点、不同的意见持开放的态度。对于翻译学界的同仁提出的一些具有争议性的观点,我更是持鼓励、肯定、支持的态度,希望能够通过学术争鸣,导向新观点、新发现、新收获。"基于这样的认识,我先后为穆雷的《中国翻译教学研究》、谭载喜的《翻译学》、沈苏儒的《翻译的最高境界——"信达雅"漫谈》、奚永吉的《文学翻译比较美学》、胡庚申的《生态翻译学:建构与诠释》、周领顺的《译者行为批评:理论框架》等数十部理论著作写序言,做评论。

　　每每重读我写下的一篇篇序或评,都会不由自主地想到学界老友顾正阳。20 余年来,对顾正阳教授就中国古诗词曲英译展开的系统研究,我一直予以特别的关注。顾正阳教授从 2003 年到 2013 年十年间,先后发表中国古诗词曲英译研究著作八部:《古诗词曲英译论稿》《古诗词曲英译理论探索》《古诗词曲英译美学研究》《古诗词曲英译文化探索》《古诗词曲英译文化视角》《古诗词曲英译文化溯源》《古诗词曲英译文化探幽》《古诗词曲英译文化理论研究》。其中上海大学出版社出版的三部专著都有 40 余万字,可谓长篇巨作。他的研究特质鲜明,十分注重文本,从语言、文学、文化、思想等多个维度,深刻探究文本和文本背后的翻译问题,具有启迪性与开拓性。承蒙他信任,我先后为其中的六部著作作序,曾对他的有关探索做了如下评价:"顾正阳的古诗词曲英译研究,不是泛泛而论,而是在跨文化交流的宏大视野下,展开多层面的探索:既有从宏观意义上由技入道、由语言及文化对古诗词曲的传译之道的探讨,也有对古诗词曲英译中所遇到的障碍,有的放矢,具体而微的剖析。无论是对诗歌翻译形而上层面的理论见解,还是古诗词曲英译修辞层面的障碍分析与方法探讨,还是在美学层面上对古诗词曲英译展开的具有开拓意义的研究,都体现了顾正阳教授研究的一贯风格:善于发现,善于思考,善于分析,善于总结。"

前些年,顾正阳先生退休了,我们常有联系。我调入浙江大学后,他曾从上海专程到浙江大学紫金港校区来看望我。交谈中,我得知,近年来他的学术重心有所转移,将全部精力投入古诗词曲的英译与修订中。前日,我收到他的电话,告诉我他精选了他所翻译的宋词,即将出版《宋词五百首英译》。

顾正阳教授这部新作《宋词五百首英译》,我相信在中外译者的宋词英译作品中一定独具特色。我在 2006 年顾正阳教授所著的《古诗词曲英译文化探索》的序中说过这么几句话:"要真正理解顾正阳教授的这部新作的价值,把握其精神,我认为,不能不了解近 20 年来他在中国古诗词英译领域中执着的研究历程。"顾正阳教授的翻译研究,是有其丰富的翻译实践为基础的。40 多个春秋,他教翻译、做翻译、研究翻译,把翻译实践、翻译理论探索与翻译人才培养融为一体,互相促进。对他即将出版的这部译著,我有着特别的期待,原因有三:一是我想结合他以前所做的中国古诗词曲的英译研究工作,看看他的翻译实践在何种程度上受其翻译理念与翻译价值观的指引,在翻译方法上有何独到的探索;二是在中国文学史上,宋词有着独特的地位,宋词翻译难度大,我想看到顾正阳教授在宋词翻译的审美层面,尤其是宋词的韵,是如何进行翻译,予以成功再现的;三是对我而言,顾正阳教授的这部巨译有着特殊的意义,他的工作不仅仅是宋词英译历程的一次超越,更是翻译精神的弘扬。杨宪益、许渊冲等老一辈翻译大家的未竟事业需要一代又一代翻译人去传承、去发扬。在这个意义上,已入古稀之年的顾正阳先生的努力便愈发显得珍贵,在此,我要向他致以崇高的敬意。

是为代序。

2021 年 8 月 16 日于南京黄埔花园

《翻译修辞学与国家对外话语传播》序

获悉陈小慰教授的国家社科基金项目"服务国家对外话语传播的'翻译修辞学'学科构建与应用拓展研究"（编号:17BYY201）顺利通过结项评审,其成果《翻译修辞学与国家对外话语传播》即将付梓,特表示衷心祝贺!

与小慰教授初次见面,是在1994年浙江杭州举行的第二届全国文学翻译学术研讨会上。来自全国各地的一众翻译同好除了在会上进行学术观点的交流,会下也成了学术朋友。后来我们常在翻译会上碰面。印象中,小慰教授是一位勤奋好学的学者,即便在兼任学院院长行政职务的那些年中,仍坚持教翻译、做翻译、研究翻译,始终笔耕不辍。

小慰教授成果的第一个特点是新颖。研究的话题新、切入点新、内容新。客观地说,该成果是国内第一个较为完整地论述翻译修辞学理论和应用体系的研究。据我所知,目前国内尚没有同类专著。该研究将西方修辞学与翻译学结合起来考察翻译,是一个具有开拓性意义的尝试,同时阐明了其成果对中国对外话语翻译的重要理论意义和实践意义。成果基于翻译与修辞之间深厚的历史渊源和密切的学理联系,从当今翻译的现实特性及国家关切出发,结合当代西方修辞学以人类运用语言象征相互影响、诱导合作为研究侧重点的学科特点,开展翻译与修辞的跨学科研究,从新的视角建构反映时代特征和服务国家对外话语传播需求的翻译修辞学,勾勒了翻译修辞学研究的概貌,特色鲜明。成果突破"翻译修辞"仅与辞格或文学相关的"前理论",将"翻译修辞学"研究对象扩大至所有通过口笔译进行的跨语言、跨文化社会互动行为,揭示翻译行为在现实社会中的修辞特性以及在改善人类互动关系中的可为空间。成果内容新颖,既有对翻译修辞学的整体思考,也有围绕我国对外话语翻译传播的思考;既有修辞学领域的传统经典理论和新修辞学前沿理论,又有翻译学方面的已有研究回顾和前沿理论动态。在当下国家实施"一带一路"倡议及推动中华文化对外交流传播的背景下,该研究成果具有显著的理论意义和现实价值。在理论意义上,成果基于翻译与修辞两个学科密切的历史渊源和现实契合关系,用修辞学的元语言阐释翻译学的概念和过程,从西方修辞学视角透视翻译尤其是对外翻译的传播行为,这在理论上具有一定的开拓性、创新性,在国内相关领域具有引领性的作用,对建立翻译修辞学的体系具有推动作用。在当今学科交叉与融合的背景下,翻译学与修辞学的交叉与融合,是值得学者们努力探讨的一个课题。在现实价值上,成果揭示了通过翻译进行对外话语传播的常用翻译策略的修辞蕴涵与机理,探讨了翻译修辞策略的实践原则和应用,为对外翻译传播提供了理论参考和实践指导,对翻译修辞策略的选择具有积极的指导意义,有助于提高对外翻译传播的效果。

小慰教授成果的第二个特点是立意高远。成果基于当代修辞着力于研究人类运用语言象征相互影响、诱导合作的行为,主要关注目的、受众、话语发生场景及言说的"有效性"等学科特点,将翻译(尤其是对外翻译)视为一个通过译文话语开展的特殊的跨文化修辞实践,并对"翻译修辞"的修辞过程做出如下明确描述:运用译文话语,诱导译语受众形成态度或采取行动;将译文语言作为象征手段,诱导从本质上会对象征做出反应的译语受众予以合作。翻译修辞活动具有与一般修辞活动相同和不同的特性:相同点在于它们都面对现实"受众"(不论是"真实具体"的受众还是"想象构筑"的受众),本身都具有内在的双向主体性和分离—合作相互转化的努力空间,需要修辞者(译者)通过艰辛的智力劳动,诱导受众理解和认同通过话语传递的观点、事实、立场、叙事等,以促进交往与合作;不同点突出表现在翻译具有跨语言、跨文化、跨民族和跨国别的特性,这不仅使译文话语作为其间重要维系物的象征作用更加突出,其修辞语境也更加复杂,合作更不容易达成,需要译者付出更大努力。成果在其前期研究中总结的翻译与修辞七个契合点的基础上,增加了差异性、复杂性和促进知识增长性等二者契合点的新认识,进一步论证了翻译与修辞跨学科融合研究可以产生有利于学科发展和提升国家对外话语传播质量的正能量。该成果明确提出,构建服务国家对外话语传播的翻译修辞学,将翻译视为一种特殊的跨文化修辞活动,可以充分借鉴西方修辞的独特研究视角,提升我们对翻译学科和翻译行为本身动机、价值和意义的认知,厘清学科目标,更好地回应学科关切,为深化翻译理论和实践研究提供更多可能。成果从历史和当今翻译之大为入手,围绕翻译活动是工具性与人文性的多元结合这一论点,对翻译进行修辞域下的再认识,提出有必要在承认翻译工具性基本特点的同时,重视翻译在改善社会(不同国家文化之间)的互动关系中可以发挥的作用以及它作为人文学科的人文性、复杂性和多元价值内涵。翻译不是自然科学意义上的语言符号转换,从某种意义上说,是人文学科意义上运用语言象征资源针对现实社会中的人的修辞性使用。翻译研究和实践应超越翻译仅为语言文字转换的认识,面向当下现实问题,这是翻译应该追求的"更高"目标。这一点不仅符合国际翻译研究的大趋势,也是使翻译学科能够获得更多生命力的源泉。小慰提出的"更高",不是脱离现实的理想化要求,而是以现实翻译问题为导向,关注翻译在人类社会中的重要性和可为空间,努力加深对翻译在改善不同社群之间的理解、促进社会发展、推动人类进步等方面的作用与作为的认识、研究和实践。

小慰教授成果的第三个特点是针对一些重要的翻译问题做出了颇有见地的理论贡献。成果思想原创性强,具有前沿性。在充分的文献支撑和独立思考的基础上,小慰对一些翻译理论和实践问题提出了富有建树的独到见解。首先,从对"受众"问题描写性翻译研究不足的现状出发,整理译介了修辞研究中对受众的相关论述。在此基础上,对翻译受众从修辞角度深化认识,提出了翻译受众的修辞特点和研究途径,探讨了译者与受众开展修辞互动的几种可能性,对翻译修辞受众的分类具有创新意义。其次,在对伯克的"辞屏"说与几个相关的翻译概念隐喻进行比较分析的基础上,围绕象征与修辞的关系、积极诱发预期象征效果产生和谨防译文话语的非预期象征效果等方面,对译文话语的象征力量进行了深入探讨,指出翻译修辞活动通过使用象征得以开展,象征符号是翻译修辞活动的媒介和载体。成果探讨了翻译话语的修辞论辩特征和译文话语的象征力量对实现翻译有效性的重要性,尤其是将译文话语可能产生的非预期象征效果纳入考虑范围之中,这是翻译讨论中较少关注但极其重要的一个方面。再次,提出翻译的"修辞语境"观。翻译的"修辞语境"包括翻译目的、特定译文受众、所有可能的制约因素或局限,以及灵活因应、切合特定语境的译文话语设计等内容,是"语言语境""文化语境"和"情景语境"等翻译语境观的有益补充。成果着力揭示翻译修辞语境所具有的以下特点:一是展示译文话语产生、选择和呈现的过程,引发译者对翻译中不断变化、涉及广泛的修辞语境因素加以关注,而不只是静态的语言本身、文化背景因素或相对有限的情景语境,即包含了更大的范围和更多的因素;二是厘清了翻译话语的本质,以及译者与原作信息发出者、翻译目的、翻译受众、译文话语、话题和场合等之间的互动关系;三是将更多与特定翻译活动相关的动态因素纳入考虑范围,从更全面和动态的角度认识翻译选择需要考虑的因素,有助于我们更好地认识翻译活动;四是修辞语境不仅能帮助我们确定意义和有效传达意义,还是评估翻译质量富有说服力的依据之一;五是翻译的修辞语境分析包括了翻译目的、特定译文受众、所有可能的制约因素或局限,以及灵活因应、切合特定语境,旨在诱导受众参与消除或修正缺失进程的译文话语设计等内容,更符合翻译现实,更具解释力和可操作性,也更有利于提高翻译的有效性。此外,成果还探讨了翻译说服力的产生机制,提出鉴于翻译的跨文化修辞和"说服"特性,为促进翻译预期目的有效实现,翻译规范研究中有必要增加基于"认同"的"说服"规范,并就其作用机制展开了论述。在较为全面地综述和回顾翻译文本类型相关研究的基础上,针对"修辞形势"在不同文化中可能有所不同,随之而来的通用惯例也可能不同的特点,作者提出了一种新的文本类型分析模式——基于"原生/原创性"平行文本的修辞资源运用对比模式,作为翻译文本类型研究的补充等。小慰的这些观点和提出的可能途径都可圈可点。

小慰教授成果的第四个特点是与现实联系紧密,能够有效地指导翻译实践。成果专列一章,对如何看待翻译策略与方法从修辞角度进行了探讨,揭示了常用翻译策略的修辞蕴涵与机理。在此基础上,借鉴当代修辞研究相关成果,对翻译修辞策略与原则进行了讨论。列举了常见的翻译修辞方法,同时通过丰富翔实的实例,对这些方法进行了描述和例解,说明了这些策略在翻译实践中的价值和应用。

特别需要指出的是,小慰教授专著的整体结构框架合理,前后逻辑关联度比较好。成果论述充分,理论与实践相结合,从宏观、中观及微观角度探讨了翻译修辞学作为翻译研究分支领域对认知当今语境下翻译活动所具有的独特学术视角、学科内涵、理论贡献及其对翻译实践产生的积极意义。尤其是后半部分专设一大章六小节围绕对外话语传播中的翻译修辞问题进行思考与实践应用,分别从现实译名问题的修辞思考、原文核心要素的有效对外翻译传播、"亲和翻译"作为提升公共翻译有效性的一个策略、中国文学翻译"走出去"的修辞形势及因应之策、林语堂译《茶经(节录)》作为应用翻译修辞实践的可鉴典范、公示语翻译的社会价值与译者的修辞意识等专题,聚焦对外话语传播的翻译修辞问题开展思考与实践。真实案例充分,从修辞视角的解读分析也比较到位。

最后,小慰教授的成果给我极深印象的一点是,作者对与其研究课题相关的文献资料,包括第一手的外文资料的搜集、阅读和梳理相当全面和深入,这也反映出作者的研究具有相当扎实的文献基础。文中引用了大量相关中外翻译理论与西方修辞学前沿文献,在细读梳理中分析考辨,挖掘其中修辞学与翻译相关的可借鉴概念资源和实践路径。因为涉及翻译学和西方修辞学这两个本身都具有突出"跨学科"特点的人文学科的跨学科研究,且主要资料多在国外出版或发表,所以搜集、译介和处理相关一手资料的工作量较大。这方面的努力显然有助于提升成果的理论高度、深度和厚度,但同时也是一项费时、费力、费心的工作,由此可见小慰教授付出了艰辛的劳动。

我始终认为,跨学科的目的是形成有助于翻译研究,包括翻译理论与实践研究的新的概念知识。我在多个场合都强调,要重视翻译研究的跨学科性,与其他学科形成积极互动。在坚持翻译研究中心地位的同时,可以向其他学科借思想借方法,加强与其他人文学科的对话,以解决我们这个领域的问题,加深我们对自身研究对象的认识。相信小慰教授的这部专著将为译学研究的深度开掘、翻译跨学科的进一步探索研究以及解决国家通过翻译"走出去"过程中的重大的理论问题和现实问题发挥积极的推动作用。

再次祝贺小慰教授,同时为中华译学馆的"中华翻译研究文库"再添高水平的学术之果感到欣慰。

是为序。

2021 年 10 月 29 日于黄埔花园

第五辑

专　访

文明的交流，从翻译出发

——专访浙江大学文科资深教授、翻译家许钧

　　近日，浙江大学亚洲文明研究院正式成立，浙江大学文科资深教授、翻译家许钧任研究院首席专家。

　　在人们的印象中，翻译家的形象往往与书斋联系在一起。他们日夜伏案，笔耕不辍。

　　许钧出现的场合要"杂"一些。作为我国著名的法语翻译家，他不但几十年如一日地寻书、译书，还总是尽自己所能推动外国作家走上中国高校、书展的讲台，与中国作家、中国学生交流。他把这些翻译背后的工作，也看作一份责任。

　　但许钧最放不下的还是课堂。从教 40 余年，他培养出一批重要的中青年翻译力量，还有许多曾经的学生走上讲台，向更多年轻的脸庞讲授翻译的责任与翻译之大用。他自己也还在继续讲。

带着拓荒者的精神　去发现有价值的书

　　《解放周末》：您是怎么走上翻译之路的？

　　许钧：1975 年，我在解放军南京第二外国语学校（现为国防科技大学南京国际关系学院）毕业后留校任教。第二年，我被公派到法国雷恩留学。那时候经常要到中国驻巴黎的大使馆集中学习。学习完了，我最幸福的事情就是去塞纳河边的旧书摊淘书。留学生手头拮据，好在那里的

书又多又便宜。我看到了许多以前只是听说过书名但没有真正读过的书,比如《巴黎圣母院》《包法利夫人》等。

让我印象最深刻的,是当时在旧书摊看到的《高老头》。我在国内曾读过傅雷翻译的版本,没想到到了这本书的诞生地法国,读到法语原版,我反而觉得它没有傅雷的译本那样语言生动,那么吸引我、打动我。顿时,心里就产生一种感觉,觉得翻译特别重要,特别了不起。

带着对法语学习的热情和对法国文学的兴趣,我接触到了很多作品,不仅包括法国经典名著,还有很多当代新锐作家的作品和非常先锋的剧作。尽管有些作品一开始读不太懂,但我心中已经萌生了一种想法——要是能把这些作品翻译出来,介绍到中国,那该多好。

《解放周末》:真正着手开始翻译,是在您回国之后了。

许钧:我是1978年回国的。很多人应该还记得,当时国人在街头大排长队、竞相抢购最新出版的外国文学经典名著的场景吧。看到这一股外国文学热,我特别兴奋,我想,是否我也能把自己喜欢的法国文学作品翻译出来、介绍给国人呢?

然而,当时重印的一批外国文学经典都是老一辈翻译家的名译,比如傅雷翻译的巴尔扎克、罗曼·罗兰的作品,李健吾翻译的福楼拜的作品,等等。译名著,我想也不敢想。我琢磨着名著没有资格译,公认的好书也轮不到我译,那可不可以把法国最新的好作品第一时间翻译出来呢?这种想法成为现实,还是与南京大学的钱林森老师沟通之后。他很鼓励我,并帮助我一同寻找合适的作品。

《解放周末》:怎么选择合适的书目?

许钧:确实是这样。我们当时有两个参照。一是看获奖情况,一般在法国获奖的书,文学性都比较强。二是看文学史上的地位,有没有在文学现象中脱颖而出,得到评论者的关注。当然,还要进行政治的衡量,判断其是否具有社会政治价值。

我从那时候就意识到,选书的过程是非常重要的,就像梁启超说的"择当译之本"。当代中国需要什么样的书?我们选择的法国作品,是不是能打动中国读者、为中国读者所接受和喜爱？这考验一个译者的选择能力和价值判断能力。后来做了翻译研究，我也进一步提出，一个好的译者不能仅仅被动地接受"喂"来的选题，也不能只盯着一部已经成为经典的作品进行复译。真正有担当的译者，是带着拓荒者的精神去发现一本有价值的书，并通过自己的翻译使之在未来可能成为经典。

你翻译我的作品　就是参与了我作品的创作

《解放周末》：您翻译的第一部作品是亨利·古龙日的《永别了，疯妈妈》。从一个法语学习者变成法国文学作品翻译者，势必要克服很多困难。在法国留学的见闻、思考和经历，是否起到了帮助作用？

许钧：我去法国留学的时候已经大学毕业了，但在整个大学期间，我没有见到过任何法国人，更没有和他们有过对话。现在的语言学习者可能无法想象，但当时的情况就是这样。到了法国，很多人夸我法语很好，但我自己一下子就察觉到，我说的法语都是书面语言，和他们日常使用的不一样。我开始特别关注，到底哪些地方不一样。通过读报，我了解很多法语新词和鲜活、日常的表达；通过阅读法国当代文学作品，我接触到更多丰富的语言表达。潜移默化中，我从一开始对语言的留心，发展成对文学的热爱。

和法国人的交流、交往也让我收获很大。留学时，我们经常会在周末到法国人家中，和他们一起生活。记得当年我在 1969 年至 1975 年间任职法国驻华大使的马纳克先生家住了 3 天，他还送了我一本记录了他任职大使期间的回忆录，我至今珍藏。

回顾留学生活，还有非常关键的一点，是我在那时就建立了一种比较的目光，去看待与自己不同的语言、社会和文化。法国是最早提出要维护世界文化多样性的国家，我在留学期间浸淫在多样的文化环境中，从发现差异到关注差异，再从差异之中认识自己，建立起了一种文化观。这种文化观指导着我在日后的翻译工作中始终尊重差异。

《解放周末》:一部作品翻译完成之后是什么感觉?是感到如释重负,还是感到满满的幸福感?

许钧:翻译结束之后有些怅然若失,竟还有一丝痛苦的感觉。这种痛苦主要是因为翻译虽然完成,但总有些对不起作品的地方。比方说,有些地方好像还没有理解到位,对有些内容的翻译感到左右为难,不知道是否把握得当。

怎么解决这些为难呢?我们想到,既然是当代作品,作者都还在世,为什么不能和他们直接联系呢?于是,从第一本译作《永别了,疯妈妈》开始,我们就和作者亨利·古龙日写信联系,他在回信中解答了我们的问题。第二本译作《沙漠》,我们同样通过出版社和作者勒克莱齐奥建立了联系。勒克莱齐奥不仅细致地解答了我们的问题,还为中译本写了序,为他的作品在中国的出版与传播表达感谢,并在序中对小说的主题做了精要的解说。当时我们不会想到,双方竟这样开始了一段长达 40 余年的友谊。

《解放周末》:看来,好的提问是友谊的敲门砖。

许钧:通过我们的问题,作者一下子就能感受到我们对这本书的理解到底是怎样的。有时候,我们的提问,作者并不那么容易回答。在思考的过程中,作者或许能领会到他原未曾想到的含义,从某种意义上说,译者的阐释可以让原作意义更加丰富。我想,和作者之间对于文本理解的交流、对于翻译问难的探讨,是我们作为译者加入并参与作者创造的一种开始。

20 世纪 80 年代我们刚刚认识,勒克莱齐奥就对我说,你翻译我的作品,就是参与了我作品的创作,我赋予你自由。这份信任,让我很感动,也非常令人振奋。

译者不是一般的读者 而是个"大写"的读者

《解放周末》:其实,大家都很好奇,译者和作者之间的关系到底是怎样的？译者应该如何处理好与原作、作者和读者之间的关系？

许钧:译者首先是一个读者。对待手头的作品要去理解它、读懂它、喜欢它。但译者又不是一般的读者,而是一个"大写"的读者,有责任要把不带着一厢情愿或者个人偏好的理解呈现给读者。如果说翻译一部作品是译者与作者缔结一份合约,那么这份合约最重要的内容就是尊重和忠诚。有了尊重,才可能有真正的理解;有了真正的理解,才可能导向真正的人与人之间的交流和文化与文化之间的交流。

常有人会问,忠于作者和忠于读者,两者是否会矛盾？我个人认为没有矛盾。译者要展现原汁原味的内容,不能用任何形式的花哨语言去欺骗读者,必须有这种伦理的坚守才能达到翻译的目标。

拿到一部文学作品,一个译者可能会产生 3 种态度。第一种是仰视。比如说对待普鲁斯特,会觉得他是那么伟大的作家,而我只是一个普通的译者,看他的作品仿佛每个标点都蕴含深意,不敢随便动。第二种是轻视。比如已经翻译过普鲁斯特作品之后,看到其他作家的就觉得是二流、三流,可以"随便翻"。第三种是平视,这是我认为好的翻译者应该持有的态度。任何一种仰视或者轻视,都可能导向认识的偏差,只有平视才能慢慢靠近作品和作者,产生真正的交流。

《解放周末》:在贴近原作、原汁原味呈现的同时,译者可以有或者应当有一些自己的个性吗？

许钧:对译者来说,要还原原作的精彩,首先就是一个很高的要求。不同的作家有不同的风格,比如巴尔扎克和雨果,一个是现实主义,一个是浪漫主义,译他们各自的作品,怎样还原其特殊风格？译者要先理解什么是风格,感受原作的风格,再想办法通过各种翻译手段再现风格。

其次,在此基础上,译者才开始考虑自己的个性问题。译者也要问问自己:我的语言有没有风格？文字有没有力量？我认为没有风格的译者,不可能完全成功再现别人的风格。好的译者应该是个"性格演员",能够理解、靠近、适应不同的作品,还原不同的面孔,并在吃透原作的基础上,赋予其一种独特性。

《解放周末》：您还说过，考察一个译者，还要看品格和品位。怎么理解？

许钧：拿文学翻译来说，一个译者去复译经典文学著作，到底是为了什么？没有品格的复译者，追求的可能只是经济方面的考量，而没有对文学价值真正的追求。有了品格，还要有品位。这是从审美和艺术角度来说的。比方说我做翻译，读了有些作品感觉到"不对味"，我就不译了。如果没有共鸣，不对审美和精神气质的"味"，又如何译出优秀的作品呢？

翻译因"异"而生 为"异"而译

《解放周末》：一直以来，有人对翻译都存在着一些偏见或者说误解。比如说，认为翻译不过是从一种语言到另一种语言的转换，又或是翻译只是一种工具，等等。您怎样回应这些声音？

许钧：翻译有它工具性的一面。两个原本语言不通的人，因为有了翻译，就能明白对方说了什么，这就是翻译在发挥工具性作用。但是翻译还有超越工具性的意义。

英国著名历史学家汤因比曾经说过，每个文明都有产生、有发展、有鼎盛，还有颓败，这个过程好像是必然的，但唯独中华文明一直永葆青春。这个永葆青春的"灵药"到底是什么呢？季羡林先生说就是翻译。他说，在中华文明发展的历史上，有两股大水注入了中华文化长河，一股是佛经翻译，还有一股就是19世纪末20世纪初的西学东渐。

回顾历史我们会发现，翻译活动最活跃的时期，往往是国家和民族最迫切需要打开封闭、打破黑暗的时候。我经常说，翻译其实就是一个字，就是"差异"的"异"。翻译因"异"而生，为"异"而译，就是因为有了差异、为了差异，我们采取翻译。为什么？因为语言的差异背后有大量文化的差异、生态的差异、意识形态的差异、思维的差异。翻译面对的一个非常重要的任务，就是把这些差异引入民族或文化中，差异代表着纳新、创新的可能性。

《解放周末》：翻译有大用。在当下全球文化交流的语境下，似乎更有必要正确认识这种"大用"。

许钧：是的。翻译是一种对外部世界的关注。翻译的精神就是打开自身，面对外部世界，去寻找对自身有用，与我们的思想、生活、成长相关的东西，拿来和大家分享，这是翻译最为朴素也最为根本的精神。这种精神培养了我们对于他者的关注，体现了对于交流、理解的渴望和尊重。

任何一个民族要发展，必须走出封闭的自我，不管你的文化有多么辉煌、多么伟大，都不可避免地要与其他文化进行交流，在不断碰撞甚至冲突中渐渐相互理解、相互交融。无论在东方还是西方，一部翻译史就是一部生动的人类社会的交流与发展史。当下，"一带一路"建设过程中，公路、铁路通了很多，但民心如何相通？我们说"中外文化互学、中外文明互鉴"，究竟怎么学、怎么鉴？其实都需要翻译精神的指导和翻译活动的介入。

《解放周末》：全球舞台上，关注他者是一方面，向他者主动介绍自己，是否也变得越来越重要？

许钧：从文学翻译来看，以往我们总是目光向外、向别人学习，实际上文化交流应该双向互动发展。不仅要向国外学习，也要主动展示自己，为他者提供新文化之源和新思想之光。这就需要通过翻译，把具有中国特色的鲜活思想与优秀文化介绍、推广至全世界。而这个介绍的过程，同样是反省自身的过程。我们会重新认识和阐释，中国文化中到底有哪些是值得向世界推广和交流的内容。我想，这对推动人们心态更加开放、包容，更好地发扬中华文化的优秀传统、坚定文化自信也有重要意义。

也有人会说，中国文化"走出去"，有必要这么积极主动吗？我觉得对这种精神文化层面的交流，就是应该积极主动，这是我们的责任，也是对他者需要的呼应。这些年来，我尽自己所能，努力推动中国文学的外译与传播。比如，联系法国学者、出版社等推介中国优秀的当代文学作品，比如毕飞宇的《青衣》《玉米》，黄蓓佳的《我要做个好孩子》，等等。在促进中外文化交流方面，经过我们的努力，两位诺贝尔文学奖得主勒克莱齐奥与莫言分别在丝绸之路的起点城市西安以及北京师范大学、山东大学与浙江大学展开了4次公开对话,勒克莱齐奥还与毕飞宇、余华等知名作家多次交流。在我看来,一个学者如果能在翻译的背后去做这些工作,在过程中有所发现、有所研究,对文化有所促进,这就是我们对社会的贡献。

要在一词一句、一言一行之中　体现我们的翻译追求

《解放周末》:您是非常资深的翻译教育专家,培养了许多重要的中青年翻译力量。您的教学模式是怎样的?

许钧:我认为培养翻译人才要从认识翻译开始。一个对翻译的作用、本质都不了解的人,不可能对翻译有自觉的追求。那怎么认识翻译呢?要从翻译实践开始。在与文字打交道的过程中,大家会慢慢感受到翻译的文字是有温度的。有了热爱,还要对翻译真正的作用有所认识。

我在教学中有两个观念。第一是重在引导,第二是要让学生们发挥主体性。老师一定要有指导,但又不能代替学生去思考和成长,追求的是教学相长和良好的互动。我和学生之间的相处,不是在进行理论探讨,就是在翻译实践中进行探讨。从这点看,我的翻译教学也是受翻译精神的指导,与学生之间是平等的关系,相互理解、相互启发。看到我的很多学生一步步成长,在某些方面"青出于蓝而胜于蓝",我是很欣慰的。

《解放周末》:听说您还会引导学生找到翻译中的"幸福感"?

许钧:做一个译者,我一直觉得很幸福,这是心里话。这么多年来,我教翻译、做翻译、研究翻译,收获非常大。首先是发现的能力不断提高。我会发现一本好书,发现与我们认识中不同的事物,乃至发现一个不一样的世界。这种发现的眼光很重要。其次,我觉得做翻译让人更善于理解。不仅是对文本的理解,更是对人、对社会、对文化的理解。理解,对为人处世也很重要。再次,译者往往善于沟通。不但是和作者和读者沟通,还要在力所能及的情况下,推动国与国、文明与文明之间的沟通。

在翻译的旅途中,不仅收获了能力的提升,也得到了精神的升华,怎

么能说不幸福呢?

《解放周末》:与过去相比,如今的译者是否有了更广阔的天地和舞台?

许钧:随着我国综合国力的上升,一方面中国文化在世界上的重要性也进一步凸显,中外文化交流越来越多,这给每个翻译者都带来了更多的用武之地。另一方面,原先中国只教授 20 多种语言,但近年来随着"一带一路"倡议的推进,现在教授 100 多种语言。这也让翻译的空间越来越大。

这都是很好的机会,同样也是挑战,要求译者不断提升自己的能力。从事翻译工作再久,也要认真对待每一个字、每一个词,要在一词一句、一言一行之中体现我们的翻译追求。

《解放周末》:或许是空间更大的原因,当前市面上的很多译本出自并非翻译科班出身的人。如何看待这些翻译"非正规军"?

许钧:行行出状元,并不是接受了正规的翻译教育就一定能成为翻译人才。我认为,任何人从事翻译工作,应该要先取得翻译资格。就好比从医、从教,都要获得相关资格。翻译对伦理、水平和能力都有要求,其实也需要资格的认定。同时,翻译市场也要有准入机制,对于不负责任的翻译应该有所处罚。我想,只有明确了翻译的资格,规范了市场,翻译人才才会真正有荣誉感,翻译质量才会真正得到保障。

(原载于《解放日报》2021 年 1 月 22 日第 9 版,记者:吴越)

许钧:生命之轻与翻译之重

　　由许钧和刘云虹合作翻译的首部昆德拉传记《米兰·昆德拉:一种作家人生》于近日面世。许钧曾翻译过昆德拉的《不能承受的生命之轻》和《无知》。有论者认为,昆德拉在中国已经过了最热的时候,甚至已经过时,不过,从1月15日晚新书分享会的火爆场面来看,昆德拉的读者并未减少,只是他们更加年轻了。

　　许钧说,疫情防控期间翻译昆德拉传记之际,他又重读了《不能承受的生命之轻》,觉得昆德拉小说所揭示的有关人生的基本问题,对我们今天来说依然值得深思。"他说,人生只有一次,不能重来。对于生命,我们应该珍惜。他说,人生没有彩排。我认为我们每个人在珍惜生命的同时,要激发生命的活力,在有限的生命中创造无限的精彩。他的作品,启迪我们要把握生命的轻与重。我觉得这些启迪,构成了小说的普遍价值。"

一

　　昆德拉在中国,有两次热潮。第一次是20世纪80年代末90年代初,韩少功和姐姐韩刚翻译了《生命中不能承受之轻》,文学青年们疯狂地阅读昆德拉。到了2002年,上海译文出版社购买了昆德拉主要著作的版权,要根据昆德拉选定的法文译本来重新翻译,又掀起了一波热潮。

　　出版社找许钧翻译,但许钧思之再三拒绝了。当时,"昆德拉热"方兴未艾,许钧既觉得这个作家不够分量,又觉得当时韩少功已经译得很好了,完全没必要再译。"我这个人有点怪,大家特别推崇、特别迷他的时候,我一般都比较冷静。(20世纪)90年代流行'昆德拉热'的时候,我是保持了距离的,没有去追他。"许钧说,出版社劝他好好读一读再下结论,他在认真读了之后才认识到昆德拉的深刻性,觉得这是一个伟大的作家。

重译后的《不能承受的生命之轻》,总印数近 200 万册,轰动一时。其中一些翻译典故至今还有人议论纷纷,比如他将原先的书名《生命中不能承受之轻》改成《不能承受的生命之轻》,也成为中国翻译史上的一段故事。许钧解释说,他查找了国内外大量的资料,发现昆德拉这部作品的核心词就是"存在"。他曾希望将书名改为"不能承受的存在之轻"。不过出版社坚持保留"生命"一词。"确实,原来的书名太有影响力了。"最后他就做了一些妥协。

在许钧看来,韩少功是作家,对原作的文学性有深刻的理解与把握,在翻译中能调遣丰富的表达手段和优美的词语。而他自己的翻译原则是,"翻译以信为本,求真求美"。比如小说中有一个反复出现的词"偶然",许钧将其直译成"偶然",以保留昆德拉小说的哲学性,而韩少功笔下的"偶然"则有多重表达,不过许钧觉得原文不是那个味。当年他们还曾就这部小说翻译的差异和方法做过坦诚的对话,发表在《译林》杂志上。

关于文学经典的重译,许钧认为,翻译永远不可能做到百分之百,而且不可能一劳永逸。每个时代的读者都有自己的审美习惯、语言习惯,有时新译本的诞生也合乎时代需要。拿《不能承受的生命之轻》来说,韩少功翻译的时候,有很多忌讳的词需要避免,而到了他翻译的时候,这样的词完全可以如实地反映出来。正是因为这种时代的不同,翻译出来的作品也会有所不同。

真正的文学翻译应该是一个"发现经典"或者"重新阐释经典"的过程。"译者中的新人要不断地推出新的翻译,而老者则眼睁睁看着一部作品离开,留下一个孤独的背影。"

二

除了昆德拉,勒克莱齐奥也是许钧翻译生涯中不能不提的一部分。许钧在法国留学时就读过勒克莱齐奥的《诉讼笔录》,但感觉读不太懂,写法与他读过的传统小说完全不一样。没有什么情节。直到1980年,南京大学的钱林森老师给他一本《沙漠》,许钧一看作者名字——勒克莱齐奥。"不就是那部很怪诞的小说《诉讼笔录》的作者吗?"许钧说,打开小说的那一刻,许钧很担心《沙漠》和《诉讼笔录》一样,形式怪诞,难以理解。可是,随着一页页往下读,他读到了一个文字风格完全不同的勒克莱齐奥,小说的故事更是深深吸引着他。许钧认为这部作品很值得翻译,于是《沙漠》成为勒克莱齐奥首部引介到中国来的作品。

许钧说,在20世纪七八十年代,评论小说的第一条标准就是思想内容。勒克莱齐奥的作品关注非主流文明,有对资本主义、殖民统治和物质主义的犀利批评。这一点许钧非常认同。不过,勒克莱齐奥小说表达的并不止于这一层面,他的诗意历险是深刻而持续的,其作品有着独特的诗性。

1992年,许钧又独立翻译了《诉讼笔录》,这时候许钧的文学欣赏与批评能力有了提高,对勒克莱齐奥作品的理解与翻译也有了可能。《诉讼笔录》中文版出版一年后,勒克莱齐奥夫妇在法国驻华大使陪同下来到南京,神交已久的两个人这才有了第一次见面。后来,勒克莱齐奥每有新作问世,都会第一时间寄给他。2008年,勒克莱齐奥获得诺贝尔奖,给许钧来信分享他的收获。

许钧坦言,翻译不同作家的作品,心态上是不太一样的。"1986年,译林出版社邀我参与翻译普鲁斯特的《追忆似水年华》,我觉得特别光荣,对他我有一种倾倒的感觉,很崇拜,感觉他小说的每句话、每个词、每个标点都有玄机,翻译起来,缩手缩脚。实际上,这种拜倒在作者前面的心态,是不利于进入原作的。"

对昆德拉，又是另一种心态。"当初出版社来找我翻译《不能承受的生命之轻》，我没有答应，认为昆德拉总是与政治结合在一起，与我翻译过的雨果、巴尔扎克、普鲁斯特这样的大家相比，昆德拉不过是一个二流作家。这种心态，让我差点与昆德拉失之交臂。"

而对勒克莱齐奥，则倾注了更深的感情。"我跟勒克莱齐奥是 40 多年的朋友，从 1976 年第一次读到他的书到现在 45 年了。他在中国的书，大部分是我翻译或是我的学生翻译的。勒克莱齐奥来中国教书，跟莫言的四次对话，跟余华、毕飞宇的对话，都是我促成的。"

三

许钧曾经写过一本书，书名叫《生命之轻与翻译之重》。翻译已不再是事业的范畴，甚而重于生命。从留校任教，到不断有译作、著作问世，再到推动翻译学科的建立，许钧将自己的人生之路与中国翻译事业发展紧紧结合在了一起。因为翻译，他天涯存知己；又因为翻译，他人海里依旧孤独。用他自己的话说，这辈子一直在做也只做了三件事情：做翻译、教翻译和研究翻译。

"我是 1971 年上的大学，当时我是军人，一切都是听从指挥。我服从命令，进入解放军外语学院学习。我也服从命令，学习法语专业。我很幸运，军队给我安排了这么好的机会。不过，我也很努力，学习也罢，后来当教员、老师也罢，我都是做了最大的努力。"许钧说。

1976 年，许钧被国家公派到法国西部的雷恩第二大学留学两年。昆德拉比他早一年到这所大学做研究，也上文学课。彼时昆德拉最为著名的作品还未诞生，国内对他的情况也不了解，因而他们之间除了同在一所学校外并没有产生更多的交集。从中国，突然到了资本主义世界，两个完全不同的世界，感觉很复杂。好在他们去法国留学，是一个集体，有 20 来人，互相照顾，并不感到孤独。

机会来之不易，许钧格外珍惜，几乎把所有时间都用在学习上，注意搜集以前在解放军外语学院没有学过的新语法现象和生动的表达,对报刊和当代的文学作品特别感兴趣,因为上面可以读到新词新表达。他渐渐地对法国文学产生了浓厚的兴趣,也慢慢有了翻译的某种欲望。

除了经典作品,他对法国当代的一些具有代表性的作品和文化现象尤其感兴趣,像萨特、加缪的小说,尤内斯库、贝克特的戏剧,还有最新锐的作家如勒克莱齐奥、图尼埃的作品,他都接触过。对法国太阳剧社的活动,他有过特别的关注。"我很喜欢,觉得他们的演出离观众很近,与观众有直接互动,觉得还真是用戏剧为人民服务,实在了不起。"

从 20 世纪 80 年代初涉足译坛,到 2003 年推出 35 万字的《翻译论》,数十年间许钧翻译出版了人们耳熟能详的法国文学与社科名著 30 余部,主编了"杜拉斯文集""法兰西书库""知识分子译丛""巴别塔文丛"等译丛、文丛 10 多种,至今译作已逾 800 万字。谈到文学作品的互译,中国在翻译外国文学尤其是欧美、拉美文学方面,是不遗余力的。但这种全球化的努力似乎并不是对等的,或者说存在强弱之分。面对这样的形势,许钧一直致力于推动中国文学的外译与传播。他与法国学者和出版社联系,把中国当代优秀作品往外推介,如毕飞宇的《青衣》《玉米》,黄蓓佳的《我要做个好孩子》,等等。他和同事密切关注中华典籍与中国文学的外译,还从理论创新的角度,对中国文学外译进行批评性的探索。

对话:
翻译有助于发展文化多样性

读品:您是如何理解他的"作家人生"的? 他是一个"介入型"的作家吗?

许钧:布里埃写这部《米兰·昆德拉:一种作家人生》,有一个很重要的出发点,那就是把昆德拉的写作与人生放在一起探究。昆德拉的人生,是写作的人生,也是探究人类存在的人生。我觉得,文学应该具有介入性,介入人的生活、介入人类的境况、介入社会。可昆德拉抗拒所谓的"介入文学",是因为他觉得文学不应该"同化于某种政治、某种宗教、某种意识形态、某种伦理道德"。他拒绝回归,是精神意义上的不妥协,美学意义上的不媚俗。

读品:最近几年的诺奖都颁给了不太知名的作家,而呼声很高的昆德拉迟迟未得,您觉得他能得奖吗?

许钧:对于中国读者而言,昆德拉确实是太有名了,他的文学成就也很高,我认为他能够,也应该获得诺贝尔文学奖。中西方对于昆德拉作品的翻译与接受,甚至阐释是有所不同的。在早期,西方突出他的意识形态;中方突出的是昆德拉的文学性。昆德拉遭受了很多的误解,也许是误解太多,意见难以统一,才迟迟没有获得诺贝尔奖吧。不过,他获得的重要文学奖很多,去年得了卡夫卡奖,很有象征意味。

读品:一种强势的语言,对于弱势语言的作家的作品,可能会采取一种暴徒式的态度,当遇到一些困难时,他可能会存在叛徒的性质。中国作家作品翻译到国外去时,命运如何?

许钧:翻译中确实有文化立场的问题。中国的文学翻译界在"五四"期间形成了一个很好的传统,就是尊重原作,忠实于原作。如今中国文学"走出去",遭遇到了一些问题。出于功利性的目的,为了迎合读者,删改中国文学作品,仿佛理所当然。我一直认为,不要把为了利益的一时变通,当作永恒的价值追求。我们做翻译,应该有伦理的坚守。没有尊重,不可能有真正的理解。莫言就提出过,好的翻译,不应该是暴徒,也不应该是叛徒,应该是信徒。对原作有信任,有尊重,在此基础上,才可能有深刻的理解,出现具有再创造性的翻译经典之作。

读品:新冠肺炎疫情给世界带来了人人可感的震荡和变化。在这样的时刻,您如何理解翻译工作的责任?

许钧:翻译家们面临一个悖论:一面要消除语言的差异,一面要传达文化的差异,如果不能传达文化差异,根本的任务就失去了。人类面对疫情这个共同的困境,人心相通很重要,翻译在促进文化交流与人心相通方面可以起到很重要的作用。联合国前秘书长加利先生为我写的《翻译论》一书题写了一段话:翻译有助于发展文化多样性,而文化多样性则有助于世界和平文化的建设。我觉得很有启迪意义。

（原载于《现代快报》2021 年 1 月 24 日第 B4 版,记者:陈曦）

许钧:倡重新认识中华翻译家价值

"翻译在我们这么一个时代,越来越重要。无论是中外文化的交流,还是文明的互鉴,或者人类命运共同体的构建,最重要的一条就是要相互了解,相互理解,相互交流,相互学习,让自己丰富起来。"中国翻译协会常务副会长、著名翻译家许钧日前接受香港《文汇报》记者专访时坦言,中国历史上有许多重要的翻译家,当下我们要重新认识他们的价值。

对许钧来说,著名翻译家傅雷对他影响匪浅。"在我们这么一个时代,我觉得我们翻译活动一方面要把外面好的东西译进来,另一方面要把我们好的东西译出去,这是傅雷的一种精神的重新发扬,要美美与共,这种互译实际上是非常重要的。以前我们译进来,主要是为了学习,但是我觉得中国文化现在要'走出去',精神的世界你要有主动交流,这种交流要相互碰撞,相互丰富,这种精神我觉得现在年轻人要知道。"

倡中国文学"走出去"

谈到中国文学在近年间走向世界,许钧有很多亲身感受:"积极主动'走出去',这几年的工作成效特别好。比如说莫言在 2012 年获奖之前,在法国已经出版了十几本小说了。现在已有 20 多本小说,他在全世界已经有近 50 种语言翻译,所有大的语种都有了。毕飞宇,他的一些重要作品法国都出版了,还有余华、阎连科……可以说,中国的当代作品在法国的翻译出版应该是有六七百部,而且有的还是多种版本,中国作家在国外的影响是越来越大。相比而言,比如说法国的莫迪亚诺,他获诺贝尔奖时,中国的翻译也就是4本到5本书。勒克莱齐奥由于我这么多年的努力,获奖时在中国翻译出版了7本书,现在也才有了20多本书。莫言他们远远超过这个数量,而且很多语种都有。这在以前真的是不可思议,这是很了不起的!"

没有翻译,就没有世界文学。对于许钧而言,现代的世界就是一个交流的世界。"其实像很多当代作家,比如莫言,如果没有翻译,他是不可能获奖的。没有翻译,就没有世界文学,莫言也这么说。没有世界文学,就不可能有诺贝尔文学奖。我觉得好的作品在这个时代一定会被翻译出去的,翻译多了,人家看得多了喜欢了,自然就会评上。在未来中国,无论科技还是文学方面获诺贝尔奖的人会越来越多的,我充满希望。我在20年前就说世界已经到了该阅读中国文学的时候了,现在中国文学作品一点都不比当代的法国、美国差。"

成立中华译学馆　编撰开创性文库

2017年浙江大学成立了中华译学馆,由许钧任馆长,诺贝尔文学奖得主莫言、勒克莱齐奥与国际翻译家联盟"北极光"翻译奖得主许渊冲任顾问,同时聘请多位境内外著名翻译家、作家、人文学者与重要文化机构负责人担任中华译学馆学术委员会委员。

"在中国的历史上,有一代又一代的翻译家,而这些翻译家在中华文明和思想的发展史上,起了非常大的作用。如鸠摩罗什、玄奘,一直到后来的林纾、严复、鲁迅、陈望道他们,在中国文化思想史上立下了一座座精神的雕像。我们要对他们所做的工作做一个梳理,做一套全世界都没有的书,主角就是中华翻译家。在中国历史上起到了重要作用的翻译家当中,我们选了80至100位,推出了'中华译学馆·中华翻译家代表性译文库',目前已经出到了第三辑,出了十几部,很快会推出30多部到40部,会一直往下推。中国的翻译史上没有这样大规模的工程,是开创性的。就像季羡林所说的,中华文明之所以能够常青,是因为翻译起到了非常大的作用。中外文化有了交流,有活水,中华文明就不会凋谢。"许钧说。

许钧介绍道,这系列代表性译文库的特点所在,首先是为翻译家编写长篇学术导言,向读者全面介绍翻译家的特点和思想。其次针对每一个翻译家的特点来进行细致的考据与还原。"比如严复他翻译了很多书,但他第一本为什么翻译这本?他翻译哪些书最有代表性,代表哪些方面,通过哪些译文能够展现出来。还比如像刘半农,现在要对他早期的译作进行整理的话,就涉及很多标点问题,我们要进行点校,要考虑有些词从历史到现在怎么样翻译能够流传下来。通过这些工作,实际上就是把译者最重要贡献,他的代表作要找到。此外我们还要做一个他的翻译年表,拿到这本书,他翻译了什么,翻译有什么特色,翻译有什么作用,他的精神世界是怎样的,一目了然。比如说鲁迅、郭沫若,大家多是从一个作家方面去理解的,其实翻译这个角度,在他们生命当中是最为重要的,甚至是他们的起点。可以说没有翻译就没有后来的郭沫若。"

梳理当代名家手稿

中华译学馆重学术积累与交流,推动学术创新,有重点地征集中外著名作家、翻译家与思想家的手稿与书信,在整理的基础上展开研究。目前已经收到莫言为中华译学馆的题词,勒克莱齐奥的《乌拉尼亚》手稿、许渊冲的 11 部翻译手稿、余光中的译诗手稿、郭宏安的多种手稿,以及国内外著名学者、作家、翻译家如韩素音、艾田蒲、范存忠、萧乾、叶君健、叶水夫、草婴、吕同六、白先勇、柳鸣九、李文俊、金圣华、郑克鲁、林少华、曹明伦等先生的书信或手稿。

"一些老的翻译家,老的作家,他们留下的一些东西,包括他们已经出版的手稿,他们的书信,非常珍贵。像勒克莱齐奥先生,他就把他一部手稿,300 多页的《乌拉尼亚》,送给了我们,余光中过世之后,因为他的诗歌翻译特别好,他夫人就把含有他的几首经典诗歌翻译的第一稿、第二稿、第三稿,都给了我们;白先勇也是把手稿捐给了我们一部分,现在已经放在香港金圣华教授手上。内地像季羡林、叶君健、钱锺书、杨绛,以及草婴、方平、郑克鲁这批上海的老翻译家,都给我们留下了手稿和书信。这是一笔非常珍贵的财富。我们想把这些资料进行总结、梳理和研究,这项工作得到了社会各方面的支持,所以当中华译学馆成立时,香港中文大学的金圣华教授不由赞叹道:'终于盼来了,成立了!'"

多次赴港开展交流

许钧曾多次到访香港大学、香港中文大学、岭南大学,去得最多的是香港中文大学,有一段时间几乎每年都去,成为香港大学龚雪因学人,香港翻译学会还授予了他名誉会士称号,此前内地只有钱锺书、戈宝权、杨宪益等少数几位老一辈学者和翻译家获此殊荣。

"我与香港教育界、翻译界接触很多,做了很多活动,21 世纪初有一段时间,连续几年应金圣华教授邀请参加香港中文大学举办的'新纪元全球华文青年文学奖'活动,与台湾、香港和大陆的白先勇、余光中、齐邦媛、高克毅、王蒙、王安忆等作家在香港相聚交流。香港翻译学会原会长、香港中文大学讲座教授金圣华是我的老朋友,我们刚在内地出了一本她的著作:《译道无疆》。我还是香港中文大学《翻译学报》的编委。好多人都说香港是文化的沙漠,这个观念我不认同,我觉得香港的教育是非常国际化的,而且香港有一些非常重要的学者,每年我们都会请香港学者来讲课,访学交流,共同培养学生,出版书籍。"

傅雷是我一生追求

翻译家傅雷对于许钧来说有特别的影响,他一开始接触翻译,就是被傅雷翻译的书给吸引了。"法国文学作品我读了,然后读傅雷的翻译作品,傅雷的翻译活灵活现,有时候给我的震动比原著更强烈。如果能够像傅雷样翻一本书,多好!"许钧赞叹道。

年轻的时候许钧就有个翻译梦,那时许钧不能随意翻译经典,只能翻译当代文学作品。是傅雷把他引向了翻译,许钧又寻找了自己的路。

"一个真正的翻译家应该有发现经典的能力,然后通过你的翻译能够成就经典。要发现原文的价值,通过你的翻译来中国成就经典。"许钧说。

"我在 30 岁的时候,傅雷在我心中就是一本本书,翻译的每一本书都特别好,特别经典,我看到的只是书。我 40 岁的时候发现傅雷的翻译就不仅仅是一本书,我觉得他就像一棵树,这棵树有外国的文学营养,来滋养他一直倾心培育的一棵中国文化之树,傅雷通过翻译,实际上滋养的是中国文化,中国的现代语言。他的这种精神我觉得特别重要,包括像叶兆言都说他写作都是因为傅雷的影响,还有黄宗英。很多人都是读了他翻译的《约翰·克利斯朵夫》后获得了力量。所以实际上傅雷带来的是一种精神的力量,是文化的力量。到了我 50 岁的时候,傅雷对我来说已经是一个大写的人了。比如他通过翻译《约翰·克利斯朵夫》来揭示当时中国所需要的大勇主义,所以他跟罗曼·罗兰是有共鸣的。他通过翻译巴尔扎克去照亮大家,让大家认识善恶美丑,翻译是他自己思想的一种表达,所以他是一个大写的人。傅雷的翻译艺术,有很多东西可以值得研究。傅雷的翻译精神,实际上是对一种思想的引入,丰富了汉语,改造了国人的思维,很多表达方式各方面都起到了非常大的影响。"

"在我们这么一个时代,我觉得我们翻译活动一方面要把外面好的东西译进来,同时把我们好东西译出去,这是傅雷的一种精神的重新发扬,要美美与共,这种互译实际上是非常重要的。以前我们译进来,主要是为了学习,但是我觉得中国文化现在要'走出去',精神的世界你要有主动交流,这种交流要相互碰撞,相互丰富,这种精神我觉得现在年轻人要知道。"许钧说。

翻译家当下更具价值

现在有很多经典作品不断在翻译,一本书有几十个版本,质量也参差不齐。许钧笑着说,其实那些市场上卖得最好的不一定是最好的版本,不是翻译最好的,但是很多人却不知道。

什么是好的翻译?在许钧看来,好的翻译有个简单原则,就是经得起读:"好的作品是经得起读的,它的语言有艺术性,前后有一种文气能够贯通,语言有节奏感。行家还要看译文是否经得起与原作对应,经得起与原文的比较,无论是精神风貌,还是语言特质,要忠实于原著。"

"我觉得翻译就像一种历史的奇遇,它是一种缘分。"许钧说,"比如说一个好的作品,要遇到一个好的翻译家,才会有好的良缘。罗曼·罗兰遇到了傅雷,所以就留下了《约翰·克利斯朵夫》;安徒生童话遇到了叶君健;德国文学遇到了杨武能。在法语文学界,我觉得有一个非常好的传统,比如说郭宏安翻译的《局外人》,你读了以后会觉得非常重要。还有柳鸣九翻译的一些作品,周克希翻译的一些作品,《米兰昆德拉:一种作家人生》的第一译者刘云虹,翻译都非常精彩。"

(本文刊发在香港《文汇报》2021 年 3 月 8 日第 A28 版上时,记者茅建兴做了部分改动)

中華譯學館·中华翻译研究文库

许　钧◎总主编

第一辑

第二辑

第五辑

.